# 有價證券論

豐田多賀雄著

大正七年第三版

# 有價證券論

日本立法資料全集 別巻 1235

信山社

法學士　豐田多賀雄著

# 有價證券論

東京　巖松堂書店　發兌

# 自序

商業ノ發達ハ金融ノ敏活ヲ促シ、法律ト經濟トハ文化ノ增進ニツレテ日ニ益々接近シ、茲ニ有價證券ヲ產出セリ。而シテ、獨逸舊商法カ始メテ有價證券ナル文字ヲ法典ニ載セテヨリ、各國ノ立法例皆此語ヲ襲用シ、知名ノ學者實際家、競フテ證券的理論ノ講究ニ從事スルニ至レリ。サレト、有價證券ニ關スル法理ハ、何レノ國ニ於テモ未タ整然タル統一ナク、其實際取引ハ法令ノ期圖スル所ニ反スルコト少ナカラス。殊ニ我商法ニ於テハ、證券的法律關係ヲ規定スルコト甚タ疎雜ニシテ、之レカ爲メニ商取引ノ澁滯ヲ來タシ、其結果往往厭忌スヘキ惡慣習ヲ釀成スルコトアルヲ聞知スルハ、豈浩嘆ニ値セストセンヤ。

夫レ、證券的法律關係ノ理論ハ極メテ近世ノ發達ニ屬シ、其繋屬スル所殆ント私法ノ全般ニ亘リ、マヽ公法的規定ト相干渉スルトコロアリ。サレハ、之ヲ叙説スルハ極メテ困難ノ事ニシテ、到底予輩淺學ノ徒ノ企圖スヘキモノニアラス。サレト、證券ノ流通ハ日ニ月ニ頻繁ヲ加ヘ、之レカ爲メ屢々訴訟上ノ爭ヲ惹起スルニ拘ラス、未タ之ニ關スル一書ノ世ニ公ニセラレタルモノヲ見ス。是レ、予輩カ黄吻不敏ヲ顧ミス此卷ヲ成セシ所以也。故ニ、固ヨリ議論ノ新奇ヲ以テ世ニ衒セントスルモノニアラス。唯、聊カ内外諸大家ノ著書所説ヲ渉獵シテ之ヲ綜合セシノミ。素ト是レ自家研鑽ノ爲メニ作リタル一ノ備忘錄ト云フモ不可ナシ。サレハ、著者自身ニ於テモ敢テ此書ノ完璧ナルコトヲ信セス。却テ大方識者ノ示敎ヲ乞ハントスルニアリ。若シ夫レ、此著ニヨリテ涓滴ノ世ヲ裨益スル所アランカ、著者ニ於テハ實ニ望外ノ幸ト云ハサルヘカラス。

終ニ告白スヘキコトアリ。此書カ手形ニ關スル記述ヲ僅々數頁ニ限リシコトナリ。是レ、手形ニ就テハ既ニ岡野博士松波博士ノ名著アリ。又商法第四編ノ講義トシテ多數先輩ノ良書少ナカラス。且ツ、本書既ニ豫定ノ紙數ヲ越エタルヲ以テ茲ニ筆ヲ擱シ、或ハ他日別ニ手形論トシテ一書ヲ編センコトヲ期ス。諸賢幸ニ之ヲ諒恕セヨ。

明治四十一年初秋本郷ノ僑居ニ於テ

著　者　識

# 有價證券論目次

## 第一編　總論


第一章　有價證券ノ經濟的觀察……一
第二章　有價證券ノ意義……八
第三章　有價證券ノ類別……二三
第四章　有價證券ト他ノ證券トノ關係……三二
第五章　適用法規……三九
第六章　有價證券ノ發行……四四
第七章　證券的債務成立ノ理論……四九
第八章　證券ノ僞造及變造……七一

第九章　有價證券ノ讓渡……七五
第一節　總說……七五
第二節　記名證券ノ讓渡……七八
第三節　指圖證券ノ讓渡……八二
第一款　讓渡ノ方法……八二
第二款　裏書ノ方式及其效力……八五
第四節　無記名證券及指名所持人證券ノ讓渡……九四
第十章　有價證券ノ取得……九六
第十一章　抗辯ノ制限……一〇〇
第十二章　有價證券ノ質入……一〇七
第十三章　證券的債務ノ履行……一一九
第一節　證券ノ呈示……一二一

第二節　履行ノ場所……一二五
第三節　所持人ノ資格……一二六
第十四章　證券ノ喪失……一三四
第十五章　證書訴訟……一三八

## 第二編　團體的有價證券論

第一章　株券論……一四一
第一節　株式ノ觀念……一四二
第一款　株式ノ一般ノ意義……一四二
第二款　株主權……一四七
第三款　優先株……一五五
第二節　株式ノ發生及消滅……一五八
第一款　株式ノ發生……一五八

第一項　會社ノ設立……一五九
第二項　新株ノ發行……一七八
第二款　株式ノ消滅……一八五
第一項　會社ノ消滅……一八七
第二項　株式ノ消却……一九三
第三項　株式ノ併合……一九六
第三款　會社ノ合併……一九八
第三節　株券ノ發行及其性質……二〇三
第四節　株式ノ讓渡……二〇九
第五節　株式ノ質入……二二〇

# 第三編　物權的有價證券論……二二九

第一章　貨物引換證論……二二九

第一節　貨物引換證ノ發行及其形式……二三九
第二節　貨物引換證ノ性質……二四一
第三節　所持人ニ對スル運送人ノ責任……二四九
第四節　貨物引換證ニ關スル法律關係……二五五
第一款　運送契約……二五五
第二款　運送人ノ權利義務……二六二
第三款　荷受人ノ地位……二七九
第二章　船荷證券論……二八三
第一節　船荷證券ノ發行及其方式……二八三
第二節　船荷證券ノ性質……二八八
第三節　數通ノ船荷證券……二九三
第四節　船荷證券ニ關スル法律關係……二九八
第一款　海上ノ運送契約……二九八

第二款　船舶所有者ノ權利義務……三〇五
第三款　船長ノ積荷ノ利害關係人ニ對スル責任……三二〇
第四款　荷受人ノ地位……三三九
第五款　海損……三四一
第一項　船舶ノ衝突……三四三
第二項　共同海損……三四七
第三章　倉庫證券論……三六二
第一節　倉庫證券ノ發行……三六二
第二節　倉庫證券ノ性質……三六八
第三節　倉庫證券ノ效力……三七六
第四節　寄託ニ關スル效力……三八七
第四編　債權的有價證券論

第一章　公債證券論……三九五
第一節　公債ノ觀念……三九五
第二節　公債ノ種類及其特質……三九九
第三節　公債證券ノ性質……四一二
第四節　公債證券ノ發行……四一五
第一款　直接發行……四一六
第二款　間接發行……四一七
第五節　公債ノ讓渡及質入……四一九
第六節　公債ノ借換……四二二
第七節　公債ノ消滅……四二四
第一款　公債ノ取消……四二四
第二款　公債ノ償還……四二五

第二章　社債券論……四二九
第一節　社債ノ觀念……四二九
第二節　社債ノ募集……四三一
第三節　社債券……四三六
第四節　社債ノ讓渡及質入……四三七
第五節　社債ノ償還……四三九
第三章　手形論……四四〇
第一節　手形ノ觀念及ヒ其作用……四四一
第二節　手形行爲及ヒ手形ノ法律關係……四五四
第三節　手形ノ法律上ノ性質……四六一
第五編　有價證券ノ結合
第一章　荷爲替……四六五

第二章　荷爲替類似ノ法律關係……………………四八〇
附錄
公債ニ關スル法令索引………………………………一

有價證券論目次終

# 有價證券論

法學士　豐田多賀雄著

## 第一　總論

### 第一章　有價證券ノ經濟的觀察

凡ソ社會現象ハ一トシテ經濟的原因ヲ伴ハザルモノナシ蓋シ人類ハ他ノ生物ト同シク其生存ヲ第一ノ目的トスル者ニシテ生活ノ程度進ムニ從ヒテ益益經濟關係ヲ複雜ナラシメ之レガ爲メニ種々ナル組織制度ヲ惹起スルモノナリ抑法律現象モ亦一ノ社會現象ニ外ナラズシテ其發生ハ人類交通ノ結果ニ基因ス是ヲ以テ法律ト經濟トハ互ニ原因トナリ結果トナルモノニシテ其

關係甚密接シ或種ノ現象ニ至リテハ果シテ法律上ノモノナリヤ將タ經濟上ノモノナリヤ之ヲ區別スルコト甚難キモノアリ有價證券ノ如キモ亦之ニ屬ス故ニハーン一派ノ學者ハ有價證券ナル觀念ハ法律上ノ觀念ニアラズシテ經濟上ノコトニ屬シ法律學ヲ以テ其ノ性質ヲ決定スベキモノニアラズト論ゼリサレド現今ニ於テハ有價證券ハ法律上ノ觀念ニシテ法律ニヨリテ其ノ性質ヲ定ムベキモノナルコト殆ンド學者ノ一致スル所ナリ然レドモ元來有價證券ノ發生ハ商業取引ノ發達ニ因スルモノニシテ法律ハ既成ノ事實ニ根據シテ其ノ效力ヲ認定シ其ノ作用ヲ明確ニシタルノ跡ナクンバアラズ故ニ有價證券ノ法理ヲ研究セントセバ先ヅ其ノ經濟的作用ノ一斑ヲ知ラザルベカラズ

有價證券ノ經濟的效用ハ主トシテ取引ノ敏活ヲ期スルニアリ即チ一方ニ於テハ資金ノ運用ヲ容易ナラシメ他方ニ於テハ其取引ヲ確實ナラシムルニアリ是ヲ以テ證券上ノ法律關係ハ概子記載文言ニヨリテ效力ヲ決定セラレ證

券ヲ善意ニ取得シタルモノハ直ニ其證券上ノ權利ヲ取得シ通常裏書性ヲ認メラレ又其債務ノ履行ハ證券ト引換的ニナサルルコトヲ要シ又或種ノ證券ニアリテハ其權利ヲ不要因的ノモノトナシ或種ノモノニアリテハ其證券ノ移轉ハ直ニ其證券ニ記載セル貨物ノ所有權取得ト同一ノ效力ヲ賦與セラレ其他不履行ノ場合ニ於ケル遡求權並ニ特種ノ訴訟手續ヲ定ムル等皆取引ノ安固敏活ヲ計ル目的ノ爲メニ特ニ債務ノ力ヲ強クシ其流通性ヲ大ナラシメ權利ノ行使ヲ速カナラシムルノ旨意ニ出ツ今重要ナル有價證券ニツキ其經濟的作用ノ大要ヲ述ブベシ

一　手形ガ送金ノ便ニ供セラレ又支拂ノ具トシテ紙幣ノ代用ヲナスコトハ何人モ知ル處也故ニ手形ノ流通盛ンナレバ貨幣ハ比較的少額ニテ足ルベク手形ハ大ニ貨幣ノ缺乏ヲ調和スルモノナルコトハ文明諸國ノ實驗スル所ナリ今又甲ナル商人アリ資金ノ必要ヲ感スルコト甚切ナレ共銀行ニ於テ貸付ヲ求メンニハ適當ナル擔保ナシト假定セヨ此商人ニシテ信用アルモ

ノナランニハ手形ノ利用ニヨリテ所要ノ金額ヲ得ルコト甚容易ナリ則チ甲ハ他人ナル乙ヲ支拂人トシテ例ヘバ三箇月後拂ノ爲替手形ヲ振出シ自カラ其手形ヲ賣ラバ直ニ其資金ヲ得其手形ノ期限到來スル迄ハ此金員ヲ運轉スルノ利益ヲ受クベシ而シテ期限ニ至リ甲ガ乙ニ手形金額ヲ供シ手形ノ支拂ヲ完了セシムルトキハ毫モ他人ヲ害スルコトナクシテ金融ノ目的ヲ達シタルモノト云フベシ若シ手形ナクンバ甲ハ焉ゾカカル便益ヲ受クルコトヲ得ンヤ此ノ如ク手形ハ金融ヲ助クル上ニ於テ缺クベカラザルヲ以テ或學者ハ之ヲ形容シテ手形ハ商業上ニ於ケル效力ハ恰モ血液ノ人體ニ於ケルガ如シト云ヘリ蓋シ過言ニアラザル也

二　貨物引換證及ビ船荷證券ハ運送證券又ハ荷證券ト稱セラレ運送品轉換ノ用ニ供セラルルモノニシテ其ノ裏書移轉ハ法律上其證券ニ記載セラレタル運送品移轉ノ物權的效力ヲ認メラルル故ニ所持人ハ此證券ノ利用ニヨリテ記載貨物ノ處分ヲナスコトヲ得之レニヨリテ其貨物ヲ賣買又ハ質入シ

テ金融ノ便ヲ計ルコトヲ得殊ニ是等ノ證券ハ爲替手形ト結合シテ所謂荷爲替ナルモノヲ設定スルコトヲ得荷爲替トハ商人ガ資金ノ敏活ナル運用ヲ計ル爲メニ運送品ヲ積送スルト同時ニ(買主ヨリ代金ヲ送リ來ルヲ俟タズシテ)其代金ヲ得ントスル場合ニ於テ通常買主(荷受人)ヲ支拂人トシ或銀行ヲ受取人トシテ運送品ノ代價ニ當ル金額ヲ手形金額トシ爲替手形ヲ振出シ此手形ノ擔保トシテ其運送品ヲ表彰スル貨物引換證又ハ船荷證券ヲ添付シ之ヲ銀行ニ交付シ銀行ニ於テ其手形ノ割引ヲ求メ又ハ相當ノ金額ヲ借受クルコトヲ云フ是レ商業界ニ於テハ頻繁ニ行ハルルモノニシテ大審院判決例モ商慣習トシテ有效ナルコトヲ認メタリ(第五篇ニ詳述ス)

三 倉庫證券ハ倉庫ニ寄託セル貨物ノ上ニ存スル物權ヲ代表シ其裏書ヲ以テ直ニ寄託貨物ノ讓渡又ハ質入ヲナスコトヲ得ル證券ナリ我國ニ於テハ從來二券主義ヲ採用シタリシカ改正商法ハ一券二券混用主義ヲ採用シ預證券及ヒ質入證券ニ代ヘテ倉荷證券ヲ發行スルコトヲ得セシメタリ故ニ所

持人ハ質入證券ニヨリテ寄託物ノ上ニ質權ヲ設定シテ資金ノ運用ヲ計ルコトヲ得ルト共ニ市場ノ趨勢ニ應ジテ預證券ヲ以テ質權負擔付ノ寄託貨物ヲ賣却シ以テ利益ヲ逸セザルノ便益アリ尚倉荷證券ニ付テハ預證券ニ關スル規定ヲ準用セラル（商三百八十三條ノ二ノ一、二項）（因ニ云フ以下倉庫證券ト稱スルトキハ預證券質入證券及倉荷證券ヲ包含ス）

**四** 公債證券ハ國家又ハ公共團體ノ發行スルモノニシテ一般ノ信認厚ク又社債券ハ會社ガ營業基金ヲ得ル爲メニ發行スルモノニシテ常ニ一定ノ利息ヲ支拂ハルルモノナルヲ以テ此二證券ハ市場ニ於ケル價格ノ變動比較的少ナク最モ利殖ノ用ニ供スルニ適シ又之レニヨリテ金融ノ便ヲ得ルコト甚容易ナルハ能ク人ノ知ル所也。株券ニ至リテハ所謂投機證券ノ名ヲ附セラレ其會社ノ營業ノ狀況ニ從テ證券ノ市價變動常ナキモノナレ共是レ株券ノ短所タルト同時ニ其長所ニシテ烱眼ノ士ハ之ヲ活用シテ却テ資金ノ妙用ヲ企圖スベク一朝機先ヲ制セバ一攫千金ノ快ヲ得ルコト難カラザルベシロテツクノ如キハ取引所ニ於ケル此種ノ證券ノ賣買ヲ以テ一ノ賭博ニ過ギズト罵リセイノ如キハ之ヲ不生産的行爲ナリト評セシモ是レ世人ガ投機賣買ニ心醉セルヲ嘲リシモノニシテ固ヨリ過激ノ言タルヲ免カレザル也

現今有價證券ノ取引ハ主トシテ取引所又ハ銀行ニ於テ行ハル而シテ證券取引ハ世運ノ興隆ニツレテ益々頻繁ヲ加フルハ多言ヲ要セズ今手形交換高ノミニ就テ見ルモ一九〇六年ニ於ケル統計左ノ如シ

| 地名 | 交換高 |
|---|---|
| 東京 | 三、五〇〇、八五三、六七四圓 |
| 倫敦 | 一二、七一一、三三四、〇〇〇磅 |
| 紐育 | 一〇四、六七五、八二八、六五六弗 |
| 伯林 | 一五、二一七、二八九、〇〇〇碼 |
| 巴里 | 一七、八五五、一二〇、一六七法 |

以テ文明諸國ノ都市ニ於テ如何ニ證券取引ノ盛ンナルカヲ想見スルニ足ル

可シ

# 第二章　有價證券ノ意義

有價證券(Wertpapier)ナル語ハ古クヨリ用ヒラレタルモノニアラズ此文字ガ成法上ニ現ハレタルハ獨逸舊商法ヲ嚆矢トス思フニ證券ガ其表彰スル權利若クハ法律關係ヲ擔フテ立チ之レガ爲メニ法律上價値ヲ有スルノ思想ニ基クモノナリ學者商法ヲ論ズルニ當リテ商ノ目的タル物即チ商品ヲ大別シテ二トシ其一ハ其物自體ガ價格ヲ有スルモノニシテ之レヲ實質的有價物(Materialle Werttrăger)ト云ヒ其二ハ其物自體ハ本來價格ヲ有スルコトナキモ單ニ價格ヲ表彰スルモノニシテ之ヲ形式的有價物(Formelle Werttrăger)ト稱ス前者ハ狹義ノ商品ニシテ日常取引セラルルスベテノ貨物ヲ指シ後者ハ主トシテ有價證券ヲ指示ス我法典ニ就テ見ルモ商法第二六三條ハ「有價證券ノ有償取得」「其取得シタル證券ノ讓渡」「有價證券ノ供給契約」ト云ヒ又民事訴訟法第四八

四條ハ「有價證券ノ一定ノ數量ノ給付ヲ目的トスル請求」ト云ヒ有價證券ヲ以テ法律行爲ノ目的トシテ見タルコト歷然タリ又强制執行法第五一八條ニ於テハ「有價證券ノ差押」ナル語アリ同法第六〇三條ニハ「債權ノ差押ハ證券ノ占有ニヨリテ之ヲ爲ス」トアリ其意證券ノ占有ノ喪失ニヨリテ其權利ノ處分ヲ他人ニ對抗スルコトヲ得ザルノミナラズ債權者ハ自カラ其權利ノ處分ヲモナシ得ザルニ至ルコトヲ定メタルモノナルハ學者ノ解釋ヲ同ジクスル所ナリ是ヲ以テ有價證券ハ法律行爲ノ目的タル法律上ノ地位ヲ有シ而シテ其表彰スル權利ト證券自體トハ離ルベカラザル法律上ノ關係ヲ有シ此點ニ於テ法律上ノ價値ヲ有スルモノト云ハザル可カラズ

有價證券ノ意義ニ就テハ學說甚區々タリテ—ル ハ最モ廣汎ナル觀念ヲ有シ財產權ヲ內容トスル總テノ證券ハ皆有價證券ナリト云ヘリサレド此說ノ如クンバ天下ニ存スル證券ハ殆ンド皆有價證券ナリト云ハザル可カラズシテ有價證券ト他ノ證券トヲ區別スルノ實益ナキニ至ル可シ又ブルンチユリー

ハ最モ狹キ意見ヲ發表シ債權的證券ノミニ限レリサレド有價證券中ニハ物權的證券及ビ團體的證券ヲ包容スルコト學者ノ認ムル所ニシテ各國ノ法律ニ於テ亦然リ或ハ有價證券トハ公定ノ相場ヲ有スルモノナリトシ或ハ取引上代替物ト同一視セラルル證券ナリト云ヒ其實例トシテ公債證券社債證券株券ノミヲ揭グルモノアリ（靑木氏商法總論第七六頁以下）是レ現時ノ商取引ニ於ケル有價證券ノ觀念トハ或ハ一致スルヤモ知レズト雖モ吾人ハ其法理上ノ根據ヲ發見スルニ苦マザルヲ得ザルナリ今余輩ノ正當ナリト信スル所ニ從テ有價證券ヲ定義スレバ左ノ如シ

有價證券トハ私權ヲ表彰シ其權利ノ利用ニ就テハ法律上必ズ其證券ノ占有ヲ必要トスル證券ニシテ財產的價値ヲ有スルモノナリ

之レヲ分析シテ說明スベシ

**第一**　有價證券ハ私權ヲ表彰スル證券ナリ

凡ソ證券トハ或權利ノ狀態ヲ說明スル爲メニ作ラルヽモノナリ或紙面

ニ文字ヲ記スルモ單ニ娯樂又ハ陳述ノ用ニ供セラルルモノニシテ權利ノ證明ニ關セザルモノハ證券ニアラズ而シテ證券ニハ私權ヲ表彰スルモノアリ又公權ヲ表彰スルモノアリ之レニヨリテ其證券ガ私法上ノモノナリヤ公法上ノモノナリヤノ區別ヲ生ズ而シテ有價證券ハ私權ヲ表彰スルモノニシテ私法上ノ證券ナルコトハ現今學者ノ大抵首肯スル所ナリ彼ノハルトマンノ如キハ爲替ガ金錢支拂ノ上ニ於テ恰モ紙幣ト同樣ノ效用アルヲ見テ有價證券ヲ公法上ノモノナリト唱道セシモ今日ニ於テハ之ニ賛スルモノナシ

有價證券ハ私權ヲ表彰スル證券ナリ故ニ紙幣ノ如キ公法上ノ權利ヲ表彰スルモノハ有價證券ニアラズ反之公債證券ノ如キハ所謂公債ナルモノハ公法上ノ債務ニアラスシテ私法上ノ債務ナリト云ハザルベカラザルヲ以テ有價證券タルモノナリ(第四篇第一章參照)

然レ共有價證券ハ必ズシモ權利ノミヲ表彰セザル可カラザルモノニア

ラズ其表彰スル法律關係ニ於テ義務ヲ包含スルモ敢テ有價證券タルヲ妨ゲズ故ニ株券ノ如キハ社員權ヲ代表スルモノニシテ權利ト共ニ義務ヲ內容トスルモ株券ノ有價證券タルコトヲ害スルモノニアラズ

**第二**　有價證券ハ其表彰スル權利ヲ利用スルニ當リテ法律上必ズ其證券ノ占有ヲ必要トスルモノナリ

是レ有價證券ニ最モ大切ナル特質ニシテ他ノ證券ト區別セラルル主要ナル點ナリ而シテ玆ニ權利ノ利用ト云フハ多クノ場合ニ於テ權利ノ移轉及ビ行使ヲ指ス

夫レ單純ナル證書ハ權利ノ證明ノ爲メニ作ラルルモノナリト雖モ單ニ手續法上ノ效用ヲ有スルニ止マリ毫モ實體法上ニ於テ法律上ノ效用ヲ有セズ例ヘバ普通ノ借用證書ノ如キ一定ノ金額ノ消費貸借ヲ證明スルノ用ヲナセドモ必ズシモ其證明ハ此證書ニノミヨルニアラザレバ之ヲナスヲ得ザルモノニアラズ即チ借用證書ニ基カズトモ之ヲ他ノ方法ニ

ヨリテ擧證スルヲ妨ゲズ且ツ債務者ハ借用證書ト引換ニアラザレバ債務ノ履行ヲナスコトヲ拒絶スルヲ得ルモノニアラズ又遺言狀ノ如キハ遺言ナル形式的法律行爲ヲナスニ必要ナルモノニシテ之レニヨルニアラザレバ權利ヲ生ズルコトナキモ一旦法定ノ形式ニ從ヒテ此遺言狀ヲ作成シ其權利ヲ發生シタル後ハ其權利ノ移轉又ハ行使ニ就テハ此證書ノ存在ヲ必要トスルモノニアラズ然ルニ有價證券ニ就テ見ルニ是レ又設權證券(Konstitutive Urkunde)ト證明證券(Bewess-Urkunde)ノ別アリ前者ハ權利ノ發生ニ必ズ證券ノ作成ヲ必要トシ後者ハ單ニ權利ノ存在ヲ證明スルニ必要ナルモノナリト雖モ孰レノ場合ニ於テモ有價證券ニアリテハ其表彰スル權利ニ就テ權利者タルコトヲ主張スルニハ必ズ其證券ノ專有ヲ要件トナス是レ單純ナル證書ト大ニ法律上ノ效果ヲ異ニスル所ナリ而シテ若シ吾人ガ理想上完全ナル有價證券タルモノヲ求メバ其表彰スル權利ノ發生移轉行使消滅皆其證券ノ存在ト終始スルヲ必要トスル

モノナラザルベカラザルモ此ノ如キ理想的ノ證券ハ現今存在スルヲ得ズ何トナレバ權利ノ消滅ヲ絕對的ニ其證券ノ消滅ニ繫ラシムルハ人類交通ノ上ニ於テ甚不條理ノ結果ヲ生スルコトアレバナリ故ニ何レノ國ニ於テモ權利ノ發生移轉行使ノ三點ニ就テハ絕對的ニ證券ノ存在ヲ必要トスルコトアルノ法律現象ヲ認ムルモ權利ノ消滅ニ關シテ絕對的ニ證券ノ消滅ト相繫ラシムル法制ナシ即チ證券的權利ノ消滅ニ就テハ所謂除權判決(Ausschluss Urtheil)ナルモノヲ定メ權利ノ消滅ハ證券ノ喪失ニヨルヲ本則トナセドモ而モ尙證券存スルモ其權利ノ消滅スル場合アルコトノ例外ヲ認メタリ是ヲ以テ法律上ニ於テ完全ナル有價證券トシテハ(第一)權利ノ發生移轉行使ノ三者ニツキテハ一ニ其證券ニ據ラザルベカラズ(第二)其權利ノ消滅ニ就テハ除權判決其他法令ニ特別ノ規定存スル場合ノ外ハスベテ證券ノ喪失ニヨルヲ原則トスルノ證券ヲ云フ者ナリ此完全ナル有價證券ニ對シテ少クトモ權利ノ移轉及ヒ行使ニツキ一

ニ其證券ニ據ラザルベカラザル證券ヲ不完全ナル有價證券ト稱セラル故ニ有價證券トハ少クトモ其表彰スル權利ノ移轉及ヒ行使ニツキ其證券ノ專有ヲ必要トスル證券ナリト云フ可シ而シテ如何ナル證券ガ其表彰スル權利ノ發生移轉行使等ニツキ其證券ノ占有ヲ必要トスルカハ法令ノ規定ニヨリテ定ムベク決シテ當事者ノ意思ニヨリテ決スベキモノニアラザルヲ以テ有價證券ノ範圍ハ自カラ法令ノ規定ニヨリテ定マルモノナリ

今上述ノ理ニヨリテ我商法ニ於ケル各種ノ證券ヲ觀察センニ手形ノ如キハクンツエガ其著手形法ニ於テ宣言シタルガ如ク手形上ノ權利ハ手形ト共ニ發生シ手形ト共ニ活動シ又手形ト共ニ消滅ス(Genital-Vital-Final Funktion)ルヲ原則トスルモノニシテ完全ナル有價證券ナルコト疑ヲ容レス株券ノ如キハ株主權發生ノ形式ニアラサルヲ以テ所謂設權證券ニアラサルモ株主權ノ移轉ニハ必ス株券ノ交付ヲ必要トシ株主權ノ行使

ニハ株券ノ占有ヲ要件トスルモノアルヲ以テ之ヲ完全ナル有價證券ト云フヲ得サルモ又有價證券(不完全ナル有價證券)タルコトヲ失ハス其他社債券貨物引換證船荷證券倉庫證券ノ如キ皆其表彰スル權利ノ移轉及ヒ行使ニツキ證券ノ占有ヲ缺クヘカラサルノ要件トナスカ故ニ有價證券ナリ然レドモ保險證券ノ如キハ其名ハ證券ト稱セラルルト雖モ其作成ハ保險契約成立ノ要件ニアラス保險金ノ請求ハ必スシモ此證券ノ占有ヲ必要トセス保險證券ヲ讓渡スモ被保險利益ヲ有セサル讓受人ハ決シテ證券上ノ權利ヲ取得スルモノニアラス又保險證券ヲ喪失スルモ敢テ契約上ノ權利ヲ失フコトナク當事者ハ他ノ證據ニヨリテ契約及ヒ其條項ヲ立證シテ權利ヲ主張スルコトヲ得ルモノナルヲ以テ單ニ有力ナル一證書タルニ止マリ有價證券ニアラサル也

證券上ノ權利ノ利用ニツキ法律上證券ノ占有ヲ必要トスル點ヨリシテ有價證券ノ意義ヲ定ムベキコトヲ唱ヘシハブルンナーニ始マルブルン

ナー出テテ有價證券ノ性質ニ關スル議論漸ク一定セリト云フ可シサレド尚此說ニ反對シテ所謂化體說(Körperungstheorie)ヲ主張スル學者ナキニアラス化體說トハサビニーノ主唱セシ所ニシテ其要領ハ證券ト其表彰スル權利トガ合體シ證券即チ權利タル態樣ヲ有スル證券ヲ有價證券ナリト云フニアリ換言スレバ有價證券トハ權利ガ證券ニ化體セルモノナリト云フニアリ思フニ此說タル形容ノ語トシテ見レバ巧ニ證券的權利ノ狀態ヲ描寫セルモノナレ共元來無形ノ權利ガ有形ノ證券ニ化體スト云フハ甚穩當ナラス且ツ若シ權利ト證券ト合體シテ離ルヘカラサルモノヲ有價證券ナリトセハ證券ノ喪失ハ絕對的ニ其權利ノ消滅ヲ意味セサルヘカラサルニ至リ此ノ如キ證券ハ上述セシガ如ク現今何レノ國ノ法制ノ上ニモ發見スルコト能ハサルモノナリ是ヲ以テ吾人ハ到底化體說ニ贊同スル能ハサル也

**第三** 有價證券ハ財產的價値ヲ有スル證券ナラサルヘカラス

有價證券ハ私法上ノ證券ニシテ其表彰スル權利ノ利用ニツキテハ其證券ノ占有ヲ必要トスルモノナルハ上來述ヘシ所ナリ而シテ尚有價證券ハ財産的價値ヲ有スルモノナラザルベカラスト信ス然レドモ有價證券ノ有スル財産的價値ハ決シテ紙片其モノノ物質的價値ニアラスシテ其表彰スル所ノ權利ガ財産的價値ヲ有スルモノナラザル可カラザルニアリ故ニ例ヘバ運動會又ハ「ボートレース」ノ入場券ノ如キハ或ハ之レヲ所持スルガ爲メニ茶菓ヲ供セラレ又ハ酒ヲ飮ムコトヲ得ルコトアリトスルモ之レ入場券タルノ本來ノ要素ニアラズ單ニ其所持人タルモノハ其場內ニ入ルコトヲ得ルノ權利ガ入場券ノ本質ニシテ毫モ財産的價値ヲ其要件トシテ有スルモノニアラザルヲ以テ之レヲ有價證券ト云フヲ得ズ

以上ノ要件ヲ具備スル證券ハ之レヲ有價證券ト云フコトヲ得而シテ玆ニ甚ダ有價證券ニ類似シ而モ法律上其性質ヲ異ニスル證券アリ則チ免責證券

(Legitimationspapier)是レ也免責證券ハ學者ニヨリテハ履行證券又ハ資格證券ト稱スル。モノナリ免責證券トハ債務者カ義務履行ノ便宜ノ爲メニ作ルモノニシテ何人ニテモ此證券ヲ所持スル者ニ對シテナシタル辨濟ハ法律上有效ニシテ債務者ハ之レニヨリテ其債務ヲ免カルルノ效果アル證券ヲ云フ故ニ無記名式ノ有價證券ト免責證券トハ甚ダ法律上ノ効力ニ於テ相似タル所アリ兩者孰レモ其債務者ガ其證券ノ所持人ニ對シテナシタル履行ハ常ニ有效ニシテ債務者タルモノハ其所持人ノ資格ヲ調査スルノ權利ヲ有スルモ義務ヲ有セザルモノナリ。然レトモ此二者ハ法律上ノ性質ニ於テ一大差異アリ。何人ト雖モ惡意又ハ重大ナル過失ナクシテ無記名式ノ有價證券ヲ取得シタルモノハ之ニヨリテ其證券上ノ權利ヲ取得スルモノニシテ其所持人ハ其證券ノ占有ト同時ニ當然其證券上ノ權利者タル也反之免責證券ニアリテハ當初ノ所持人ハ其證券ノ取得ニヨリテ權利者タル地位ニ立ツモ之ヲ他人ニ移轉シタルトキハ其讓受人ハ證券取得ノ爲メニ當然證券上ノ權利ヲ取得セルモノト云フヲ得ズ唯債務者ガ此所持人ニ對シテ有效ニ履行ヲ爲シ得ルニ過ギス是ヲ以テ無記名式ノ有價證券ノ所持人ハ單ニ證券ノ占有ノ事實ニヨリテ自己ガ權利者タルコトヲ主張スルヲ得レトモ免責證券ノ所持人ハ單ニ證券ノ取得ノミニヨリテ權利者タルコトヲ主張スルヲ得ス、自カラ權利者タルコトヲ證明セントセバ證券ノ取得以外ノ權限ニヨリテ之ヲ立證セザル可カラズ即チ無記名式ノ有價證券ニアリテハ其占有ノ移轉ニヨリテ權利移轉ノ效果ヲ生スト雖モ免責證券ニアリテハ其證券ノ取得ハ權利ノ移轉トナラズ例ヘバ寄席芝居ノ下足札學校ノ聽講券汽車電車ノ乘車切符等ノ如キモノハ免責證券ナリ寄席芝居ニ於テ下足札ヲ喪失スルモ之レガ爲メニ下足ノ所有權ヲ失フモノニアラズ又下足札ヲ他人ニ交付スルモ其者ハ法律上之レニヨリテ當然下足ノ所有權ヲ取得スルモノニアラズ(但シ下足讓渡ノ契約ノ結果下足札ヲ交付スレバ下足ノ所有權移轉スルハ言フ迄モナシ。)乍併下足札ノ所持人ニ對シテナシタル下足ノ引渡ハ有效ニシテ免責ノ效力ヲ有スルヲ以テ此下足札ト引換ニ既ニ下足ヲ渡シタル後ニ於テハタトヘ其下足ノ眞ノ所有者來テ引渡ヲ請求スルモ之レニ應ズルノ責任ナシ要之無記名式ノ有價證券ハ主トシテ權利者ノ便宜ノ爲メニ作ラルルモノニシテ免責證券ハ主トシテ債務者ノ義務履行ノ便宜ノ爲メニ作ラルルモノ也然レ共有價證券ト免責證券トハ性質上互ニ相容レザルモノニアラズ有價證券ノ多數ハ免責證券ノ性質ヲ有スルヲ通例トス而シテ一ノ證券ガ有價證券ナルカ將タ免責證券ナルカハ其證券ヲ作成セルトキニ於ケル當事者ノ意思如何並ニ法令ノ規定如何ニヨリテ之ヲ判定スルノ外ナキモノ也(内外論叢三卷三號岡松博士ノ質疑解答參照。)

次ニ商法第二六三條第四號ノ商業證券ニツキ一言ス可シ此商業證券(Handelspapier)ナル語ハ其意義甚ダ明瞭ナラズサレド商業取引ニ適スル證券ノ意義ニ解スベキコト學者ノ見解ヲ同シクスル所也故ニ有價證券中特ニ其性質上商業取引ニ適合スル證券ヲ指示スルモノト云ハサルベカラズ例ヘハ株券ハ

有價證券ナレ共株式ノ讓渡ヲナスニハ會社ノ承諾ヲ要スル場合ニアリテハ其株券ハ商取引ノ目的ニ適應セザルモノナルガ故ニ商業證券ナリト云フヲ得ズ反之裏書又ハ交付ヲ以テ輾轉セラルル倉庫證券船荷證券ノ如キ無記名式ノ公債證券社債券ノ如キモノハ皆商品トシテ殆ンド貨物ト同一ニ取引セラルルモノナルヲ以テ商業證券ナリ

# 第三章　有價證券ノ類別

有價證券ハ觀察點ヲ異ニシテ種々ニ類別スルコトヲ得

**第一**　絕對的有價證券相對的有價證券（Absolut-, Relativ-, Wertpapier）

是レ前述セシ完全ナル有價證券不完全ナル有價證券ノ區別ト同一ニシテ證券ノ占有ト權利利用トノ間ニ存スル厚薄ニヨリテ類別セルモノ也即チ權利ノ發生移轉行使ヲナスニハ必ズ證券ニ據ルコトヲ要シ權利ノ消滅モ亦證券ノ喪失ニ因ルヲ本則トセル證券ヲ絕對的有價證券ト云フ

手形ノ如キ是レ也又證券ノ占有ガ權利ノ移轉及ビ行使ニツキテノミ必要ナル證券ヲ相對的有價證券ト云フ多數ノ有價證券ハ不完全ナル有價證券ナリ例ヘバ株券社債券公債證券倉庫證券貨物引換證船荷證券等皆然リ

## 第二　不要因的有價證券要因的有價證券

不要因的有價證券(Abstraktrechtswertpapier)トハ其證券ノ表スル法律關係ガ原因ヲ以テ成立ノ要素トセザル有價證券ヲ云フ凡ソ人ノ債務ヲ負擔スルニハ必ズ之ヲ負擔スルノ原因(理由)ナカルベカラズ不要因的債務ニアリテモ決シテ其原因ナキモノニアラズ唯其原因ト離レテ債務成立シ敢テ原因ノ存否又ハ原因ノ適法ナルヤ否ヤヲ問ハザルニアリ例ヘバ金百圓ヲ支拂フノ債務ハ其外形上ニ於テハ常ニ一ナリト雖モ或ハ贈與ニ基クコトアリ或ハ消費貸借ニ因ルコトアリ或ハ賣買ノ對價タルコトアリ各場合ニ於テ債務負擔ノ原因(理由)ヲ異ニスルガ故ニ普通ノ場合ニ於テ

ハ債權者ガ其權利ヲ主張シ履行ヲ求メントセバ單ニ債務者ガ金百圓ヲ支拂フベシト約シタル事實ヲ證スルノミヲ以テ足レリトセズ必ズ債務者ガ消費貸借又ハ賣買等ニヨリテ金百圓ヲ受領シタルコトヲ明カニセザルベカラズ然ルニ不要因的債務ニアリテハ債權債務ハ其原因ト獨立シテ成立スルヲ以テ債權者ハ其權利ノ由テ生ジタル所以ヲ說明セズシテ其權利ヲ主張スルコトヲ得ルモノナリ手形ニ就テ見レバ手形行爲ヲナシタルモノハ絕對ニ手形上ノ債務ヲ負擔シ其原因ノ存否ヲ問ハズ又其原因ノ不法ナリヤ否ヤヲ論セザルモノナルヲ以テ手形債務ハ不要因的債務ニシテ手形ハ不要因的有價證券ナリト云ハザル可カラズ反之貨物引換證ノ如キモノハ其證券上ノ債務即チ運送品引渡ノ義務ハ委託セラレタル運送品ノ受領ニ因ルモノニシテ證券上ノ法律關係ハ其原因ヲ離レテ成立スルモノニアラザルヲ以テ之ヲ要因的有價證券ト云ハザルベカラズ

第三　委託有價證券約束有價證券(Anweisung, Verpflichtungs Wertpapier)
發行者ガ自カラ證券上ノ債務ヲ履行スルコトヲ約スル證券ヲ約束證券ト云ヒ發行者カ第三者ニ委托シテ履行ヲナサシムルコトヲ表示スル證券ヲ委託證券ト云フ約束手形ハ前者ニ屬シ爲替手形及ヒ小切手ハ後者ニ屬ス

第四　金錢的有價證券物品的有價證券(Geld-, Waaren Wertpapier)
證券ノ表スル目的物ノ金錢ナルトキハ金錢的有價證券ト云ヒ其目的物ガ物品ナルトキハ物品的有價證券ト云フ公債證券社債券手形ノ如キモノハ前者ノ適例ニシテ貨物引換證船荷證券倉庫證券ノ如キモノハ後者ノ例ナリ

第五　國家證券公共團體證券私證券(Staats,- Oeffenthiches Korporations,- Privat Wertpapier)
證券ノ發行者ガ國家ナル･カ公共團體ナルカ私人ナルカニヨリテ區別セ

ルモノナリ國債證券ノ如キモノハ國家ノ發行スル有價證券ナリ府縣債券市債券町村債券ノ如キハ公共團體ノ發行スル有價證券ナリ私證券ハ手形船荷證券ノ如キモノニシテ其類甚ダ多シ

**第六** 債權的有價證券(Forderungs Wertpapier)

物權的有價證券(Sachenrechtliches Wertpapier)

團體的有價證券(Korporations Wertpapier)

債權的有價證券トハ債權ヲ內容トスルモノニシテ手形公債證券社債券等ナリ物權的有價證券トハ一名引渡證券(Transitionspapier)ト稱セラル丶モノニシテ其表彰スル所ノ權利ハ記載物品ノ引渡ヲ請求スル債權ニ外ナラサレ共其證券ノ處分ニヨリテ記載物品ニツキ物權上ノ效力ヲ生スルモノヲ云フ我商法ニ於テ認メタル物權的有價證券ハ貨物引換證船荷證券倉庫證券ノ三種ナリ又團體的有價證券トハ所謂社員權(Mitglidrecht)ヲ內容トスルモノニシテ株券ハ之レニ屬ス社員權ハ物權ニアラズ又純然

タル債權ト云フヲ得ズ團體ト其分子(社員)トノ間ニ存スル權利義務ノ集合ニシテ團體的私權ト解スルヲ正當ナリトス而シテ一種ノ財産權ト見ルベキモノナルハ學説ノ一致スル所也

第七 記名(又ハ指名)有價證券(Rekta Wertpapier)

指圖有價證券 (Order Wertpapier)

無記名有價證券 (Inhaber Wertpapier)

一 記名證券トハ證券發行ノ當時ニ於テ特定セル人ヲ權利者ト定メ其者ニ對シテ履行ヲナスベキコトヲ示シタル證券ヲ云フ記名證券ニアリテモ決シテ其權利ノ移轉ヲ認メザルニアラズ唯權利ノ歸屬者ヲ變更スルハ發行者ノ意思ニ基クニアラズト云フニアリベセーレルノ如キハ記名證券ハ有價證券タルヲ得ズト論ズト雖モ現今學者ノ採ラザル所也記名株券ノ如キハ記名有價證券ノ適例也

二 指圖證券トハ指圖文句ヲ以テ發行スル證券ニシテ即チ特定人又ハ其

人ノ指圖シタル者ニ對シテ權利ノ執行ヲ認ムベキコトヲ記載シタルモノナリ故ニ指圖證券ト云フトキハ指圖文句ヲ記載セル證券ニシテ裏書ニヨリテ移轉スルヲ得ルモノヲ指示ス然ルニ法律ガ特ニ或種ノ證券ニ就テハ記名式ニテ發行シタルトキト雖モ其發行者ガ裏書ヲ禁セサル限リハ裏書ニヨリテ自由ニ輾轉スルコトヲ得ルヲ認ムルモノアリ此種ノ證券ヲ性質上ノ指圖證券又ハ法律上當然ノ指圖證券ト云フ即チ證券ニ指圖文句ノ記載ナキモ法律ノ規定ニヨリ當然裏書移轉ヲ認メラルルモノナリ

今之ヲ例示センニ從來貨物引換證ニ付テハ指圖式ニテ發行セラレタル場合ニ限リ裏書ニヨリテ讓渡スコトヲ得ルモ口頭ヲ以テ讓渡スルコトヲ得ルヤ否ヤハ議論アリキ改正商法ハ貨物引換證モ亦手形船荷證券倉庫證券又ハ倉荷證券ト同シク商第三三四條ノ三第四五五條第五二九條第五三七條第六二九條第三六四條第三八三條ノ二ノ第二項ノ規定ニ因

リテ發行者ガ其裏書讓渡ヲ禁止スルコトヲ其證券ニ記載セサル限リハ記名式ノ場合タリトモ裏書ニヨリテ自由ニ移轉スルヲ得ルモノナルカ故ニ法律上當然ノ指圖證券ナリ

三　無記名證券トハ證券ニ指定セル權利者ヲ指定セズ單ニ所持人ニ對シテ權利ノ執行ヲ認ムベキコトヲ記載セル證券ニシテ引渡ノミニヨリテ移轉スルヲ得ルモノナリ故ニ此證券ノ所持人ハ其證券ヲ呈示シテ給付ノ履行ヲ求ムルニハ敢テ自己ガ權利者タルコトヲ立證スルヲ要セズ證券ノ取得ハ當然權利者タル資格ヲ推定セラルルモノ也又發行者其他ノ證券上ノ債務者ハ所持人カ眞ノ權利者ニアラサルコトヲ理由トシテ辨濟ヲ拒ムコトヲ得レ共所持人ノ資格調査ハ債務ノ義務ニアラズ寧ロ所持人ニ辨濟ヲナシテ其責ヲ免ルルコトハ債務者ノ權利ナリ

四　次ニ指名所持人證券（Asternation Inhrber Wertpapier）ノ性質ヲ述フヘシ指名所持人證券トハ民第四七一條ニ規定セル「甲又ハ所持人」ノ形式ヲ以テ發

行セラルル證券ナリ此證券ノ性質ニ就テハ議論區々タルモ之ヲ記名證券ト云フヲ得サルハ明カ也何トナレハ證券ニ於テ所持人ニモ權利ノ執行ヲ認ムルコトヲ記載スレバ也又之ヲ純然タル無記名證券ナリト云フヲ得ス何トナレハ無記名證券トハ特定ノ權利者ヲ證券上ニ指定セザルヲ其特質トセルモノナルニ此證券ハ「甲又ハ所持人」ニ對シテ給付ヲナスベキコトヲ記載セラレ形式上ヨリ觀ルモ無記名證券ト異レリ故ニ嚴格ニ解スルトキハ指名所持人證券ハ記名證券ニアラズ又無記名證券ニアラザル一種特別ノ形式ヲ有スル證券ナリト云ハサルベカラス然レ共此證券ノ沿革並ニ立法上ノ精神ヲ探求スルニ此證券ノ主ナル目的ハ特定ノ權利者ノ指定ニアラスシテ寧ロ證券上ノ權利ガ所持人ニ輾轉スルコトヲ得ルノ流通的作用ニ存スルモノト信ス今法典ノ上ニ就テ見ルモ無記名證券ニ關スル規定ハ全然此證券ニ適用セラルルモノニアラサルモ此證券ガ呈示證券タリ其債務ガ催告債務タリ又指圖證券及ヒ無記名證

券ト共ニ公示催告ノ方法ヲ認メラルルコト法律ノ明文ニ照ラシテ明カ也（民第四七〇條第四七二條商第二八〇條乃至第二八二條民施第五七條參照）是ヲ以テ予輩ノ見ル處ヲ以テスレバ指名所持人證券ハ一種特別ノ證券ニシテ無記名證券ノ一變例ナリト解スルヲ穩當ナリト信ス而シテ此證券ノ形式ニ反セサル限リハ無記名證券ニ關スル規定準用セラルベキモノナリ依テ此證券ノ讓渡ニ就テハ次ノ效果ヲ生ズ

イ 指名所持人證券ニ記載セラレタル指定ノ權利者カ此證券ヲ他人ニ讓渡サントスルトキハ裏書又ハ民第四六七條ノ規定セル手續ニ從フコトヲ要ス

ロ 指定ノ權利者以外ノ所持人ハ全ク無記名證券ノ所持人ト同樣ノ地位ヲ有スルモノニシテ單ニ證券ノ交付ノミニヨリテ之ヲ移轉スルコトヲ得

終ニ一言スヘキコトアリ各種ノ有價證券ヲ必ズシモ悉ク以上四種ノ形式ヲ以テ發行セラルルモノニアラズ證券ノ性質上並ニ法律ガ公益其他ノ理由ニヨリテ證券ノ形式ヲ制限スルコトアリ例ヘハ手形ノ如キモノハ上記四種ノ形式ヲ以テ發行スルヲ得レ共株券社債券ノ如キハ唯記名式ト無記名式ノ二種ニツキ其發行ヲ認メラルノミ又船荷證券ハ無記名式ニテ發行スルコトヲ得レ共倉庫證券ハ無記名式ノ發行ヲ許サス貨物引換證ヲ無記名式ニテ發行スルヲ得ルヤ否ヤハ議論岐カル其詳細ハ後ニ述フ可シ

## 第四章　有價證券ト他ノ證券トノ關係

有價證券ノ意義及其類別ハ既ニ述ヘタリ今有價證券ト密接ノ關係アル有力ナル證券ニツキテ其異同ヲ述ブ以テ有價證券ノ觀念ヲ明確ニスベシ

**第一**　免債證券(Legitimationpsapicr)免債證券ト有價證券トハ其作用甚類似スル

モノナレ共法律上ノ性質ニ至リテハ大ナル差異アリ是レ既ニ第二章ニ詳述シタル所ナレバ茲ニ再敍セズ

**第二** 設權證券(Konstitutie Urkunde)設權證券トハ證明證券(Beweis Urkunde)ニ對スル名稱ニシテ前者ハ證券ノ作成ガ權利ノ設定ニ必要ナル證券ヲ云ヒ後者ハ既ニ成立セル法律關係ヲ單ニ證明スルノ效力ヲ有スル證券ヲ云フ是ヲ以テ證明證券ニアリテハ其權利ノ成立ハ證券ノ作成トハ毫モ法律上ノ關係ナシ反之設權證券ニアリテハ證券ノ作成ハ權利發生ノ形式(要件)ニシテ苟モ證券ノ作成ナクンバタトヘ當事者間ニ權利ヲ設定セントスル意思明瞭ナルモ法律關係ノ成立ヲ證明シ若クハ主張スルヲ許サズ換言スレバ設權證券ニアリテハ法律關係ハ證券ニヨリテ始メテ完成スルモノニシテ權利ノ成立ヲ證明又ハ主張セントスルニハ證券ニヨルノ外他ノ方法ニヨリテ之ヲナスヲ許サザルモノナリ

有價證券ニシテ設權證券タルモノアリ證明證券タルモノアリ手形ノ如キ

ハ手形上ノ法律關係ハ全ク手形ノ作成ニ依ラサレハ發生セザルヲ以テ設權證券ナリ反之株券ノ如キハ株主權ノ發生ノ後ニ於テ發行セラルルモノナルニヨリ之ヲ設權證券ト云フヲ得ス其他社債券倉庫證券等皆設權證券ニアラズ

**第三** 流通證券(Umlaufspapier) 流通證券トハ裏書又ハ交附ニヨリテ移轉スルコトヲ得ル證券ヲ云フ通常流通證券トハ指圖證券及ビ無記名證券ヲ併稱スサレド記名證券タリトモ手形船荷證券倉庫證券ノ如キ所謂法律上當然ノ指圖證券ニ屬スルモノハ其發行者ガ裏書禁止ノ旨ヲ記載セサル限リ裏書ニヨリテ自由ニ輾轉セラルルモノナルガ故ニ流通證券ナリト云ハサル可カラス又民第四七一條ノ「甲又ハ所持人」ノ形式ヲ以テ發行セラルル所謂指名所持人證券ハ前章ニ於テ述ヘタルカ如ク無記名證券ノ一變體ト見ルベク裏書又ハ單ニ交付ニヨリテ讓渡スルコトヲ得ルモノナルヲ以テ流通證券ニ屬ス

學者ニアリテハ有價證券ト流通證券トヲ同一視スルモノアリ是レ英米法ノ觀念トシテハ或ハ正當ナランモ我法制ニ於テハ此二者ハ別個ノ觀念ナリ即チ有價證券ノ多數ハ流通證券ナレ共兩者全然其範圍ヲ一ニセズ例ヘバ記名株券ノ如キハ有價證券ナレ共流通證券ニアラズ

## 第四　要式證券

要式證券トハ證券作成ノ方式ガ必ズ法律ノ定メタル形式ヲ踐マサルベカラサル證券ヲ云フ有價證券ハ概ネ要式證券ナリサレド要式證券ハ悉ク有價證券ナリト云フヲ得サルハ固ヨリ言フヲ要セサルコトニシテ又有價證券タル要件トシテハ必スシモ要式證券タルヲ要スルノ理由ナシ而シテ要式證券ニアリテモ手形ノ如キモノハ法律上其記載事項ヲ嚴定シ之ヲ缺クトキハ如何ナル場合ニ於テモ手形タル效力ヲ生セサルノミナラズ法律ニ規定シタル以外ノ事項ハタトヘ之ヲ手形ニ記載スルモ決シテ手形上ノ效力ヲ發生セザルモノナルヲ以テ或ハ是レヲ絕對的要式證券ト云フ又貨物引換證倉庫證券船荷證券等ニアリテハ法律ガ記載事項ヲ

定メ若シ之ニ從ハサルトハ其證劵ヲ無效タラシムルモノナレ共法定ノ記載事項以外ノ事項タリトモ其證劵ノ本質ニ反セス又法ノ强行的規定ニ背カサル以上ハ之ヲ證劵ニ記載スルトキハ之レニヨリテ證劵上ノ效力ヲ生スルモノナルガ故ニ此等ノ證劵ハ或ハ相對的要式證劵ト稱セラル

**第五** 證劵的權利ヲ表スル證劵(Skripturrechtoder Skripturobligations-Papier) 證劵的權利ヲ表スル證劵トハ其證劵ヲ善意ニ取得セシ者ハ其證劵ニ記載セル文言ニ從テ其權利義務ヲ決定セラレ其記載事項及ビ證劵ノ性質ヨリ當然生スル結果以外ノ事由ヲ以テ證劵上ノ債務者ハ其取得者ニ對抗スルヲ得サル證劵ヲ云フ故ニ證劵的權利ヲ表スル證劵ハ法律上左ノ二ツノ特質ヲ有ス

**一** 其證劵ノ善意取得者ハ證劵ノ取得ニヨリテ其證劵上ノ權利ヲ取得ス

**二** 其證劵ノ善意取得者ニ對シテハ其證劵ニ記載セル事項及ヒ其證劵ノ性質ヨリ當然生スル結果以外ノ事由ヲ以テ對抗スルヲ得ズ

有價證券ハ皆證券的權利ヲ表スル證券ナリト云フヲ得ス又指圖證券及ヒ無記名證券ハ民第四七二條及第四七三條ノ規定ニヨリテ抗辯ノ制限ヲ認メラルルモノナルモ固ヨリ證券的權利ヲ表スル證券タルノ觀念ト一致セザルコト明カ也而シテ手形貨物引換證船荷證券倉庫證券ニ就テハ我商法ハ明文ヲ以テ其證券的權利ヲ表スル證券ナルコトヲ規定セリ(商第四三五條第三三四條第六二九條第三六二條第三八三條ノ二ノ二項)

茲ニ注意スベキハ不要因的證券ト證券的權利ヲ表スル證券トヲ混同スベカラザルコト是レ也前者ハ證券上ノ債務ガ其原因ヲ以テ成立ノ要素トセザルモノニシテ原因ノ存否原因ノ適法ナルヤ否ヤニ關セス債務ハ獨立シテ發生存立シ又原因ト分離シテ其執行ヲナスヲ得ルモノナリ後者ニアリテハ善意ニ其證券ヲ取得シタル者ハ證券上ノ權利者トナリ證券上ノ債務者ハ原債權者ニ對シテ有セシ人的抗辯ヲ以テ善意ノ證券取得者ニ對抗スルヲ得サルノ特質ヲ有スルニ過ギズシテ敢テ原因ト分離シテ其債務カ成

立シ又ハ原因ノ存否若クハ適法ナルヤ否ヤニ關セスシテ權利ノ行使ヲナシ得ルモノニアラズ尤モ手形ハ一旦之ニ署名シタルモノハ記載ノ文言ニ從ヒ絶對的ニ其債務ヲ負擔セザルベカラザルモ是レ手形ガ證券的權利ヲ表スル證券タルト同時ニ不要因的證券タルガ故ナリ故ニ船荷證券ノ如キハ商第六二九條ノ規定ニヨリテ證券的權利ヲ表スル證券ナルモ之レト同時ニ不要因的證券ニアラサルガ故ニ證券上ノ債務者ハ自己ニ故意又ハ過失ナキ限リハ運送品ノ不受領ヲ理由トシテ其債務ヲ免カルルコトヲ得ベシ要之證券的權利ヲ表スル證券ト不要因的證券トハ互ニ相併立スルヲ得ル性質ヲ有スレ共全ク別個ノ觀念ナリ

有價證券ニシテ證券的權利ヲ表スル證券タルモノヲ證券的有價證券Skriptturrchts Wertpapier)ト稱セラル而シテ其權利ヲ證券的權利(Skripturrecht)ト云ヒ其義務ヲ證券的義務(Skripturobligation ト稱セラル

# 第五章　適用法規

我私法ニアリテハ凡テノ法律關係ヲ民事ト商事トニ分チ之ニ對シテ其適用法規ノ法域ヲ定メタリ即チ民事ニ就テハ民法ノ規定其最モ重キヲナシ商事ニ關シテハ先ツ商法ノ規定ヲ適用シ商法ニ規定ナキモノニ就テハ商慣習法ヲ適用シ更ニ商慣習法ナキ時ハ民法ノ規定ヲ適用スルノ順序トナセリ

抑モ民事商事ノ範圍ヲ明カニスルハ以前ニアリテハ只訴訟上ニ於テ特別ノ裁判權ヲ定ムルノ必要ニ基キシモノナリ然ルニ近代ニ及ンデ商法ノ性質ニ關スル觀念一變シ商法ハ商人法ニアラズ又商業法ニアラズ廣ク商ニ關スル法トシテ非商人モ亦其適用ヲ受クルニ至リ玆ニ商事ヲ民事ヨリ分割スルハ商法適用ノ區域ヲ定ムルニ必要ナルコトトナレリ

我國ニ於テハ有價證券ニ關スル規定ハ甚ダ疎雜ニシテ統一ナク有價證券ノ辯濟呈示取得裏書等ニ就テハ商法(第二七八條乃至二八二條)ニ於テ之ヲ規定

シ其讓渡質入等ニ就テハ民法(第三六六條第四六九條乃至四七七條)ニ之ヲ規定シ又民法施行法ニ於テ其公示催告ニ關スル規定ヲ定メタリ由是觀之有價證券ニ關スル法律關係ハ民事ナリヤ商事ナリヤ甚タ不明ニシテ學者ノ見解モ亦一ナラザルガ如シ然レトモ元來有價證券ノ特質ハ證券カ其表彰スル權利ト密着シ其權利義務ノ範圍ハ一ニ證券ノ文言ニ準據シテ之レヲ決定シ善意ノ取得者ニ對シテハ妄リニ反證ヲ許サザル點ニアリ換言スレバ其流通的性質ヲ以テ特質トナスト云ハサルベカラズ而シテ商第二六七條ニ於テ絶對ノ商行爲トシテ「利益ヲ得テ讓渡ス意思ヲ以テスル動産不動産若クハ有價證券ノ有償取得又ハ其取得シタルモノヽ讓渡ヲ目的トスル行爲」「他人ヨリ取得スベキ動産又ハ有價證券ノ供給契約及其履行ノ爲メニスル有償取得ヲ目的トスル行爲」「手形其他ノ商業證券ニ關スル行爲」ト列擧スルヲ見レバ有價證券ニ關スル事項ハスベテ商事ナリト解スルハ穩當ニシテ且ツ正鵠ヲ得タルモノト信ス(靑木氏商行爲論第七二頁乃至七五頁引用)

有價證券ニ關スル事項ヲ商事ナリトスレバ商法第一條ニヨリテ法規適用ノ順序次ノ如シ

第一　制定商法

制定商法ハ商事ニツキ第一位ニ適用セラルベキ法律ナリ其規定ノ任意的ナルト强制的ナルトヲ問ハズ又法典ニ明カニ揭ケラレタル條文タルト其法文ノ論理上ノ決論ニ出ツルモノトヲ區別セズ凡テ商慣習法及民法ニ先テ適用セラル此意味ニ於テ商法ハ特別法ニシテ例外法ニアラズ商事的法律關係ノ普通法ト稱セラル

制定商法ハ適用ノ第一位ヲ占ムルモノナレドモ商事ニ關シテモ特別法アレバ此特別法ガ優先ノ地位ヲ占ムルコトハ勿論ナリ例ヘバ公債條例ノ如シ

第二　商慣習法

商慣習法ハ商事ニ關シテハ第二位ニ於テ適用スベキ法律ナリ民法ニ對シテ優等ノ地位ヲ占ムルハ商法ノ一部ヲナセバナリ然レドモ制定商法ニ對シテ

ハ一歩ヲ讓ラザルベカラズ故ニ商慣習法ハ商法ノ規定ニ對シテハ其强行的タルト任意的タルトヲ問ハズ所謂變更力ヲ有セズ
序ニ一言スベキハ事實タル慣習ノ效力ニ就テナリ
抑モ慣習法ハ法ナリサレド事實タル慣習ハ法ニアラズ只當事者ノ意思解釋ノ材料タルニ過ギズ而シテ更ニ分析シテ云ヘバ事實タル慣習ノ效力ハ左ノ二ツニ分タル
一當事者ノ意思表示ヲ補充スル效力
當事者カ行爲ヲ爲スニ當リテ特ニ其慣習ニ從フコトヲ明示セストモ各般ノ事情ヨリ其慣習ニ從フベキ意思アリト認メラルベキ時ニハ其慣習ハ茲ニ拘束力ヲ生ズ即チ民第九二條ニ於テ公ノ秩序ニ反セサル慣習ハ法律行爲ノ當事者ガ之ニヨル意思ヲ有スルモノト認ムベキトキハ其慣習ニ從フコトヲ定ム
二當事者ノ表示シタル意思ヲ推斷スルコト

意思ヲ表示スルニハ必ズ其意義ヲ明カニスルコトヲ要スサレド慣習上一定ノ意義アレバ之レニ從フノ意思アリト解釋スベキモノナリ要之商慣習法ハ所謂實質的意義ニ於ケル商法ノ一部ヲ構成スルモノナレドモ事實タル慣習ハ唯當事者ノ意思ヲ解釋スルノ材料タルニ過ギザルナリ

## 第三　民法

民法ハ商事ニ關シテハ最後ニ適用セラルベキモノナリ即チ商法ニ規定ナク商慣習法ノ存セザル場合ニ始メテ適用セラル但シ茲ニ云フ所ノ民法トハ實質的ノ意味ニ於ケル民法(廣義)ニシテ民法法典ノ意ニアラズ

序ニ注意スベキコトアリ本篇ニ於テハ債權關係ヲ表スル證券ヲ基礎トシテ論述スルガ故ニ團體證券タル株券及ビ船荷證券貨物引換證倉庫證券ノ如キ物權的證券ニ就テハ其表彰スル所ノ權利ノ性質ヲ異ニシ自カラ本篇ノ理論ヲ其儘應用スルヲ得サル所アリ故ニ此等ノ證券ニ就テ本篇ノ理論ヲ應用セ

ントスルニ當リテハ特ニ此點ニ注意セザルベカラズ又手形ハ所謂絶對的有價證券ニシテ本來純然タル債權證券ナレドモ手形ニ關シテハ商法第四篇ニ於テ細密ナル法令アリテ普通ノ債權證券ト一括シテ概論スル能ハザル所多シ故ニ手形ニ特有ナル法理ニ就テハ一般ノ有價證券ノ理論ニ關係アルモノノ外ハ本篇ニ於テ説明セザルコトトナセリ

# 第六章　有價證券ノ發行

證券ノ作成ガ權利ノ設定ニ必要ナルト否トニヨリテ有價證券ヲ設權證券ト然ラサルモノトニ區別スルコトヲ得ルコト第四章ニ述ベタル所ナリ即チ前者ニアリテハ證券ノ作成ハ權利發生ノ要件ニシテ苟モ證券ノ作成ナクンバ如何ナル場合ニ於テモ法律關係ノ成立ヲ證明シ若シクハ主張スルヲ許サズ反之後者ニアリテハ法律關係ハ證券ニヨリテ始メテ完成スルニアラズシテ證券ハ既ニ成立シタル法律關係ヲ證明シ若クハ利用スル爲メニ作成セラル

手形ノ如キハ前者ニ屬スル適例ナリ等シク有價證券ナリト雖モ株券社債券倉庫證券等ノ場合ニアリテハ證券ノ發行ハ法律關係ノ成立要素ニアラズシテ法律關係ノ成立後ニ於テ當事者間ニ證券ノ發行交附アルモノナリサレド此等ノ場合ニアリテモ一旦證券ヲ作成セバ其權利ハ化シテ證券上ノ權利トナリ證券ノ占有ナケレバ其權利ノ利用ヲナス能ハザルニ至ル故ニ證券上ノ法律關係ハ證券ノ作成ヲ基礎トスルモノニシテ證券ノ發行行爲ハ證券上ノ法律關係ヲ設定スル所謂基本的行爲ト云フベシ此行爲アリテ始メテ裏書其他ノ行爲ヲナスコトヲ得ルモノナリ然リ而シテ有價證券ハ主トシテ流通ヲ目的トスルモノナレバ敏活ナル商業上ノ交通ニ適應セシムル爲メ法律ハ特ニ意ヲ用フル所アリ是ヲ以テ其發行行爲ニ就テハ何レノ國ノ立法例ニ於テモ其形式ヲ法定スルヲ常トス我商法ニ於テモ證券ノ發行ニ付キ其記載事項ヲ嚴定セリ(商第一四八條第二〇五條第三三三條第三五九條第四四五條第五三〇條第六二二條等)而シテ發行行爲ノ形式ニ就テ法律ノ命スル所ハ强行的

法規ニ屬シ當事者ノ意思如何ニ關セズ又タ法律ガ發行行爲ノ要件トシテ掲クルモノハ大抵命令的ノモノニシテ之レヲ遵守セザルトキハ自カラ證券ノ成立ヲ無效ナラシムルモノナリ故ニ形式ノ不備ハ法律ニ特別ノ明文ナキ限リハ後日ニ至リテ既往ニ遡リテ其足ラザル所ヲ補充スルヲ許サヾルナリ而シテ證券ノ發行ニ當リ法定ノ記載事項以外ノ事項ヲ記載セバ其效力如何ノ問題ハ各種ノ證券ニ就テ各別ニシテ論セザルベカラズ略言スレバ手形ニアリテハ法定ノ記載事項以外ノ事項ヲ手形ニ記載スルモ毫モ手形上ノ效力ヲ發生セズ（商第四三九條）ト雖モ其他ノ證券ニアリテハ其證券ノ本質並ニ法ノ强行的規定ニ反セザル限リハ法定ノ記載事項以外ノ事項タリトモ之ヲ記載スルトキハ證券上ノ效力ヲ生ズルモノト云ハザルベカラズ而シテ證券ガ其形式ヲ缺キタル爲メ無效タル場合ニ於テ法律上何等ノ效果ヲモ生ゼザルヤ否ニ就テハ多少議論アル所ナレトモ當事者ノ意志解釋ニヨッテ定マル可キモノトス（三十六年二月五日大審院判決）例ヘバ手形ノ振出法定ノ要件ヲ缺キタルトキ其手

形ガ無效ナルトキハ當事者ノ意思ハ一ニ手形上ノ債務ヲ負擔セントスルニアリテ如何ナル方法ニ於テモ單ニ債務ヲ負擔スレバ足ルト解スルコトヲ得ザルヲ以テ手形ノ無效ハ債務負擔ノ意思ノ破棄ト云フベク從テ手形無效ノ場合ヲ豫想シテ當事者間ニ特約アルニアラザレバ何等ノ債務ヲモ發生セズト云フベカラズ

此ノ如ク證券發行ノ形式ハ法律ノ嚴定スル所ナレドモ其發行ノ自由ハ各人ニ屬スル所ナリ尤モ證券ノ發行行爲ハ法律行爲ナルヲ以テ發行者ハ能力者タラサル可ラザルハ云フ迄モナシ若シ發行者ガ無能力者タル場合ニハ法律行爲ノ一般ノ原則ニ從ヒ其發行行爲ハ無效ナルカ然ラザレバ取消シ得ベキモノニシテ其發行シタル證券ハ效力ナキモノト云ハザルベカラズ但シ特ニ手形ニ關シテハ商法第四三八條ニ無能力者ガ手形ヨリ生ジタル債務ヲ取消シタルトキト雖モ他ノ手形上ノ權利義務ニ影響ヲ及ボサズト規定シ無能力者ノ手形行爲ノ效力ノ如何ハ能力者ノ手形行爲ノ效力ヲ傷クルヿナキヲ明

定セリ是レ手形ニ特有ナル者ニシテ手形行爲獨立ノ效果ニ外ナラザルナリ」獨逸ニテハ無記名式ノ金錢證券ニ限リ官許ヲ得ルニアラザレバ之ヲ發行スルヲ得ズト規定シ(獨逸民法第七九五條)無記名證券ノ發行ニ限リ一種ノ制限ヲ設ケタリ我國ニ於テハ各種ノ有價證券ニ關シテハ其發行ニ就キ制限的規定ナシ即チ指圖證券ハ勿論無記名證券又ハ指名所持人證券ニ至ル迄私法上其發行ハ各人ノ自由ニ屬ス但無記名手形ニ就キテハ其金額ニツキ商法ニ一ノ制限ヲ設ケ爲替手形及約束手形ハ其金額三十圓以上ノモノニ限リ之ヲ無記名式ト爲スコトヲ得(商第四四九條及第五二九條)是レ無記名手形ハ單ニ交附ニヨリテ輾轉スルモノナルガ故ニ信用アルモノヨリ發行セラルル少額ノ無記名手形ハ紙幣同樣ニ流通セラレ從テ兌換制度ノ基礎ヲ危クスルノ虞アルヲ以テナリ然レ共小切手ハ其有效期間短期ニシテ單純ナル支拂證券ニ過ギザルヲ以テ斯ル危險ナシ之レ其金額ニ對スル制限ナキ所以ナリ(青木氏商行爲論第七五頁乃至第七七頁引用)

證券ノ發行行爲ノ法律上ノ性質ハ證券上ノ債權ヲ負擔セシメントスル意思

以テニ基キテナス法律行爲ナリ而シテ署名ヲ以テ其本質トナス署名ナケレバ發行行爲ナシ署名ハ自署ノ意ナリ而シテ明治三十三年法律第十七號ニ記名捺印ヲ以テ署名ニ代フルコトヲ許シタルニヨリ發行行爲モ亦自署ヲ必要トセザルニ至レリ法人ニアリテハ其名稱若クハ商號ヲ記載シ代理權ヲ有スル者ガ之レニ署名セザルベカラザルナリ尙證券ノ發行ニハ印紙ヲ貼用スベキコトハ印紙稅法ノ定ムル所ナリ然レドモ印紙ヲ貼用セザルモ敢テ其證券ヲ無效トナスモノニアラズ唯法律上ノ制裁アルノミ

發行行爲ニ付キ各種ノ有價證券ニツキ法律ノ特ニ認メタル形式ニ就テハ第二篇以下ノ各論ニ於テ之ヲ說明スベシ

# 第七章　證券的債務成立ノ理論

有價證券ノ發行行爲ガ法律行爲ナルコトハ學者ノ一般ニ一致スル所ナリ而シテ有價證券ニアリテモ記名證券上ノ債務ニ就テハ當事者間ノ契約ニ基キ

テ發生スルモノナリ而シテ債務者ガ債務負擔ノ意思ヲ以テ證券ヲ相手方ニ交附スルニヨリテ成立スト論ズルヲ穩當トナスハ多數學者ノ首肯スル所ナリ然レドモ指圖證券(法律上當然ノ指圖證券ヲ包含ス)及無記名證券上ノ債務即チ流通的債務ノ成立ニ就テハ學者ノ說ク所極メテ紛々タリ即チ其發行行爲ハ契約ナリヤ單純行爲ナリヤ證券上ノ債務ハ證券ノ作成ト共ニ成立スルヤ將タ交付ヲ要スルヤ偶然ノ事實ニヨリテ證券ヲ取得シタルモノノ法律上ノ地位如何ニ就テハ未ダ學說一致セズ元來此議論ハ主トシテ手形債務ノ性質論トシテ非常ニ學者ノ頭腦ヲ惱マセリ今其大要ヲ論述セン

抑證券上ノ債權債務ノ性質ニ就テハ既ニ第十四世紀ノ頃ニ於テ學者間ニ一問題トナレリ第十七世紀末ニ至リテ學者ノ之レニ對スル意見殆ンド其成形ヲ具ヘタリ而シテ第一ニ起リシハ諾成契約說也其說ニヨレバ證券上ノ債權債務ヲ契約上ノ債權債務トシ其契約ノ本質ニ付テハ或ハ消費貸借ナリトシ或ハ交換ナリトシ或ハ賣買ナリトシ或ハ一種ノ無名契約ナリトシ區々ノ見

解ヲ採リシモ多數ハ之レヲ賣買ニ類似セル一種特別ノ諾成契約ナリト說明セリ此說ハ伊太利學者ノ主トシテ唱導シタル所ニシテローマ法ノ感化ヲ受ケタルコト爭フベカラザルナリ然レドモ此說ニヨリテ論ズレバ目的場所時期報酬等ニツキ當事者ノ合意アレバ直ニ證券上ノ債權債務ノ關係ヲ發生シ敢テ證券的債務ノ成立ニハ證券ノ作成ヲ要セズ證券ノ作成ハ其債務ヲ履行スルノ普通ノ手段タルニ過ギザルニ至リ又之レト同時ニ證券上ノ債務ハ其原因ト關聯シテ一方ノ義務履行ニ際シテハ他方ノ義務履行ヲ以テ條件トスルノ抗辯ヲナシ得ルノ結果ヲ生ジ此ノ如クンバ今日ノ證券的債權債務ノ觀念ト相反スルノミナラズ流通ヲ目的トスル證券ノ理論トシテハ其當時ノ商業上ニ於テモ不便大ナリシヲ以テ商業交通ノ發達ト共ニ此說ハ次第ニ勢力ヲ失フニ至レリ而シテ第二ニ起リシ要書契約說ナリ此說ニヨレバ當事者ノ間ニ於ケル單純ノ合意ハ債權債務ノ關係ヲ生ズルモノナレ共之レ證券上ノ債權債務ニアラズ當事者間ノ合意ニ基キテ法律ノ定ムル所ノ一定ノ形式ニ

從ヒテ作成シタル證書其モノガ證券上ノ法律關係ヲ發生スベキ唯一ノ根據ナリ而シテ發行者ハ此證券ニ署名シ之ヲ受取人ニ交付スルニヨリテ證券上ノ債務ヲ負擔スト云フニアリ換言スレバ證券上ノ債權債務ノ發生ハ一ニ法定ノ書面ニ依ル契約ニ基クモノニシテ其書面ノ授受アリテ始メテ契約完成ス而シテ一タビ其證券ノ授受アリタルトキハ發行者ガ之ヲ交附シタル理由ノ如何當事者間ニ於テ其證券發行ノ目的如何反對給付ノ有無如何等ハ法律ノ問フ所ニアラズト云フニアリ思フニ要書契約說ハ近世ノ證券債務ノ理論ヲ構成スルニ與リテ大ニ力アリシモノニシテ此說ニヨリテ始メテ

第一　證券上ノ債權債務ヲ發生セントスルノ豫約ト證券上ノ債權債務ヲ發生スル行爲其モノトハ明カニ區別セラレ

第二　證券上ノ債務ニ就テ全ク原因トハ獨立セル一方的ノ債務アルコトヲ認ムルニ至レリ

此二點ハ要書契約說ノ長所ニシテ商業上ニ於テモ亦學說上ニ於テモ非常ニ

有益ナル效果ヲ生ゼリ然レドモ十八世紀ノ後半ニ至リテモ尚未ダ全ク諸成契約說ノ勢力消沈セズシテ要書契約ノ理論ハ只發行者ト受取人トノ間ノ契約ニツキテ論ゼラレ裏書ノ性質ニ就テハ依然トシテ賣買委任贈與代物辨濟等ノ契約ナリトスルノ論世人ノ贊同ヲ失ハザリキ

更ニ進ンデ現今ニ於ケル證券的債務ノ本質ニ關スル學說ハ之ヲ大別シテ二トナスコトヲ得可シ曰ク契約說曰ク一方行爲說是レナリ契約說ハ其起源古シト雖モ現今尚勢力ヲ存シ此說ヲ維持スルモノ少カラス其說明スル所ハ學者ニアリテ多少見解ヲ異ニスト雖モ兎モ角モ契約ヲ以テ證券的債務發生ノ本質ト見做シ證券ノ發行移轉ヲ說明スルニ當リ契約ノ理論ヲ適用セントスルニアリ反之一方行爲說ハ輓近獨逸ニ起リシ學說ニシテ證券的債務ノ發生ハ契約ニアラズシテ發行者ノ一方的行爲ニアリテ成立スト主張スルニアリ而シテ此二說トモニ各種々ノ分派アリ

## 第一　契約說

契約說ノ根本觀念ハ證券的債權債務ノ發生ハ債務者ト債權者トガ共ニ證券的債權債務ヲ發生セシメントスル意思ヲ以テ締結スル契約ニヨリテ發生スルコトナスニアリ

思フニ契約說ハ證券ノ直接ノ當事者即チ發行者ト受取人トノ間又ハ讓渡人ト其直接ノ讓受人トノ間ニ於ケル債權債務ノ關係ヲ說明スルニ於テハ或ハ不可ナカランモ所謂間接ノ當事者間ニ於ケル法律關係ヲ說明スルコト甚ダ難シ即チ發行者ガ受取人以外ノ將來相次グ證券ノ取得者(不定ノ第三者)ニ對シテ拘束ヲ受クルノ法理ヲ明カニスルコト能ハザルナリ而シテ此非難ニ對シテ契約說ヲ奉ズル者ハ種々ノ辯解ヲナセドモ皆窮說ニシテ未ダ一モ首肯スベキ說明ナシ夫レ被裏書人ノ權利ハ獨立ナリトノ思想發達シ證券ニ記載セル文言ガ證券上ノ權利ノ範圍ヲ定ムル原則ノ認メラレタル今日ニ於テハ契約說ハ其法律上ノ根據ヲ失ヒタルモノト云ハザル可カラザルナリ

**第二　一方行爲說**

此説ハ證券上ノ權利ヲ發生セシムルニハ契約ヲ必要トセズ發行者ノ一方的行爲ニヨリテ成立ストナスニアリ尤モ證券ガ完全ニ其效力ヲ生ズルニ至ルニハ債務者以外ノ人ノ手ニ歸スルコトヲ要スレドモ受取人ハ發行者ト法律上同等ノ地位ニ立ツモノニアラズ證券ハ全ク發行者ノ一方的行爲ニヨリテ成立スルヲ得ルモノナリト云フニアリ而シテ其證券上ノ債務ヲ成立セシムル一方的行爲ノ性質如何ニ關シテハ種々ノ議論アリ今其最有力ナル二三ノ學説ヲ記述シテ而シテ後我商法ノ規定ニ論及スベシ

1 創造説

クンツエノ説ニ曰ク證券ノ發行者ハ法律關係ノ單獨ノ創造者ニシテ獨リ署名ニヨリテ證券ニ證券タルノ價格ヲ付與ス唯此ノ效力ヲ生ズル爲メニハ債權者タルベキ他人ノ手裡ニ歸スルヲ必要トスレドモ受領者ハ單ニ受領者トシテ證券ヲ取得スルノミ敢テ發行者ト共同シテ法律關係ヲ創設スルモノニアラズ即チ證券ハ發行者ノ署名ニヨリテ成

立スルモノニシテ其證券ガ發行者ノ手ニ存スル間ハ恰モ自己ニ對シテ債權者タルノ狀態ニアリ而シテ此狀態ハ受取人ガ證券ヲ取得スルト同時ニ完全ナル債權債務ノ關係ニ變ズト又ジーケルノ說ニ從ヘバ債務成立ノ理由ハ證券ノ作成ニアリ然レドモ其證券ガ效果ヲ發生スルニハ證券ニ指定セラレタル者又ハ無記名證券ニアテリハ發行者以外ノ者ノ手裡ニ歸スルコトノ事實ヲ要件トス單ニ此事實アレバ受取人ニ於テ知ルト知ラザルト欲スルト欲セザルトニ關セズ債權者タルノ資格ヲ取得スト

クンツヱモジーケルモ共ニ署名ニ重キヲ置クモ而モ證券ガ效力ヲ完成スルニ債務者以外ノ者ノ占有ニ歸スルコトヲ要件トスト說クノ點ニ於テハ一也此點ニ就テハ敢テ法理上非難スベキ所ナシ只理論上ノ結果クンツヱニアリテハ占有取得ノ善意タルト惡意タルトヲ問ハザルヲ以テ受取人トシテ指定セラレタル者ハ正當ナル交付ヲ俟タズシ

テ證券ヲ竊取シタルトキト雖モ尚之ヲ證券上ノ正當ナル債權者ト認メザル可カラザル不都合ヲ生ズ又ジーケルニ就テハ證券ノ取得ヲ債務成立ノ要件トセズ單ニ事實ノ所持ヲ以テ足ルトシ不知無意ノ所持者モ亦債權者タルベシトスルハ是レ何等法律上ノ根據ナキ偶然ノ事實ヲ以テ直ニ法律關係發生ノ原因トナスモノニシテ斷然首肯スル能ハザル所也

2

善意說

善意說ハブルンチユリーガ無記名證券ニ付キ主唱シタル所ニシテグリユーンフートト之ヲ祖述セリ其說ニ曰ク署名者(發行者裏書人其他)ハ各獨立シテ其署名ニヨリテ證券上ノ法律關係ニ立チ而カモ唯署名ヲ必要トスルノミ從テ署名者ノ能力ノ問題ハ署名ノ當時ニ存スルヲ以テ足リ證券ノ善意取得ノ時ニ存スルヲ要セズ然レドモ證券カ他人ノ支配ノ下ニ歸セザル間ハ債權者タルノ意思ヲ有スルモノナキガ故ニ

未ダ債務其效果ヲ生ズルノ理由ナシ他人ガ善意ニテ占有ヲ取得シタルトキハ完全ナル效力ヲ生ズルモノニシテ即チ署名者ノ債務ハ條件付ナリ而シテ法律ガ要件トシテ問フ所ハ證券ノ授受ニアラズシテ證券取得ノ善意ナルニアリ抑發行者ガ果シテ正當ニ證券ヲ授與シタルヤ否ヤハ實ニ發行者ト受取人トノ間ニ生ジタル事項ニシテ當事者間ノ所謂對內關係ニ屬シ第三者ノ窺フベカラザル所ナリ證券ヲ取得シタル者ハ一ニ其外觀ニ信頼ス證券ガ正當ニ活動ヲ始メタルヤ否ヤハ毫モ將來ニ於ケル善意ノ取得者ノ關知スル所ニアラズ以是發行者ガ證券ヲ授與セザルノ事由ハ善意ノ取得者ニ對抗シ得ベキ者ニアラズト要スルニ善意說ノ主旨トスル所ハ證券ノ授受ハ債務成立ノ條件ニアラズ證券ガ善意者ノ占有ニ歸シタルトキハ之ニ因リテ直ニ法律關係成立ス而シテ證券ノ流通ガ敢テ發行者ノ意思ニ基クト否トヲ問ハズトナスニアリ

善意說ハ創造說ニ比スレバ證券占有ノ取得ガ善意ナルベキコトヲ要スル點ニ於テ一歩ヲ進メタルモノナレドモ次ノ二大缺點アリ

一　署名者ハ署名ニヨリテ條件的債務ヲ負擔スルモノニシテ其條件トハ證券カ債權者タラント欲スル他人ノ手裡ニ歸スルニアリト解スルモ是レ條件ノ性質ヲ誤レル者ナリ何トナレハモシ署名者カ條件的債務ヲ負擔スルトセハ條件的債務モ均シク債務トシテ法律上ノ拘束ヲ受クルモノナレハ一旦署名ヲナシタル以上ハタトヘ其手中ニアル間ト雖トモ署名者ハ其ノ署名ヲ抹消スル能ハザルナリ然レドモ善意論者モ其證券ガ他人ノ占有ニ歸セザル間ハ署名者ニ於テ之レヲ一片ノ草稿ニ終ラシムルコトヲ得ルヲ認ムルモノニシテ既ニ署名者ガ其一方的意思ニヨリテ隨意ニ條件ノ成就ヲ妨クルヲ得トスレハ其所謂條件ハ條件タルノ實質ヲ備ヘザルモノナリ

二　又署名者ガ毫モ債務ヲ負擔スルノ意思ヲ有セズ又其意思ヲ表示セザルニ拘ハラズ善意ノ取得者ニ對シテハ債務ヲ負擔セザルベカラズト論スルハ吾人ノ首肯スル能ハザル所ナリ若シ此ノ如クンバ精神喪失者モ亦證券ノ外觀ニ信頼セル善意取扱者ニ對シテハ債務者タルヲ免カルル能ハザルノ結論ヲ生ゼン夫レ證券ノ發行行爲ハ法律行爲ナリ然ルニ證券ノ發行行爲ガ意思ノ欠缺ヲ問ハズ又錯誤ニヨリテ證券ヲ發行シタルトキト雖モ尚之ヲ善意ノ取得者ニ對抗スルヲ得ズト論ズルハ是レ法律行爲ノ一般ノ原則ニ反スルモノニシテ法規ニ特別ノ規定ナキ限リハ許ス能ハザル所ナリ

3　所有權説

證券其モノノ所有權ヲ取得セルモノガ證券上ノ權利ノ取得者ナリト云フニアリテ證券自體ノ所有權ト證券上ノ權利トヲ結合スルニアリ

是レ證券ヨリ生ズル權利ハ證券ニ存スル權利ニ伴フノ思想ニ基クモノナリ例ヘバ手形ニ就テ云ヘバ手形ノ所有權ト手形上ノ債權トカ同一人ニ歸シ債權ガ所有權ヲ吸收スルニアラズシテ却テ債權ガ所有權ニ隨伴シ手形ノ所有者ヲシテ手形上ノ債權者タラシムルニアリ

仰モ有價證券ノ本質ハ一個ノ法律關係ニシテ有體物ヲ以テ目スベカラズ權利ガ證券ノ爲メニ存スルニアラズシテ證券ガ權利ノ爲メニ存スルモノナリ故ニ有價證券ノ法理ニ關シテ所有權ノ取得ト云フガ如キ物權的思想ヲ云々スルハ一見甚奇怪ナルガ如キモ決シテ然ラザルナリ何トナレバ證券上ノ權利ハ須臾モ其證券其ノモノト離ルベカラサル關係ニ立ツモノニシテ少クトモ證券上ノ權利ノ利用ニ當リテハ證券ナクシテ之ヲ處理スル能ハザルモノニシテ權利ト證券トノ關係ハ甚密接シ恰モ證券ノ占有ナケレバ權利ナキニ等シキ者ナリ故ニ此點ニ於テ證券其ノモノヲ一個ノ動產ノ如ク觀察シ之レニ對シテ所有

權ノ理論ヲ認メ證券上ノ權利ヲ之レニ隨伴スルモ毫モ法律上ノ矛盾ナキノミナラズ却テ其證券的權利ノ本質ヲ說明スルニ於テ遺憾ナカラシムルモノナリ

我商法ハ證券的債務成立ノ理論ニ關シテ契約說ヲ採リシカ將タ單獨行爲說ヲ採リシカ是レ頗ル重大ナル問題ニメ愼重ノ研究ヲ要ス而シテ我商法中證券上ノ權利ニ關スル一般的ノ規定ハ商第二七八條以下僅々數條アルニ過ギズサレド予輩ノ信ズル所ニヨレバ證券ノ所有權取得ノ思想ハ我商法ニ於テ認メラレタル所ニシテ證券的債務成立ノ理論ハ所有權說ヲ以テ說明スルヲ尤モ肯綮ニアタレル者トナササルヲ得ズ夫レ證券ノ發行行爲ハ署名ヲ要件トスルハ論ナシ署名ナケレバ證券ノ發行行爲トナシ是レ動カスベカラザルノ大原則ナリサレド署名ノミニ依リテ證券ハ完全ニ其效力ヲ發生スル者ニアラズ證券ガ署名者ノ手裡ニアル間ハ署名者ニ於テ之ヲ自由ニ廢棄スルモ亦任意ナリ然ラバ證券的債務ハ如何ニシテ成立スベキカ商第四四一條ハ何

人ト雖モ惡意又ハ重大ナル過失ナクシテ手形ヲ取得シタル者ニ對シ其手形ノ返還ヲ請求スルコトヲ得スト規定シ此規定ハ商第二八二條ニヨリ金錢其他ノ物ノ給付ヲ目的トスル指圖證券ニ之ヲ準用スルコトヲ定メラル而シテ無記名證券ハ之ヲ動產ト見做サルルニヨリ民第一九二條ノ規定ニヨリテ證券ノ所有權ヲ取得スト解セザルベカラザルガ如キモ元來指圖證券ヨリモ遙カニ流通的性質大ナル無記名證券カ指圖證券ヨリモ苛重ナル條件(第一九二條)ニヨルニアラサレバ證券ノ所有權ヲ取得セズト云フハ無記名證券ノ本質ニ戾ルコト甚シ故ニ商第四四一條ハ當然無記名證券ニ就テハ準用セラルベキモノナリ然リ而シテ商第四四一條ノ規定ハ證券ノ物權的關係ヲ定メタルモノニシテ同時ニ證券上ノ權利ハ證券ノ物權的關係ニ隨伴スルモノナルコトヲ決定シタルモノト解釋セザルベカラズ何トナレバ惡意又ハ重大ナル過失ナクシテ證券ノ占有ヲ取得セシ者ハ只其證券ノ所有權ヲ取得スルニ止マリ證券上ノ權利ヲ取得スルモノニアラズトセバ是レ價値ナキ一紙片ヲ擁ス

ルニ異ラズシテカカル無益ノ法文ヲ定ムルノ理ナシ是ヲ以テ惡意又ハ重大ナル過失ナクシテ指圖證券及ヒ無記名證券ヲ取得シタル者ハ證券ノ所有權ヲ取得スル者ニシテ其證券ヲ返還スルノ義務ナキノミナラズ證券上ノ權利者トシテ其權利ヲ行ヒ得ルモノナラザルベカラズ換言スレバ證券ノ所有者タル資格ト證券上ノ權利者タル資格トハ同一人ニ歸着セシメラレタルナリ證券上ノ權利ハ證券ノ所有權ニ隨伴シ證券ノ所有者ハ證券上ノ權利者タルベキコトハ上述セルガ如シ然レドモ此理論ハ絕對的ニ行ハルベキモノナリヤ換言スレバ證券上ノ債務ノ成立ハ絕對ニ證券ヲ所有權ノ所屬ニ繫ラシムベキヤ是レ進ンデ研究スベキ所ナリ純然タル所有權說ヲ奉スル學者ハ往々惡意又ハ重大ナル過失ナクシテ證券ヲ取得シ以テ證券ノ所有權ヲ取得シタル者ニ對シテハ證券ノ署名者ハタトヒ債務負擔ノ意思ニ基カザル場合ト雖モ當然其責ニ任セザルベカラズト說キ甚シキニ至リテハ證券ヲ盜取シ拾得シ又ハ冐認シタル場合ニアリテモ取得者ハ法律ノ保護ヲ受クト主張スルア

リ是レ畢竟證券ノ物權的關係ノミヲ觀察シテ他ノ法律關係ヲ度外視シタルガ爲メニ陷リシ誤謬ナリ

抑證券ノ發行行爲ハ法律行爲ニシテ其法律行爲ハ證券的債務ヲ發生セシムルノ基礎ナリ證券ノ所有權ノ取得ハ其證券的權利ノ取得ニ必要ナルコトハ我商法ノ認メタル所ナレ共證券的行爲ノ理論ニ關シテ民法ニ定メタル法律行爲ノ原則竝ニ債權債務ニ關スル一般的規定ノ適用ヲ除外スルノ理ナシ元來證券的權利ニアリテハ證券ノ取得者ハ其文言ニ從テ權利ヲ取得スルヲ得ベキモノナリト雖ドモ證券ノ盜失遺失其他發行者ノ意思ニ基カザル原因ニヨリテ流通スルニ至ルモ尙發行者ガ債務ヲ負擔セザルベカラズトナスハ法律ニ此種ノ明文ナキ限リハ不當ナル決論ナルコト多言ヲ要セザルナリ是ヲ以テ證券ノ理論ヲ決定スルニ當リテハ商法ニ規定シタル證券ノ物權的關係ノ一方面ノミヲ觀察セズ廣ク法律行爲ニ關スル一般ノ原則竝ニ債權債務ノ成立ニ關スル民法ノ規定ニヨリテ之ヲ決セザルベカラズ即チ證券上ノ權利

ノ成立ハ單ニ署名ノミニヨルニアラズ又絶對的ニ證券ノ所有權ノ所屬ニヨリテ定マルモノニアラズ債務負擔ノ意思ヲ以テスル債務者ノ一方的行爲(交付)ニ歸着セシメザル可カラズ交付ハ債務者ガ債務負擔ノ意思ヲ表示セルモノト云ハザルベカラズ苟モ債務者ガ債務ヲ負擔スルノ意思ヲ以テ證券ヲ交付シタルトキハ債務者ノ方面ニ於テハ債務成立ノ要件ハ既ニ具備セルナリ然レドモ債務ノ成立ニハ人ノ複數ヲ必要トシ債權者ノ確定ヲ俟タザルベカラズ而シテ權利者ノ發生ハ前述セシ證券ノ所有權ノ取得ニ外ナラサルナリ故ニ證券ノ作成ハ債務者ノ署名ニアリ而シテ證券上ノ債務ノ成立ハ債務者カ債務ヲ負擔スルノ意思ヲ以テナシタル交付(債務者ノ一方的行爲)ヲ要件トシテ其ノ證券ガ惡意又タハ重大ナル過失ナキ者ノ取得(所有權ノ取得)ニ歸シタル時ニアリト云ハサル可カラズ今試ニ法律上ノ效果ヲ分析スレバ下ノ如シ

第一

證券上ノ債務ハ署名ニヨリテ完成スルニアラズ署名ハ證券成立ノ要件ナレドモ證券ガ署名人ノ手裡ニ存スル間ハ自由ニ其證券ヲ破毀廢棄スルモ隨意ナリ

**第二** 證券上ノ債務ノ成立ハ署名者ガ債務負擔ノ意思ヲ以テ其證券ヲ交付シ而シテ其證券ガ善意ノ取得者(惡意又ハ重大ナル過失ナキ取得者)ニ歸シタル時ニアリ故ニ發行者ガ此交付ヲナシタル後ハ其證券ノ取得者ニ對シテハ證券上ノ義務ヲ免カルヽヲ得サルナリ

**第三** 證券ノ交付ト所有權取得ノ事實トハ必ズシモ同時ニ成立スルモノニアラズ故ニ能力ノ有無代理權ノ存否其他債務ノ成立ノ條件ノ具備セルヤ否ヤヲ決スルニハ交付ノ當時ニ就テ之ヲ調査スベキナリ何トナレバ債務者ガ債務負擔ノ確實的ノ意思ヲ發表スルハ交付ノ時ニアリテ所有權

取得ノ時ニアラザレバナリ

**第四** 證券ノ流通ガ署名者ノ意思ニ基カサルトキハ署名者ハ債務ヲ負擔スルコトナシ故ニ證券カ盜取又ハ拾得ニ因テ漸次第三者ノ手ニ渡リ又ハ戲ニ署名シ或ハ講義ノ材料トシテ證券ヲ作成シタル場合ニアリテハタトヘ善意ノ取得者ナリト雖ドモ其發行者ニ對シテ其權利ヲ主張スルヲ得ス

**第五** 終ニ注意スベキハ證券ニ表スル權利自體ノ取得ト其權利行使ノ可能トヲ混スベカラズ惡意又ハ重大ナル過失ナクシテ證券ヲ取得シタル者ハ證券ノ所有權ヲ取得シ同時ニ證券上ノ權利者タルガ故ニ權利者トシテ其權利ヲ行使シ得ルハ論ナキナリ之ニ反シテタトヘ證券ヲ所持スルモ惡意又ハ重大ナル過失アルニヨリテ取得シタルモノハ正當ノ所有者ニ

アラズ従テ正當ノ權利者ニアラズサレド其所持人ニ對シテナシタル給付ハ法律上有效ニシテ給付者ニ於テ惡意又ハ重大ナル過失ナキ限リハ免責ノ利益ヲ享クルコトアリ、此コトハ Berechtigung ト Legitimation トノ問題ニシテ明カニ之ヲ區別セザルベカラズ(第十二章及ビ第十三章參照)

以上論述シタル法理ハ證券ノ發行行爲ニ限ラズ證券ノ裏書ノ場合ニ於テモ之レヲ應用スルコトヲ得ベシ裏書ノ性質ニ就テハ契約論者ハ之レヲ債權讓渡ノ契約ナリト論スレドモ今日ニ於テハ其勢力甚微ナリ何トナレバ裏書相次グ場合ニ於テ前者正當ノ權利者ニアラズシテ後者完全ナル權利ヲ取得スルコトヲ得裏書人ハ裏書ニヨリテ證券上ノ權利ヲ喪失セザル場合アレバナリ予等ノ見ル處ヲ以テスレバ裏書モ亦證券上ノ權利ノ取得行爲ナリ惡意又ハ重大ナル過失ナクシテ證券ノ占有ヲ得タル者ハ證券ノ所有者トナリ從テ證券上ノ權利ヲ取得スルコトハ裏書ノ場合ニモ其適用ヲ見サル可カラズ被裏書人ハ裏書ニヨリテ證券ノ所有權ヲ取得シ從テ證券上ノ權利者トナルモ

ノニシテ證券的權利ノ取得ハ證券自體ノ所有權取得ノ必然ノ結果ナルコト證券發行ノ場合ト異ルコトナシ唯證券發行ノ場合ニアリテハ其所有權取得ハ常ニ原始的取得ナルモ裏書ノ場合ニ於テハ多少其趣ヲ異ニスル所アルノミ即チ裏書ノ場合ニ於テハ所有權ノ取得ハ原則トシテハ承繼的取得ナレドモ裏書人ガ正當ノ權利者ナラザル場合ニ於テ惡意又ハ重大ナル過失ナキ者ガ其證券ノ所有權ヲ取得スル場合ニアリテハ之ヲ原始的取得ト解セザル可カラザルナリ而シテ證券上ノ權利ノ取得ニ就テハ證券ノ所有權取得ノ當然ノ結果トシテ之ヲ取得スルモノニシテ敢テ當事者ノ契約ニヨルニアラズ法律ノ規定ニヨリテ獨立的ニ取得シタルモノナルガ故ニ之ヲ原始的取得ト解スルヲ正當トス故ニ債務者ハ裏書人ニ對スル人的抗辯ヲ以テ被裏書人ニ對抗スルヲ得ザルナリ

而シテ裏書ニアリテモ證券ノ交付ヲ必要トスルモノニシテ裏書人ハタトヘ證券ニ裏書ノ名ヲ記載シ之ニ署名スルモ被裏書人ニ交付セサル以上ハ其責

任ヲ負擔スルコトナシ

# 第八章　證券ノ僞造及ヒ變造

證券ニ署名ヲナシタルモノハ之ニヨリテ證券上ノ債務負擔ノ責ヲ免ルヽ能ハズト雖モ其署名ハ其者ノ眞正ノ行爲ナラサルベカラズ發行者裏書人其他證券上ノ行爲者ニシテ署名ノ形存スルモ眞ニ其行爲ヲナシタルニアラザレバ善意ノ取得者ニ對シテモ證券上ノ債務ヲ負擔セザルヿハ法律行爲ノ性質上疑ナキ所也(擧證ノ困難ハ別問題也)代理權ノ有無詐欺强迫錯誤ニ就テモ法律行爲ニ關スル一般ノ原則ヲ以テ律スベキナリ但錯誤ニ就テハ署名自體ニ關スル意思ノ欠缺ト記載文言ガ行爲者ノ意思ト符合セザルトハ之ヲ區別セサルベカラズ例ヘバ手形ニアラズト誤信シテ手形ニ署名スルハ是レ署名自體ニ關スル意思ノ欠缺ニシテ手形上ノ債務負擔ノ意思ナキモノナルガ故ニ行爲者ニ於テ重大ナル過失ナカリシ限リハ其債務ヲ負擔スルヿナキナリ(但

擧證ノ責ハ行爲者ニアルコト勿論ナリ然レドモ手形ニ署名シタル者ハ記載ノ事項ガ其眞意ト符合セザルモ之ヲ以テ善意ノ取得者ニ對抗スルヲ得ザルナリ是レ商第四三五條ノ明文ニヨリテ然ルモノニシテ此法理ハ手形ノミナラズ所謂證劵的權利ヲ表スル證劵ニハ一般ニ應用スベキモノナリ

證劵ノ僞造トハ其署名ノ虚僞ナルヲ指示ス證劵ノ變造トハ證劵ノ記載事項ヲ故意ニ變更シタルモノヲ云フ二者共ニ欺僞行爲ニ出ツルモノニシテ法律上無效ナルコト論ヲ俟タザルナリ即チ虚僞ノ發行行爲ニ基ク證劵ハ法律上ノ效力ナキモノニシテタトヘ善意ノ取得者ト雖ドモ其權利ヲ取得スルモノニアラズ又虚僞ノ裏書ハ法律上ノ效力ナキモノニシテ之レニヨリテ權利移轉ノ效果ヲ生ゼサルナリ又變造證劵ニ就テハ變造前ノ署名者ハ本來ノ證劵ノ文言ニ從ヒテ責任ヲ負ヒ敢テ變造ニヨリテ既成ノ法律關係ニ影響ヲ及ホサスト雖ドモ變造ト共ニ其證劵ハ效力ヲ失フモノナリ

サレド手形ノ僞造又ハ變造ニ就テハ商法第四三七條ニ特別規定ヲ有シ上述

ノ理論ヲ以テ律スベカラス

1　手形僞造ノ場合

僞造手形ニアリテハ名義ヲ詐ラレタル者ハ手形上ノ責任ヲ負フモノニアラズ何トナレバ其署名ハ自己ノ眞實ノ署名ニアラザレバナリ然レドモ僞造手形ナリトモ之ニ眞實ニ署名ヲナセバ其署名ハ有效ニシテ手形ノ文言ニ從ヒ其責ニ任セザルベカラズ(商第四三七條第一項)故ニ振出人ノ署名ガ虛僞ニシテ手形ガ振出サレタル場合ニテモ其手形ガ受取人以下ノ後者ノ手中ニ入リ爾後其手形ニ眞實ニ署名ヲナシタルトキハ其者ハ各々手形ノ文言ニ從ヒ其責任ヲ負ハサルベカラズ又タトヘ裏書人ノ署名ニ於テ虛僞アル場合ニテモ其僞造前ニ裏書ヲナシタルモノ及ビ其以後ニ裏書ヲナシタル者ノ裏書ノ效力ハ之レカ爲メニ妨ケラルヽモノニアラズ隨テ此等ノ者ハ各手形ノ文言ニ從ヒ責任ヲ負ハザル可ラズ

要之僞造ノ手形ニ於テモ形式ヲ具備スル以上ハ之レニ眞實ニ署名ヲナシタル者ハ其手形ノ文言ニ從ヒテ責ヲ負ハザル可ラサルナリ

2 手形ノ變造ノ場合

變造手形モ亦其形式ヲ具備スル以上ハ依然手形ニシテ之ニ眞實ニ署名ヲナシタル者ハ其文言ニ從テ責任ヲ負フベキモノナリ(商第四三七條第一項然レドモ手形變造ノ場合ニ於テ其變造ガ變造前ノ手形行爲者ノ負擔ヲ增大ナラシメザルハ當然ナリ故ニ變造ハ如何ナル記載事項ニ係ルトモ變造前ノ行爲者ニアリテ其行爲ノ當時ニ於ケル手形ノ文言ニ從フテ責任ヲ負擔スルモノトスカクノ如ク手形ノ署名ガ變造ノ前後ニ依リテ手形上ノ義務ニ大ナル差異ヲ生ズルヲ以テ其前後ニツキ爭アル場合ニ於テハ擧證ノ責任ハ甚ダ重大ナル關係アルモノナレバ法律ハ明文ヲ設ケ變造シタル手形ニ署名シタルモノハ變造前ニ署名シタルモノト推定スト規定セリ(商第四三七條第二項故ニ手形ノ

所持人ガ前者ニ對シ變造ノ文言ニ從ヒテ手形上ノ義務ヲ負ハシメントセバ反證ヲ擧ゲザル可カラサルナリ
尚僞造變造ノ手形ニ署名シタルモノニ對シ其文言ニ從ヒ效力アルコトヲ主張シ得ルモノハ僞造變造ノ情ヲ知ラザル善意取得者若クハ重大ナル過失ナキ取得者ニ限ルモノナリ又僞造者及變造者ガ手形上ノ權利ヲ有セザルコトハ云フ迄モナシ(商第四三七條第三項)

# 第九章　有價證券ノ讓渡

## 第一節　總說

羅馬法ニ於テハ債權ノ讓渡ヲ認メザリキ其理由トスル所ハ債權ハ特定ノ人ト人トノ關係ニシテ獨リ其特定ノ人ニ限リテ成立シ其人ニ依リテノミ存立スルモノナリ債權者タル特定ノ人ハ債權ノ要素ヲ構成スト云フニアリキ然ルニ實際ノ必要ハ永クカヽル原則ヲ墨守スルコトヲ許サズ更改契約其他種

種ノ方法ニヨリテ債權ノ讓渡ト同一ノ結果ヲ收ムルコトヲ得セシメタリ今日ノ法理ニ於テハ債權ハ之ヲ讓渡スルコトヲ得ルヲ以テ原則トナス我民法ニ於テモ第四六六條ニ於テ明カニ此原則ヲ認ム是レ債權ニ就テハ人ハ權利存立ノ要素ナレドモ特定ノ人ハ必ズシモ權利存立ノ要素ニアラズトノ觀念ニ基クモノナリ是ヲ以テ債權ノ性質上讓渡スコトヲ得ザルモノ、外ハ當事者ノ意思表示ニヨリテ債權ノ他人ニ移轉スルコトハ法律上當然ノコト、ナレリ尤モ我民法ニアリテハ當事者ガ債權ノ讓渡ヲ禁ズルノ意思ヲ表示シタルトキハ其意思表示ハ有效ナレドモ而モ之ヲ以テ善意ノ第三者ニ對抗スルヲ得ズト爲セリ(民第四六六條第二項)

證券上ノ權利ハ證券其モノト特別ノ關係ヲ有スルモノナルコトハ既ニ論述セシ所ナリ而シテ證券的權利ハ其流通ヲ本來ノ目的トスルモノナルガ故ニ證券上ノ債權ガ他人ニ讓渡シ得ベキモノナルコトハ言ヲ俟タズシテ明カナリ唯證券的權利ノ本質トシテ全然證券ヲ離レテ之ヲ移轉セシムルコヲ得ザ

ルノミ而シテ民第四六六條第二項ノ規定(債權讓渡ノ禁止ノ意思表示ノ效力)ハ證劵上ノ債權ニモ適用セラルベキヤ否ハ聊カ疑問ニ屬スレドモ予輩ノ信ズル所ニヨレバ少クトモ流通證劵ニ於ケル裏書ノ禁止ハ其證劵上ノ權利ヲ全然移轉スベカラサルモノタラシムルニアラズト解セザルベカラズ換言スレバ證劵的權利ノ移轉ハ裏書ヲ以テ唯一ノ方法トナスモノニアラズト云ハザルベカラズ例ヘバ手形ノ振出人ガ其手形ノ裏書ヲ禁シタル場合(商第四五五條但書)ニ於テハ振出人ハ發行者トシテ法令ニ反セサル限リ手形ノ體樣ヲ定ムルノ全權ヲ有スル者ナルガ故ニ其手形ニ裏書ヲナスヲ得ザルハ當然ナリト雖モ敢テ手形上ノ債權ヲシテ性質上讓渡スヲ得ザル者トナスニ非ズ法律ガ此禁止ヲ許スノ目的ハ振出人ニ於テ受取人ニ對シテ有スル抗辯ヲ利用スルヲ得ザルノ不利益ヲ免カレ且ツ手形ノ流通ニ伴フ費用ノ償還ヲ免カルルニ在リ故ニ振出人ノ裏書禁止ノ手形ハ唯裏書ニヨリテ移轉スルヲ得ザルノミニシテ指名債權トシテ民法ノ規定ニ基キテ讓渡ヲナスヲ得ルモノナリ

我民法ハ常ニ指名債權指圖債權無記名債權ト云ヒ商法ニ於テハ記名證券指圖證券無記名證券等ノ語ヲ用フル場合多シ證券上ノ權利ハ證券ニヨリテ存在シ證券ハ其權利ノ爲メニ存在スル者ナルガ故ニ民法ハ債權關係ヲ中心トシテ立言シ商法ハ主トシテ證券ノ點ヨリ立言セシマデニテ唯觀察ヲ異ニスルニ過ギズ其歸着スル所ハ一ナリ然レドモ實際上ニ於テハ權利ヲ主トスルヨリモ寧ロ證券ノ觀念ニ重キヲ置キテ說明スルヲ便宜トナスヲ以テ以下主トシテ商法ノ語調ニ倣ヒ證券ノ點ヨリ論述ス可シ（靑木氏商行爲論第七一頁引用）

## 第二節　記名證券ノ讓渡

記名證券ハ證券發行ノ當時ニ於テ特定セル人ニ對シテ直接ニ履行ヲナスベキヲ表示シタル證券ナリ即チ指圖文句ヲ記載セズ又持參人若クハ所持人ニ支拂フベキコトヲ記載セザル證券ナリ

記名證券ハ法律ノ特別ノ規定アル場合ノ外ハ流通證券ニアラザルハ勿論ナ

リ何トナレバ記名證券上ノ權利ハ證券ニ指定シタル特定ノ人ニノミ附着スルモノナレバナリ然レドモ記名證券ニアリテモ其證券上ノ權利又ハ證券其モノヽ移轉ヲ認メザルニアラズ其法理上ノ根據ハ記名證券ニ表スル權利ハ特定人ト離ルベカラズト云フモノニアラズシテ權利ノ所屬ヲ變更スルハ唯發行者ノ意思ニ基カズト云フニ過ギズ

第一　讓渡ノ原則

記名證券ノ讓渡ハ債權者ト讓受人トノ間ノ債權讓渡契約ニヨリテ之ヲ爲シ證券ノ交付ニヨリテ完成ス而シテ債務者ハ讓渡契約ノ當事者ニアラズ故ニ債務者ノ承諾及ビ讓渡人ガ債務者ニ對シテナス讓渡ノ通知ハ債權讓渡ノ契約トハ別個ノ行爲ナリト解セラル

第二　對抗要件

記名證券ノ讓渡ハ當事者間ニ於ケル債權讓渡ノ契約ニ基キ其證券ノ交付ニヨリテ完成スルモノナリト雖ドモ其讓渡ヲ債務者其他ノ第三者ニ對抗スル

ニハ一定ノ條件ヲ必要トス而シテ其條件ハ債務者ニ對スル場合ト債務者以外ノ第三者ニ對抗スル場合トニ因リテ異ル

1 債務者ニ對抗スル必要條件ハ債務者ニ對シテ債權ノ讓渡ヲ通知シ又ハ債務者ノ承諾ヲ得ルコトニアリ(民第四六七條第一項)

2 債務者以外ノ第三者ニ對抗スルニ必要ナル條件ハ確定日付アル證書ニヨリテ債務者ニ對シテ債權讓渡ノ通知ヲ爲シ又ハ承諾ヲ得ルニアリ其通知ハ讓渡人之ヲ爲スベキコト前ト同ジ債務者ニ對スル通知ト債務者ノ承諾トハ債務者及ビ其他ノ第三者ニ債權ノ讓渡ヲ對抗スルノ要件ナル點ニ於テハ同一ノ效力ヲ有スト雖ドモ此二者ハ左ノ點ニ於テ法理上ノ效果ヲ異ニス

(イ) 債務者ニ對スル通知ハ債務者ガ讓渡人(舊債權者)ニ對シ其債權ニ就テ有セル對抗事由ヲ讓受人(新債權者)ニ對シテ主張スルノ權利ニ何等ノ影響ヲ及ボサヾルモノニシテ債務者ハ讓渡ノ通知アリ

タル日迄ニ取得セシ對抗ノ事由ヲ新債權者ニ對シ主張スルコトヲ得(民第四六八條第二項)

(ロ)

反之債務者ガ債權ノ讓渡ヲ承諾シタルトキハ債務者ガ舊債權者ニ對シテ有スル對抗ノ事由ヲ主張スル權利ニ著シキ影響アリ即チ債務者ガ舊債權者ニ對スル對抗權ヲ留保シテ承諾ヲ爲シタル場合ニ於テハ舊債權者ニ對抗スルコトヲ得ベキ事由ハ尙之ヲ以テ新債權者ニ對抗スルコトヲ得ルモ債務者ガ此留保ヲナサズシテ承諾ヲナシタルトキハ其對抗ノ事由ヲ以テ新債權者ニ對抗スルヲ得ザルナリ(民第四六八條第一項)但此場合ニ於テハ債務者ガ其債務ヲ消滅セシムル爲メ舊債權者ニ拂渡シタルモノアルトキハ之ヲ取戻シ又代物辨濟若クハ更改契約等ニヨリテ舊債權者ニ對シテ新タニ負擔シタル債務アルトキハ之ヲ成立セザルモノト見做スコトヲ妨ゲザルナリ(同條第一項但書)

一言注意スベキコトアリ手形其他倉庫證券船荷證券ノ如キ法律上當然ノ指圖證券タルモノニアリテハ記名式ノ場合ト雖ドモ其讓渡ハ指圖證券讓渡ノ法規ノ適用セラル、モノナレバ本欵ノ理論ヲ以テ之ニ應用スベカラザルナリ尚記名ノ株券及ビ公債證書ノ讓渡ニ就テハ後篇ニ述ブベシ

# 第三節　指圖證券ノ讓渡

## 第一款　讓渡ノ方法

指圖證券及ビ無記名證券ハ所謂流通證券ニシテ本來ノ性質上輾轉セラル、モノナリ而シテ此權利移轉ノ可能ハ指圖文句アルガ爲メニ指圖證券タルモノト法律上當然ノ指圖證券タルモノトニ於テ異ル所ナキ也

指圖證券讓渡ノ方法ニ就テハ民商二法ノ間ニ其規定ヲ異ニスル所アリ民法第四六九條ハ「指圖債權ノ讓渡ハ其證書ニ讓渡ノ裏書ヲ爲シ之ヲ讓受人ニ交付スルニアラザレバ之ヲ以テ債務者其他ノ第三者ニ對抗スルコトヲ得ズ」ト

規定セリ此規定ハ指圖債權讓渡ノ第三者ニ對スル對抗條件ヲ定メタルモノニシテ我民法ハ指圖證劵ノ裏書ヲ以テ其讓渡ノ對抗要件トシ讓渡人ト讓受人トノ間ニ於テハ單ニ雙方ノ合意ノミニ因リテ直ニ權利移轉ノ效力ヲ生ズトナスハ解釋上學者ノ悉ク一致スル所ナリ然ルニ商法ノ規定ヲ見ルニ手形篇ニ於テ手形ニ關スル裏書ノ方式及ビ效力ヲ規定シ而シテ商行爲篇第二八二條ヲ以テ裏書ノ方式白地裏書ノ所持人ニ對スル效力及ビ裏書連續ノ原則ニ付テハ手形篇ノ規定（第四五七第四六一第四六四條）ヲ金錢其他ノ物又ハ有價證劵ノ給付ヲ目的トスル有價證劵ニ準用セリ故ニ金錢其他ノ物ノ給付ヲ目的トスル指圖債權ニアリテハ裏書ニ關シテハ手形ト同一ノ原則ニヨリテ支配セラルヽモノト解スルコトヲ得ベシ而シテ手形ノ裏書ノ效力ニ就テハ權利移轉ノ形式ニシテ決シテ債務者其他ノ第三者ニ對スル對抗條件ニアラサルコトハ一點ノ疑ナキ所ナリ商第四五五條以下參照）是ヲ以テ指圖債權ノ裏書ノ效力ニ就テハ商法ノ規定ニヨリテハ權利移轉ノ要件ニシテ民法ノ規

定ニヨレバ債務者ガ第三者ニ對スル對抗條件タルノ差異アリ然ラバ有價證券ニシテ指圖證券タルモノ、讓渡ノ方法ハ民商何レノ規定ニ從フベキモノナルヤ是レ大ニ重要問題ナリサレド既ニ第五章ニ於テ述ベタルガ如ク有價證券ニ關スル事項ハ商事トシテ見ルベク商法ハ民法ニ優先シテ適用セラルルモノナ、リ且ツ民法第四六九條ノ規定ハ證券ノ法理ト矛盾スル所アリ何トナレバ證券的權利ハ證券ト密接ノ關係ニ立ツモノニシテ殊ニ指圖證券無記名證券ノ如キ流通證券ニアリテハ證券上ノ權利ハ證券ヲ離レテ其存續ヲ想像スルコト能ハサルモノナリサレバ證券ノ裏書交付ナクシテ單ニ證券上ノ債權者ト讓受人タルベキ者トノ意思ノ合致ニヨリテ證券上ノ權利ヲ移轉スルコトハ證券的權利ノ性質上法理ノ一貫ヲ缺クモノト云ハザル可ラズ是ヲ以テ指圖證券ノ讓渡ニ就テハ商法ノ原則ニ從ヒ手形ノ場合ト同ジク裏書ヲ以テ讓渡ノ形式トナスヲ穩當トス故ニ裏書及ビ交付ナキ間ハタトヘ讓渡人ト讓受人トノ間ニ證券讓渡ノ契約ヲナスモ是レ單ニ當事者間ニ一種ノ請求權及ヒ訴權ヲ發生スルニ止マリ之レガ爲メニ證券上ノ權利移轉ノ效果ヲ生ゼザルモノナリト云ハザルベカラズ（背木氏商行爲論第八八頁乃至九一頁引用）

茲ニ一言スベキハ商法第二八二條ハ金錢其他ノ物又ハ有價證券ノ給付ヲ目的トスル有價證券ト改正セルヲ以テ金錢證券及ビ物品證券以外ノ有價證券ニ就テモ裏書ニ關スル手形法ノ規定ノ準用アルコトトナレリ從テ從來金錢證券及ヒ物品證券以外ノ指圖證券ノ讓渡ニ付テハ民法第四六九條ヲ適用シ裏書ハ單ニ債務者其他ノ三者ニ對抗スル要件ニ過キスト解スルノ外ナカリシモ改正商法ハ第二八二條ヲ改正シテ苟クモ有價證券タル以上ハ總テ手形ニ關スル裏書ノ方式及效力ニ關スル規定ヲ準用スヘキ旨ヲ定メタルヲ以テ有價證券ハ總テ商法ノ原則ニ從フヘキモノト解スルヲ妥當トス

### 第二欵　裏書ノ方式及其效力

商法第二八二條ガ裏書ニ關スル手形法ノ規定ヲ準用スル結果指圖證券ノ裏書ノ方式及ビ其效果ハ次ノ如シ

**第一** 普通裏書（記名式裏書又ハ正式ノ裏書トモ稱ス）

證券又ハ其補箋ニ被裏書人ノ氏名又ハ商號及ビ年月日ヲ記載シ裏書人之ニ署名（記名捺印）スルニ依リテ爲スモノナリ（商第四五七條第一項）補箋トハ證券ノ流通久シキニ亘リ幾多ノ裏書アリテ證券ノ裏面ニ餘白ナキトキ證券ニ貼付スル紙片ヲ云フ裏書ノ年月日ヲ記載スルニハ其當時ニ於テ裏書人ノ能力者ナリヤ否ヤ支拂不能ノ狀態ニアリテ特定ノ債權者ヲ利シ若クハ一般ノ債權者ヲ害スルノ目的ニ出デタルヤ否ヤヲ知ルノ便アリ而シテ日附ハ眞實ナルヲ要スルヤ換言スレバ日附ヲ溯記シ又ハ後日附ニテ妨ケナキヤ否ヤハ議論アル所ナレドモ大審院ノ判例ハ日附ノ溯記又ハ後日附ハ無效ナルコトヲ宣言セズサレド擧證ノ困難ハ之ヲ如何トモナス能ハザルナリ

我商法ニ於テハ記名式ノ裏書ニ就テモ裏書地ノ記載ヲ要件トセズ故ニ被裏書人ノ氏名又ハ商號裏書ノ年月日ヲ記載シテ裏書人之ニ署名セバ足ル必ズシモ裏書ヲ爲ス旨ノ文句ヲ記載スルヲ要セズ

**第二**　白地裏書(無記名式裏書又ハ略式ノ裏書ト稱ス)

白地裏書トハ被裏書人ノ氏名又ハ商號ヲ記載セザル裏書ナリ年月日ヲ記スルモ記セザルモ可ナリ白地裏書ハ被裏書人ヲ表示セザルカ故ニ此裏書アル指圖證劵ハ無記名證劵ト同ジク爾後引渡ノミニヨリテ之ヲ讓渡スコトヲ得(商第四五七條第二項)

白地裏書アルトキハ其證劵ノ所持人ハ自己ヲ其裏書ノ被裏書人ト爲スコトヲ得(商第四六一條商第二八二條)即チ白地裏書アル證劵ノ所持人ハ自己ヲ被裏書人トシテ自己ノ氏名又ハ商號ヲ記入スルコトヲ得是レヲ白地裏書ニ於ケル所持人ノ補充權ト云フ此補充ヲナスハ證劵ノ盜難紛失等ニ於ケル危險ニ備フル旨意ニ出ツルモノナリ

元來白地裏書ハ指圖證劵ヲシテ無記名證劵ノ場合ト同ジク爾後引渡シノミニヨリテ輾轉スルヲ得セシムルモノナレドモ白地裏書ハ指圖證劵ヲシテ性質上無記名證劵ニ變ゼシムルモノニアラズ故ニ白地裏書アリタル後ト雖モ

モ其前ノ記名式ノ裏書ニ就テハ裏書連續ノ原則ヲ備ヘサルベカラザルハ勿論ニシテ又白地裏書アル證券ノ所持人ガ一旦自己ヲ被裏書人トシテ記入シタル後ハ其證券ハ玆ニ指圖式ノ原狀ニ復スルモノナリ

**第三**　裏書連續ノ原則

惡意又ハ重大ナル過失ナクシテ證券ノ占有ヲ取得シタルルモノハ證券ノ所有權ヲ取得シ同時ニ證券上ノ權利者タルコトハ前述セシ所ナリ此條件ヲ所持人ノ實質的條件ト云フ然レドモ證券ノ完全ナル權利者タランニハ此實質的條件ト共ニ證券ノ外觀ニ於テ所持人ガ權利者トシテ表明セラル丶コトヲ要ス此條件ヲ形式條件ト稱ス而シテ此形式的資格ハ裏書ナキ證券ニアリテハ證券ニ受取人トシテ指定セラレタル者ニ屬シ裏書アル證券ニアリテハ受取人ヨリ所持人ニ至ル迄形式ニ於テ裏書相連續シ所持人ガ最後ノ被裏書人タルコトヲ明示セラル丶場合ニ於テ始メテ其所持人ガ形式的資格ヲ具備スルモノナリト云フヲ得（商第四六四條）是ヲ裏書連續ノ原則ト稱ス即チ裏書ア

ル證券ノ所持人ハ其裏書ガ連續スルニアラザレバ其證券上ノ權利ヲ行フコトヲ得ズモシ裏書ニ間斷アルトキハ其間斷後ノ被裏書人ハ證券上ノ權利者ニアラザルナリ而モ實質上權利者ノ連續ナキモ差支ナシ獨逸學者ハ之レヲ形式的ノ合一(Formelle Identität)ト云フ故ニ裏書僞造ナルトキト雖ドモ形式上ノ連續ダニアレバ敢テ裏書連續ノ原則ヲ傷ケザルナリ例ヘバ甲ト云フ裏書人ガ手形ヲ遺失シタル場合ニ於テ乙之ヲ拾得シ乙ガ自己ノ名ヲ以テ裏書ヲナシタルトキハ是レ裏書ノ連續ヲ缺クモノナリサレド此場合ニ於テ乙ガ甲ノ名ヲ用ヒテ裏書人トシテ自己(乙)ヲ被裏書人トシテ裏書ヲナシタルトキハ其裏書ハ僞造ニシテ行爲自體ハ法律上無效ノモノナリト雖(故ニ甲ハ裏書ノ責任ヲ負ハズ)形式上裏書ノ連續ニ於テハ敢テ缺クル所ナキモノナリ故ニ此證券ガ輾轉シテ惡意又ハ重大ナル過失ナキ取得者ノ手ニ歸スルトキハ其取得者ハ手形上ノ權利者タルニ至ルモノナリ

裏書ガ悉ク記名式ナルトキハ各裏書人及ビ被裏書人ノ氏名又ハ商號ハ證券

ニ顯然タルヲ以テ裏書ノ連續セルヤ否ヤハ一見シテ之レヲ判定スルヲ得ベキモ一度白地裏書(無記名或ハ署名)アリタルトキハ大ニ其趣ヲ異ニス何トナレバ白地裏書ハ被裏書人ノ何人ナルヤヲ示サズ又白地裏書アリタルトキハ爾後引渡ノミニヨリテ證券ハ輾轉スルヲ得ルヲ以テ其證券ノ取得者ハ直ニ取持人トシテ證券上ノ權利ヲ行フヲ得ベケレバナリ此場合ニ於テハ裏書連續ノ原則ノ適用ハ唯證券ニ指定セラレタル受取人ノナシタル裏書ヨリ白地式ノ裏書ニ至ル迄ニ於テ間斷ナク連續スルヲ必要トスルノミ而シテ白地裏書アリタル後ニ於テ白地裏書ニヨリテ證券ヲ取得シタル者若シクハ引渡シニヨリテ證券ヲ取得シタル者ハ更ニ裏書ヲナスコトヲ得ルコトハ前述セシ所ナリ此場合ニ於テ裏書ハ記名式ナルト無記名式ナルトヲ問ハズスベテ白地裏書ニ次グ裏書ニ於ケル裏書人タル者ハ白地裏書ニヨリテ證券ヲ取得シタルモノト見做サル(商第四六四條但書)又白地裏書アリタルトキハ引渡ニヨリテ其證券ハ實際上輾轉シタルト否トヲ問ハズ所持人ハ自己ヲ其裏書ノ被

裏書人ト爲スコトヲ得ルト定メラル(商第四六一條)此ノ如クシテ白地裏書ノ場合ニ於ケル裏書連續ノ原則ハ維持セラル丶モノナリ

### 第四　裏書ノ效果

上述セシ如ク裏書ハ法定ノ方式ニ從ヒ證劵又ハ其補箋ニ署名ヲナスモノニシテ被裏書人ニ其證劵ヲ交付スルニヨリ成立ス我商法ニ於ケル裏書行爲ノ法律ノ性質ニ就テハ既ニ第七章ニ述ベタル所ニシテ裏書ハ證劵上ノ權利ノ取得行爲ナリト解セザルベカラズ詳言スレバ裏書ニヨリテ被裏書人ハ證劵自體ノ所有權ヲ取得シ從テ證劵上ノ權利者トナルモノナリ而シテ被裏書人ガ裏書ニヨリテ證劵自體ノ所有權ヲ取得スル體樣ハ(1)裏書人ガ正當ナル權利者ナル場合ニハ承繼的取得ニシテ(2)裏書人ガ正當權利者ニアラザル場合ニハ原始的取得ト解カザルベカラザルモ被裏書人ガ證劵自體ノ物權的作用ニ隨伴シテ證劵上ノ債權ヲ取得スルコトニ就テハ證劵自體ノ所有權ニ隨伴シテ法律上當然ニ取得スルモノナルガ故ニ常ニ之ヲ原始的取得ト解セザル

ベカラズ(第七章參照)依テ次ノ二ツノ主要ナル效果ヲ生ズ

1 證券上ノ債務者ハ裏書人(原債權者)ニ對スル人的抗辯(證券自體ヨリ生ゼザル抗辯)ヲ以テ被裏書人(新債權者)ニ對抗スルヲ得ズ

2 普通ノ債權讓渡ニアリテハ債權ノ移轉ト共ニ其債權ノ爲メニ設定セラレタル質權抵當權又ハ保證人ニ對スル權利ハ當然讓受人ニ移轉スベキモノト解ス可シ然ルニ裏書ニヨリテ取得スベキ權利ハ證券ニ存スル權利及ヒ證券ヨリ生ズル權利ニ限ル故ニ質權抵當權保證違約金等ノ權利ハ裏書ニヨリテ當然移轉スルモノニアラズ(當事者間ニ特約アレバ其特約ハ當事者ニ於テハ有效ナルコト勿論ナリ)

次ニ裏書ノ擔保ノ效力ニ就テ論スベシ

抑モ債權ノ讓渡人ハ特約アルニアラザレバ讓受人ニ對シテ債務者ノ資力ヲ擔保シ又ハ債務ノ不履行ニ付キ當然其責ニ任ズベキ者ニアラザルヲ私法上ノ原則トス此ノ原則ノ適用ハ指名債權タルト指圖債權タルト將タ無記名債

權タルトニツキ區別ナキモノニシテ指圖證劵ノ裏書人ハ被裏書人ニ對シテ特約ナキ限リハ其債務ノ履行ニツキ擔保的義務ヲ負擔スルコトナキナリ尤モ惡意ノ裏書人ニ對シテハ被裏書人ハ損害賠償ヲ請求シ得ベキハ勿論ナリ然ルニ手形及質入證劵ニ就テハ商法ハ之レニ關スル例外規定ヲ設ク

第一　手形

手形ニ就テハ第四七四條以下ニ於テ嚴格ナル擔保義務ヲ規定セリ故ニ手形ノ所持人ハ前者ニ對シテ遡求權ヲ有ス即チ手形ノ裏書人ハ被裏書人ニ對シテ擔保ノ請求又ハ償還ノ請求ニ應ズベキ義務ヲ負擔ス此義務ハ後者ノ全員ニ對シテ負擔スルトコロノ法律上ノ義務ニシテ手形ノ所持人ハ前者ノ何レニ對シテモ其權利ヲ主張スルコトヲ得其詳細ハ之レヲ手形論ニ讓ル然レドモ手形ニアリテモ擔保義務ハ裏書ノ要素ニアラズシテ通素ナリ何トナレバ手形法ニ於テハ無擔保ノ裏書(商第四五九條)ヲ認ムレバナリ

第二　質入證劵

商第三七二條ノ規定ニヨレバ倉庫寄託ニ於ケル質入證劵ノ所持人ハ先ヅ寄託物ニツキ辨濟ヲ受ケ尙不足アルトキハ其裏書人ニ對シテ不足額ヲ請求スルコトヲ得之レ質入證劵上ノ債務者ガ辨濟期ニ至リ尙其債務ノ辨濟ヲ完了セザルトキハ質入證劵ノ裏書人ハ所持人ニ對シ不足額ヲ辨償スルノ擔保的責任ヲ負フコトヲ定メタルモノナリ(第三編參照)(靑木氏商行爲論第九八頁引用)

尙株劵ノ讓渡ニ就テハ商第一五三條及第一五四條ヲ以テ讓渡人ニ對シテ一種ノ擔保義務ヲ負ハシム其詳細ハ第二篇ニ讓ル

## 第四節　無記名證劵及指名所持人證劵ノ讓渡

無記名證劵ハ交付ニヨリテ讓渡スコトヲ得ベキハ現今ニ於テハ學者ノ間ニ異論ナキ所ナリ去レド民法第八六條第二項ハ無記名債權ハ之ヲ動産ト見做ス(民第八六條第二項)ト規定スルヲ以テ動産ノ讓渡ニ關スル民第一七八條ノ

規定ヲ之ニ適用シ無記名債權ノ讓渡ハ當事者間ニ於テハ單ニ合意ノミニヨリテ權利移轉ノ效力ヲ生ジ唯第三者ニ對抗スルニ其證券ノ引渡ヲ必要トスルト解スルモノナキニアラズ然レドモ是レ徒ラニ法文ノ文字ニ拘泥セル解釋ニシテ無記名證券ノ本質ヲ顧ミザルノ論ナリ且ツ民法ハ無記名債權ヲ動產ト見做スト規定セルモ此規定アルガ爲メニ無記名債權ガ全然動產トナルニアラズ只動產ニ關スル規定ヲ準用スト云フノ旨意ニ外ナラズサレバタトヘ動產ニ關スル規定ナリトモ證券的權利ノ本質ニ反スル規定ハ自カラ其適用ニ就テモ除外セラル丶モノト解スルヲ妥當トス（青木氏商行爲論第一〇一頁乃至一〇二頁引用）

指名所持人證券トハ「甲又ハ所持人」ノ形式ヲ以テ發行シタル證券ニシテ我民法上ニテハ此證券ハ大體ニ於テ無記名證券ニ關スル規定ニ從フベキモノトナスヲ正當トス（第三章參照）而シテ其讓渡ニ就テハ證券ニ指名セラレタル第一ノ權利者甲ハ法定ノ手續ヲナサザルベカラズト雖ドモ其以後ハ無記名證券ト同ジク唯引渡ノミニヨリテ輾轉スベキモノナリ

# 第十章　有價證券ノ取得

證券上ノ權利ノ取得ハ證券自體ノ所有權ニ伴フコトヲ證券的法律關係ノ法理ノ特色トナスコトハ既ニ屢々論ゼシ所也故ニ證券上ノ權利ノ取得ニ關スル法律上ノ效果ヲ知ラントセバ勢ヒ證券自體ノ取得ヲ説カザルベカラズ
有價證券ノ取得ハ原始的取得ト承繼的取得トノ二種アリ即チ發行々爲ニヨリテ證券ヲ取得スルハ前者ニ屬シ裏書交付其他民法上ノ債權讓渡ノ方法ニヨリテ證券ヲ取得スルハ概ネ後者ニ屬ス而シテ孰レノ場合タルヲ問ハズ證券ノ取得ニハ證券ノ占有ヲ得ザルベカラザル事ハ既ニ述ベシ所也然リ而シテ商第四四一條ハ何人ト雖モ惡意又ハ重大ナル過失ナクシテ手形ヲ取得シタルモノニ對シテハ其手形ノ返還ヲ請求スルコトヲ得ズト規定シ此規定ハ商第二八二條ヲ以テ金錢其他ノ物又ハ有價證券ノ給付ヲ目的トスル有價證券ニ準用セラル抑モ此規定ノ旨意タルヤ一方ニ於テハ善意ニシテ重大ナル

過失ナキ證券ノ取得者ハ其證券ノ所有權ヲ取得スルト共ニ證券上ノ債權者ナルコトヲ定メ他方ニ於テハ證券ノ所有權取得ハ民法第一九二條ニ例外ヲナスモノニシテ一般ノ動產ニ關スル所有權取得ノ場合ニ於ケルガ如ク平穩公然善意無過失ノ四條件ヲ要セズ唯善意ニシテ且ツ重大ナル過失ナキコトノ二條件ヲ具備スレバ足ルコトヲ示シタルモノナリ是ヲ以テ遺失又ハ盜取セラレタル證券ニアリテモ惡意又ハ重大ナル過失ナキ取得者ニ對シテハ何人モ其證券ノ返還ヲ請求スルヲ得ズ即チ其善意取得者ハ其證券ノ所有權ヲ取得シ同時ニ其證券上ノ權利者タルニ至ルモノナリ尤モ既ニ第七章ニ於テ詳述セルガ如ク無交付又ハ意思ノ欠缺ニ基キ發行行爲ガ無效ナル爲メニ證券上ノ債務ヲ負擔セザル者ニ對シテハ權利ヲ對抗スルヲ得ザルハ勿論ニシテ又裏書アル證券ニアリテハ裏書連續ノ原則（後ニ詳述ス）ヲ具備スルニアラザレバ權利ヲ行フヲ得ザルハ言フヲ要セザル也而シテ茲ニ云フ所ノ惡意又ハ重大ナル過失トハ何ゾヤ此問題ニ對シテ各場合ニツキ一々之ヲ定メザル

ベカラザルモ要スルニ惡意トハ證券發行者ノ無能力ナルコト證券所持人ノ眞ノ權利者ニアラザルコト又ハ其證券處分ノ權能ヲ有セサルコト又ハ其證券ノ僞造變造ノ事實ヲ知レルコトヲ云ヒ重大ナル過失アルトハ普通ノ注意ヲ用ユレバ此等ノ事實ヲ知ルコトヲ得シニ拘ラズ其人ノ不注意ノ爲メニ此等ノ事實ヲ知ラザリシコトヲ云フ而シテ惡意又ハ重大ナル過失ノ有無ハ證券取得ノ當時ヲ以テ決スベキモノトス(青木氏商行爲論第一一二頁乃至一一三頁引用)

以上ノ理論ハ舊規定ノ下ニ於テハ金錢其他ノ物ノ給付ヲ目的トスル指圖債權ニ付テノミ適用セラレタルモ商法改正法ハ同第二八二條ヲ改正シテ「金錢其他ノ物又ハ有價證券ノ給付ヲ目的トスル有價證券ニ準用ス」ト規定シタルヲ以テ前述ノ理論ヲ適用スルノ範圍ハ著シク擴大セラレタリ而シテ同條改正ノ當否ニ付テハ學者間批難ノ存スルモノヽ如シ即チ松本博士ノ舊條改正全部ヲ不當トシ舊規定ノ復活ヲ主張セラレ(松本氏著商法改正法評論一三〇頁)毛戸博士ハ記名手形(證券)ニ適用スルノ可否ヲ疑フ者ナリト批難シ他ノ無記名證券及ビ記

名持參人證劵ニ準用シタル點ニ付テ賛意ヲ表セラル（毛戸氏著商法改正法評論八二頁）予ハ本著初版ニ於テ商第四四一條ガ無記名證劵及ビ記名所持人拂證劵ニ準用セラレザル點ヲ批難シタリキ從テ商法ノ此點ノ改正ニ付テハ賛意ヲ表スル者ナリ蓋シ無記名證劵及ビ記名所持人拂證劵ハ其取引上ノ關係ニ於テハ指圖證劵ヨリモ一層頻繁ニ轉輾セラルヽ者ニシテ上記ノ理論ノ適用ノ必要ヲ感ズルコト甚ダ切ナレバナリ啻ダ無記名債權ハ民法第八六條第三項ニヨリ動產ト見做サレ其權利ノ取得ニ付テハ民第一九二條以下ノ適用アルガ故ニ商第四四一條ヲ準用スベキ場合ヲ生ズベキコト稀レナルベシ

記名證劵ニ付テ商第四四一條ヲ準用スルコトニ付テハ予ハ毛戸博士ト共ニ其當否ヲ疑フ者ナリ何トナレバ記名證劵ニアリテハ本來其證劵上ノ權利者タル者ハ證劵發行當時ニ於テ既ニ證劵面ニ特定セラルヽモノナレバ譬ヘ證劵ガ特定ノ權利者以外ノ者ノ手ニ歸スルモ之ガ爲メニ其取得者ヲ證劵上ノ權利者トスルハ取引關係ヲ紛亂セシムルノ虞レアレバナリ

# 第十一章　抗辯ノ制限



有價證券ニアリテモ通常記名證券ハ其證券上ノ權利者最初ヨリ特定セラレ其證券上ノ權利ハ流通ヲ本質トセザルガ故ニモシ當事者間ノ合意ニヨリテ其證券ガ他人ニ讓渡セラレタル場合ニ於テモ其法律上ノ效力ハ證券自體ノ性質ニ基ク結果ノ外普通ノ債權讓渡ノ場合ト異ルコトナシ即チ債務者ガ異議ヲ留メズシテ讓渡ヲ承諾シタル片ハ讓渡人ニ對抗シ得ベカリシ事由アルモ之レヲ以テ讓受人ニ對抗スルヲ得ズ反之讓渡人ガ債務者ニ對シテ單ニ讓渡ノ通知ヲナスニ留マルカ又ハ債務者ガ讓渡人ニ對スル對抗ノ事由ヲ留保シテ承諾ヲ爲シタル場合ニ於テハ債務者ハ其讓渡ノ通知ヲ受クル迄ニ讓渡人ニ對シテ生シタル事由ヲ以テ讓渡人ニ對抗スルヲ得ルモノナリ(民第四六七條及四六八條)サレド指圖證券及ビ無記名證券ニアリテハ本來流通ヲ其本質トスルモノニシテ證券ノ文言ニ信頼シテ其證券上ノ權利義務ヲ決定スル

ヲ得ルニアラザレバ何人モ安ンジテ證券ノ取引ヲナスモノアラザルナリ故ニ法律ハ指圖證券及ビ無記名證券ニ就テハ債務者タルモノノ其證券上ノ權利者ニ對抗スルヲ得ル抗辯ヲ制限セリ學者之ヲ抗辯制限ト稱ス即チ指圖債權及ビ無記名債權ノ債務者ハ其證書ニ記載シタル事項及ビ其證書ノ性質ヨリ當然生ズル結果ヲ除ク外原債權者ニ對抗スルコトヲ得ベカリシ事由ヲ以テ善意ノ讓受人ニ對抗スルコトヲ得ズ(民第四七二條第四七三條)以下之レヲ分析シテ說述スベシ

**第一**　抗辯ノ制限ノ保護ヲ受クルモノハ善意ノ取得者ニ限ル

原債權者幷ニ惡意ノ取得者ニ對シテハ證券上ノ債務者ハ法律上アラユル事由ヲ以テ對抗スルコトヲ得原債權者トハ最初ニ其證券ノ債權者タリシモノノミヲ指スト誤解スベカラズ債務者ヨリ觀察シテ抗辯事由ノ存スル債權者ヲ云フ即チ手形法ニ前者ト云フト同義ニシテ被裏書人ヨリ見レバ裏書人ハ原債權者タルナリ原債權者ニ對シテハ證券上ノ債務

者ハ抗辯制限ヲ受クルコトナシ是レ證券上ノ法律關係ニアリテモ當事者間ノ關係ニ就テハ普通ノ債權債務ト同シク其間ノ特約ハ法律上效力ヲ發生スルヲ以テナリ

次ニ惡意ノ取得者ハ其權利ノ瑕疵及ビ債務者ヨリ對抗セラルベキ事由ヲ知リテ讓受ケタルモノナレバ法律上ノ抗辯制限ノ保護ヲ受クルコトナシ是レ惡意ノ抗辯ト稱セラルルモノニシテ何レノ國ノ法律ニ於テモ抗辯ノ制限ヲ認メザル所ナリ尤モ此場合ニ於テ其惡意ナルコトノ事實ハ債務者ニ於テ立證セザルベカラザルナリ而シテ其取得者ノ善意惡意ハ證券取得ノ當時ニ於テ決定スベキモノナリ又其善意惡意ハ取得者ノ直接ノ授者ニ於ケル關係ニ於テ之ヲ云フベキナリ

**第二　抗辯ノ制限ヲ認ムルハ人的抗辯ニ就テ也**

凡ソ債務者ノ債權者ニ對抗スルヲ得ル抗辯ニハ二種アリ其一ハ物的效力ヲ有シ一切ノ所持人ニ對抗スルヲ得ルモノナリ之ヲ物的抗辯ト云フ

例ヘバ發行行爲ノ無效ナリシコト又ハ證券ニ記載シタル事項ニ基ク抗辯ノ如キ是レナリ他ノ一ハ當該請求者ニ對スル當該被請求者ノ抗辯ニシテ唯當事者ノ間ニ於テノミ效力ヲ有スルニ過ギズ故ニ是レヲ人的抗辯ト云フ例ヘバ相殺惡意又ハ重大ナル過失ヲ理由トシテ所持人ニ對スル抗辯ノ如キ是レナリ而シテ物的抗辯ハ證券自體ヨリ生ズルモノニシテ敢テ之レヲ制限スル必要ナキノミナラズ證券ノ流通的本能ヲ發揮セシムルガ爲メニ之ヲ一切ノ所持人ニ對抗スルヲ得セシメザル可カラズ反之人的抗辯ハ前者ノ人ニ基キテ生ズル者ニシテ此抗辯ヲ杜絶セザル時ハ安ンジテ證券ノ取引ヲナスモノナキニ至ルヤ必セリ是ヲ以テ法律ハ善意ノ取得者ニ對シテハ人的抗辯ヲ杜絶シ次ノ二事項ニ就テノミ抗辯ヲ主張シ得ルコトヲ定メタリ(民第四七二條第四七三條)

一　其證券ニ記載セル事項

證券ニ記載スル金額履行ノ場所又ハ其年月日方法等ニ關スル抗辯ハ物

的效力ヲ有スルモノナレバ證券上ノ債務者ハ之レヲ以テ善意ノ取得者ニ對シテモ尚對抗スルコトヲ得サルベカラズ又手形ニ關シテハ商第四三九條ノ規定ニヨリテ手形法(商第四篇)ニ規定ナキ事項ハ之ヲ手形ニ記載スルモ手形上ノ效力ヲ生セザルモ其他ノ證券ニアリテハ法ノ强行的規定又ハ其證券ノ性質ニ反セザル限リハ證券上ニ如何ナル事項ヲ記載スルモ妨ゲナク此記載ハ證券上ニ效力ヲ生ジ以テ證券取得者ニ對抗スルヲ得

二　其證券ノ性質ヨリ當然生ズル結果

例ヘバ其證券ガ呈示證券ナルトキハ其呈示ナキ間ハ債務者ハ其呈示ナキコトヲ理由トシテ履行ヲ拒ムヲ得ルガ如シ(靑木氏商行爲論第一一四頁引用)

尚ホ手形抗辯ニ就テハ手形ノ債務者ハ手形上ノ請求ヲ爲ス者ニ對シテ直接ニ之レニ對抗スルコトヲ得べキ事由ノ外ハ手形法(商第四編)ニ規定ナキ事由ヲ以テ對抗スルコトヲ得ズ(商第四四〇條)是レ商第四三九條ニヨリテ手形ニ

就テハ手形法ニ規定ナキ事項ヲ記載スルモ手形上ノ效力ヲ生ゼザルヿヲ規定セルヨリ當然生ズル推論ト云フモ可ナリ是ヲ以テ手形債務者ハ手形上ノ債權者ニ對シテハ直接ニ之ニ對シテ對抗スルコトヲ得ベキ事由ノ外ハタトヘ手形ニ記載シタル事項ナリトモ苟モ其事由ガ手形法ニ規定セラレタルモノニアラザレバ抗辯トシテ對抗スルヲ得ズ故ニ手形抗辯ハ一般ノ抗辯制限ニ對シテ一ノ特例ヲナスモノト云ハザル可カラズ

次ニ一言スベキハ我民法ニ於テハ抗辯ノ制限ニ關スル第四七二條ノ規定ヲ指名所持人證券ニ準用スルコトヲ明定セザルコト是レ也サレド既ニ述ベタルガ如ク指名所持人證券ハ無記名證券ノ一變體ト云フベク其證券ノ本質ヲ害セザル限リハ無記名證券ニ關スル規定ハ之ニ適用セラルベキモノト解セザルベカラザルヲ以テ指名所持人證券ニ就テモ民第四七二條ノ適用アリト云ハント欲ス(民第四七三條ノ規定ヲ同第四七一條規定ニ對照シテ考フレバ右ノ如ク解スルハ文字ノ上ニ於テハ曲解ノ恐レアルヲ免カレザレドモ證券

ノ性質上斯ク解スルヲ正鵠ヲ得タルモノト信ズ）（青木氏商行爲論第一二六頁及ヒ一二七頁引用）
終ニ抗辯ノ制限ト證劵的權利ヲ表スル證劵トノ關係ヲ述ブベシ
證劵的權利ヲ表スル證劵トハ其證劵ヲ善意ニ取得セル者ハ其記載文言ニヨリテ證劵上ノ權利ヲ取得シ其記載ノ事項及ビ證劵ノ性質ヨリ當然生ズル結果以外ノ事由ヲ以テ證劵上ノ債務者ハ所持人ニ對抗スルヲ得ザルモノナリ故ニ證劵的權利ヲ表スル證劵ハ皆抗辯ノ制限ヲ認メラル丶モノナリサレド此反對ニ抗辯ノ制限ヲ認メラル丶證劵ハ悉ク證劵的權利ヲ表スル證劵ナリト云フハ吾人ノ採ラザル所ナリ何トナレバ抗辯ノ制限ヲ認メラレタルコトト其證劵ノ善意取得者ガ證劵ノ取得ニヨリテ其證劵上ノ權利ヲ取得スルコト丶ハ別問題ニシテ指圖證劵無記名證劵ハ民第四七二條ノ規定ニヨリ抗辯ノ制限ヲ認メラル丶モノナレドモ其善意取得者ガ證劵上ノ權利取得ノ效果ヲ生ズルヤ否ヤ更ニ其權限ヲ明カニスルニアラザレバ斷言スルヲ得ザルヲ以テナリ今其ノ證劵ガ單純ナル免責證劵（Ljgitimatiinspapoer）トナルトキハ取得

者ハ抗辯ノ制限ヲ認メラルヽコトアレ共其證券ノ取得ハ權利取得ノ效果ヲ生ゼズ反之其證券ガ有價證券ナルトキハ抗辯ノ制限ヲ認メラルヽト共ニ證券ノ取得ハ直ニ證券上ノ權利取得ノ效果ヲ生ズベシ(第二章第四章參照)而シテ商法ガ手形貨物引換證倉庫證券船荷證券ニ付商第四三五第三三四第三六二第六二九條ノ規定ヲ設ケタルハ是レ其證券ガ證券的權利ヲ表スル證券タルコトヲ明カニシタルモノト解スベク決シテ此等ノ規定ハ民第四七二條ニ重複シテ抗辯ノ制限ヲ認メタルモノト解スベカラザルナリ是ヲ以テ手形貨物引換證倉庫證券船荷證券ハ所謂證券的有價證券ニシテ其證券ノ善意取得者ハ直ニ證券上ノ權利ヲ取得シ啻ニ其證券ノ指圖式又ハ無記名式ノ場合ニ於テ抗辯ノ制限ヲ認メラルヽノミナラズ記名式ノ場合ト雖ドモ抗辯ノ制限ヲ認メラルヽモノト云ハザルベカラズ

# 第十二章　有價證券ノ質入

有價證券ハ之ヲ賣買讓渡等ニヨリテ金融ノ具トナスノミナラズ尙之レニ質權ヲ設定シテ金融ノ便ニ供セラルヽコト實際ノ取引界ニ於テ頻繁ニ見ル所ナリ抑モ質權ノ目的ハ讓渡スコトヲ得ベキモノタルコトヲ要スルコト民第三四三條ノ規定ニヨリテ明カナル所ニシテ證券上ノ權利ハ讓渡ノ可能ヲ原則トスルヲ以テ當事者ガ讓渡ヲ禁ジタル財產權及ビ性質上又ハ法律ノ規定ニヨリテ讓渡スルコトヲ得ザル財產權ノ外ハ悉ク質權ノ目的トナスコトヲ得ルモノナリ而シテ證券上ノ權利ノ質入ハ法令ニ特別ノ規定ナキ限リハ權利質ノ性質ヲ有スルモノニシテ民第三六二條以下ノ規定適用セラル尤モ無記名債權ハ民第八六條ノ規定ニヨリ動產ト見做サルヽモノナルガ故ニ無記名證券ヲ目的トスル質權ハ動產質ノ規定(民第三五二條以下)ニ從フベキモノナリ

### 第一　質權設定ノ方法

質權ノ設定ハ當事者間ノ契約ニヨルベキコト民第三四二條ノ明定スル所ナ

リ而シテ目的物ノ引渡ヲナスニヨリテ效力ヲ生ズルコトヲ原則トス(第三四四條)然レドモ物ノ引渡ハ動産質不動産質ニ於テハ必要ナル條件ナレ共權利質ニ於テハ無形ノ權利ヲ目的トスルガ故ニ物ノ引渡ヲナスヿ能ハズ是ヲ以テ我民法ニテハ權利質ニ就テハ單ニ當事者間ノ意思表示ノミニヨリテ效力ヲ生ズ但シ證書アル場合ニ於テハ其證書ノ交付ヲ爲スコトヲ要ストセリ(民第三六三條)故ニ無記名證券ノ質入ニツキテ證券ノ交付ヲ要件トスルノミナラズ指圖證券記名證券ノ質入ニアリテモ質權設定者ハ其證券ヲ質權者ニ交付セザルベラズ夫レ證券的權利ハ證券ト離ルベカラザル關係ニ立ツモノナルガ故ニ其權利ノ利用ニツキ證券ト共ニ偕ニスベキハ勿論ナレドモ特ニ質權ノ設定ニ於テハ質權ノ性質上必ズ證券ノ引渡ヲ必要トスルモノト云ハザルベカラザルナリ尙我民法ニ於ケル權利質ニ關スル規定ハ主トシテ債權質ニ關スルモノニシテ債權以外ノ財產權ノ質入ニ就テハ此規定ヲ準用セラルルニ過ギズ

有價證券ノ質入ヲ第三者ニ對スル對抗要件ハ記名證券指圖證券無記名證券及指名所持人證券ニツキ各々差異アリ今之レヲ區別シテ説明スベシ

一　記名證券

指名債券ヲ以テ債權ノ目的トナシタルトキハ第三債務者ニ對シ質權ノ設定ヲ通知スルカ又ハ第三債務者ガ承諾スルニアラザレバ其質權ヲ以テ第三債務者其他ノ第三者ニ對スルコトヲ得ズ(民第三六四條)蓋シ債權質ノ設立ハ實質上ヨリ見レバ殆ンド債權ノ讓渡ト同一ナルガ故ニ法律ハ債權讓渡ノ場合ニ於ケル對抗要件ト同一ノ規定ヲ以テシタルモノナリ民第四六七條第一項參照)而シテ第三債務者以外ノ第三者ニ對シテ債權質ノ效力ヲ對抗スルニハ確定日付アル證書ヲ以テ右ノ通知ヲ爲シ又ハ承諾ヲ得ルコトヲ必要トス(民第四六七條第二項)以上ハ一般指名債權ノ質權設定ニ關スル對抗要件ノ原則ナリ然ルニ法律ハ特ニ記名式ノ公債社債株式ニ就テハ特別規定ヲ設ケタリ

(イ) 公債

記名公債ヲ目的トスル權利質ニアリテハ國債局ニ登錄スルニアラザレバ法律上完全ニ質權ヲ設定シ得ベキモノニアラズ實際ノ取引上ニテハ往々白紙委任狀ヲ添付シテ質入ヲナスモノナレ共是レ法律上ニ於テハ質權ノ設定ノ效力ナキモノナリ

(ロ) 社債

記名社債ヲ以テ質權ノ目的ト爲シタルトキハ社債ノ讓渡ニ關スル規定ニ從ヒ社債原簿ニ質權ノ設定ヲ記入スルニアラザレバ之レヲ以テ會社其他ノ第三者ニ對抗スルコトヲ得ズ(民第三六五條)而シテ社債ノ移轉ニ關スル商第二〇六條ノ規定ニヨレバ記名社債ノ移轉ノ效力ヲ以テ會社其他ノ第三者ニ對抗スルハ讓受人ノ氏名住所ヲ社債、原簿ニ記載シ且其氏名ヲ債券ニ記載スルコトヲ要ストセリ故ニ記名社債ノ質入ヲ以テ第三者ニ對抗スルニハ質權者ノ氏名住所

ヲ社債原簿ニ記載シ且其氏名ヲ債券ニ記載スルコトヲ必要トス

(八)　株式

記名株式ノ質入ハ我民法ニ於テハ單ニ交付ヲ以テ效力ヲ生ズト解スルヲ正當トス而シテ實際頻繁ニ行ハル、商慣習ハ白紙委任狀及ビ處分日ノ讓書添付ノ方法ニヨル詳細ハ第二編ニ於テ述ブベシ

二　指圖證券

指圖證券ヲ以テ質權ノ目的ト爲シタルトキハ其證書ニ質權ノ設定ヲ裏書スルニアラザレバ之ヲ以テ第三者ニ對抗スルヲ得ズ(民第三六六條)即チ指圖證券質入ノ對抗要件ハ證券ニ質入裏書ヲナスニアリ手形ノ質入ニ付テハ商法手形編ニ於テ特別規定ヲ存シタルモ改正商法ハ商第四六三條ヲ修正シテ手形ノ質入裏書ノ點ヲ削除シタルガ故ニ手形ト雖モ質入ノ場合ニ於テハ民法指圖債權ノ規定ニ從ハザル可カラザルコトトナレリ

三　無記名證券

無記名證券ニ就テハ民法第八六條第三項ノ規定ニヨル動產ト見做サル、ヲ以テ其質入ニ就テモ動產質ヲ以テ論ゼザルベカラズ即チ一般ノ原則トシテ質權ノ成立ニハ質權者ガ證券ヲ占有スルコトヲ要シ此質入ノ效力ヲ以テ第三者ニ對抗スルニハ質權者ハ繼續シテ其證券ヲ占有セザルベカラズ民法第三五二條參照)茲ニ注意スベキハ正當ノ權利者ニ非ザル者ガ他人ノ無記名證券ヲ質入シタル場合ニ於テ法律關係如何ノ問題ナリ予輩ノ見ル所ヲ以テスレバ動產質權者ハ占有權者ナルガ故ニ民第一九二條ノ規定ヨリ推論シテ此場合ニ於テモ質權者ニ於テ其證券ヲ受取リシ當時善意ニシテ且ツ過失ナキ時ハ法律上有效ニ質權設定セラル、者ト信ズ但シ其證券カ盜品又ハ遺失品ナル片ハ民第一九三條及ビ第一九四條ノ規定ニ基キ被害者又ハ遺失主ヨリ質權者ニ對シ其證券ノ返還ヲ請求セラルベキ危險ヲ有スルコトヲ忘

ルベカラザルナリ

四　指名所持人證券

指名所持人證券ノ質入ニ就テハ如何此證券ハ性質上無記名證券ノ一變體ト見ルベキモノナルヿ屢々論ゼシ所ナリサレド之ヲ以テ動産ト見做スノ規定ナキヲ以テ直ニ此證券ノ質入ヲ動産質ノ規定ヲ以テ律スベカラズ予輩ノ解スル所ヲ以テスレバ此證券ノ質入ニ就テハ證券上ノ指名人ガ質權ヲ設定スル場合ニハ權利質ニ關スル指名債權ノ規定ヲ準用スベク其以後ノ取得者ガ質權ヲ設定スル場合ニハ無記名證券ト同ジク動産質ヲ以テ取扱フベキモノト信ズ

## 第二　質權ノ效力

記名證券及指圖證券ノ質入ニ就テハ權利質ニ關スル規定無記名證券ノ質入ニ就テハ動産質ニ關スル規定ニ從フベキモノナルガ故ニ質權ノ效力モソレゾレ民法及商法ノ規定ニヨリ定マルモノナリ故ニ玆ニハ唯擔保力ノ範圍流

質契約ノ效力轉質及ビ質權實行ノ方法ニツキ概説スベシ

一 擔保力ノ範圍

設定セラレタル質權ガ主タル債權ノ如何ノ範圍迄擔保スルカハ一ハ設定契約ニヨリテ定マル者ナリサレド若シ設定契約ニ別段ノ定メナキ時ハ元本利息違約金質權實行ノ費用質物擔保ノ費用債務ノ不履行又ハ質物ノ隱レタル瑕疵ヨリ生ズル損害賠償ヲ擔保ス(民第三四六條)

二 流質契約ノ效力

民法ハローマ法ノ「レクス、コンミツソリア」ニ起源シテ流質契約ヲ禁止セリ即チ質權設定者ハ設定行爲又ハ債務ノ辨濟期前ノ契約ヲ以テ質權者ニ辨濟トシテ質物ノ所有權ヲ取得セシメ其他法律ニ定メタル方法(民事訴訟法競賣法ヲ指ス)ニ依ラズシテ質物ヲ處分スルヲ約スルコトヲ得ス(民第三四九條)然レドモ此規定ハ取引ノ自由ヲ束縛スルコト甚シク資金運用ノ敏活ヲ妨グルノ缺點アルヲ以テ商法ハ此禁止ヲ解ケリ(商第二七七條)依テ商行爲ニ因リテ生ジタル債權ヲ擔保スル爲メニ設定シタル質權ニ就テハ民法第三四九條ノ規定ハ適用ナシ玆ニ注意スベキハ商第二七七條ノ適用アル場合ハ唯其擔保スル債權ガ商行爲ニヨリテ生ズルコトヲ必要トスルノミ其質權設定行爲ガ債務者若クハ債權者ノ爲メ又擔保ヲ供與セントスル第三者ノ爲メニモ商行爲タルコトヲ必要トセザルナリ

### 三　質權實行ノ方法

有體物ヲ目的トスル質權ニアリテハ目的物ノ占有又ハ其權利登記ノ制度アルヲ以テ質權ノ實行ニツキ多大ノ困難ヲ感ゼズト雖ドモ權利質ニアリテハ質權取得ノ態樣大ニ異ルヲ以テ其權利ノ實行ニツキテモ一段ノ注意ヲ要ス而シテ我民法ニ於テハ權利質ノ實行トハ質權者ガ其權能ニ基キテ債務者ノ權利ヲ行使スルノ意義ニ解スルノ外ナシト信ズ

權利質實行ノ方法トシテ法律ノ規定スル所大要次ノ如シ

（一）流込方法

流込方法トハ前述セル商第二七七條ノ流込契約ノ解禁ヲ利用シ質權者ニ於テ特定行爲又ハ債務ノ辨濟期前ノ契約ヲ以テ任意ニ其質物ヲ處分スルコトヲ特約スルヲ云フ

（二）債權ノ取立（民第三六七條）

質權ノ目的タル債權ノ目的ガ金錢ナルトキハ質權者ハ裁判所ノ命令ヲ受クルコトナクシテ自己ノ債權額ニ對スル部分ニ限リ之レヲ取立テ自己ノ債權ノ辨濟ニ充ツルコトヲ得又右ノ債權ノ辨濟期ガ質權者ノ債權ノ辨濟期前ニ到來シタルトキハ質權者ハ自ラ之ヲ取立ツルコト能ハザルモ第三債務者ヲシテ其辨濟金ヲ供託セシムルコトヲ得而シテ第三債務者ガ之ヲ供託シタルトキハ質權ハ其供託金上ニ存在スルモノトスモシ債權ノ目的物ガ金錢ニアラザルトキ

ハ質權者ハ自己ノ債權ノ辨濟期ニ至ルト否トヲ問ハズ直接ニ其目的物ヲ取立ツルコトヲ得而シテ質權ハ其取立テタル物ノ上ニ存在ス

(三) 民事訴訟法上ノ手續ニヨル實行方法

其方法トシテハ取立命令轉付命令及特別ノ換價命令申請アリ是レ頗ル繁雜ナル規定ニ從フモノナルガ故ニ茲ニ其説明ヲ省略ス

## 第三 轉質

有價證券ヲ質取シタル質權者ハ更ニ之ヲ轉質スルコトヲ得ルハ學者ノ疑ヲ容レザル所ナリ手形法ニ就テハ之ヲ規定セルモ轉質ハ一般ノ質權ニツキテ認メタル所ナレバ權利質ニ就テモ之ヲ認メザル理由ナキナリ而シテ轉質ニ就テハ民法第三四八條ノ規定ニ從フベキモノニシテ次ノ制限アリ

一 轉質ハ質權者ガ自己ノ權利ノ存續期間ヲ超過スルコトヲ得ズ

二 轉質ハ質權者自己ノ責任ヲ以テ之ヲ設定セザルベカラズ從テ轉質權

者ガ質物ヲ毀損シタルトキハタトヘ其損害ハ轉質ヲ爲サヾレバ生ゼザルベキ不可抗力ニ因ル場合ト雖ドモ質權者ハ質權設定者ニ對シテ之レガ損害賠償ノ責ヲ免カルヽコトヲ得ザルナリ

# 第十三章　證券的債務ノ履行

## 總說

證券ニ署名ヲナシ債務負擔ノ意思ヲ以テ之ヲ債權者タルベキ者ニ交付シタルモノハ證券上ノ債務者トシテ善意ノ所得者ニ對シテハ其證券ノ記載文言ニ從ヒ責ヲ負ハザルベカラザルコトハ旣ニ論述セシ所ナリ證券的債務ノ履行トハ證券上ノ債務者ガ此法定ノ義務ヲ果タスコトヲ指示ス凡ソ證券的債務ノ履行ニアリテモ普通債券ノ辨濟ニ關スル民法第四七四條以下ノ規定ノ適用ヲ受クベキモノニシテ唯證券上ノ權利ノ性質上一般ノ債權ト同一ノ法理ヲ以テ律スル能ハザル點ニ就テハ自カラ其適用ヲ除外セラルヽモノナ

リ殊ニ證券的權利ハ證券自體ト離ルベカラザル關係ヲ有スルモノナルガ故ニ證券的債務ノ履行ハ必ズ證券ト引換ニナスヲ要スルヲ以テ其原則トス是レ證券ノ記名式タルト指圖式タルト無記名式タルトヲ問ハズ苟モ證券的權利ノ性質上然ラシムルモノナルガ故ニ民第四八七條ハ證券的權利ニ關シテハ適用ナキモノト云ハザルベカラズ而シテ法律ガ證券的債務ノ履行ニ就テ一般債權ノ辨濟ニ關スル規定ニ對シテ特別ノ規定ヲ設ケタルハ悉ク指圖證券及無記名證券ニ就テナリ是レ此種ノ證券ハ所謂流通證券トシテ取引上輾轉スルガ故ニ權利ノ主體ハ常ニ異動シ債務者ハ證券上ノ權利ノ取得者ノ何人ナルカヲ知ル能ハザルニヨリ法律上特種ノ關係ニ立ツモノナルヲ以テナリ故ニ本章ニ於テ述ブル所ハ指圖證券及無記名證券ニ關スル債務履行ノ特別規定ナリトス記名證券上ノ債務ノ履行ニ就テハ法令ニ特別ノ規定ナク從テ其證券ノ性質ニ背反セザル限リ一般債權ニ關スル辨濟ノ規定ニ從フベキモノナリ

## 第一節　證券ノ呈示

民第四一二條第一項ハ規定シテ曰ク債務ノ履行ニ付キ確定期限アルトキハ債務者ハ其期限ノ到來シタル時ヨリ遲滯ノ責ニ任ズト是レ「期限ハ人ノ爲ニ催告ス」トノ主義ヲ採リタルモノニシテ債務者ハ期限ノ到來ト共ニ敢テ債權者ヨリ何等ノ催告ヲ俟タズシテ債務ノ履行ヲナサザルベカラズ此履行ヲナサザルトキハ其時ヨリ直ニ遲滯ノ責ニ任ゼザルベカラザルヲ規定セルモノナリ然ルニ指圖證券無記名證券及ビ指名所持人證券ノ如キ流通ヲ目的トスル證券ニアリテハ債務者ニ何等ノ通知ヲ要セズシテ輾轉スルコトヲ得ルモノナルヲ以テ債權ガ辨濟期ニ到ルモ何人カ現時ノ債權者タルヲ知ルニ由ナク從テ其期限ノ到來シタル時ヨリ直チニ遲滯ノ責ニ任ゼシムルハ苛酷ナリト云ハザルベカラズ是レヲ以テ商法ハ此等ノ證券ニ就テハ特別規定ヲ設ケ其履行ニツキ其期限ノ定メアルトキト雖ドモ其期限ガ到來シタル後所持人ガ

其證券ヲ呈示シテ履行ノ請求ヲ爲シタル時ヨリ遲滯ノ責ニ任ズルコトヲ定メタリ(商第二七九、二七八條)即チ先ツ所持人ハ支拂ヲ求ムルガ爲メニ證券ヲ債務者ニ呈示セザルベカラザルモノニシテ此呈示ヲナスモ尙履行ナキトキハ此呈示ノ時ヨリシテ債務者ハ遲滯ノ責ヲ免カル、能ハザルナリ學者ハ此點ヨリシテ此種ノ證券ヲ呈示證券(Präsentationspapier)ト云ヒ其債務ヲ催告債務(Mahnschuld)ト云フ尙手形ニ就テハ支拂ヲ求ムルガ爲メニスル呈示ノ外ニ引受ヲ求ムルガ爲メニスル呈示アリ之レ爲替手形ニ特有ノモノナリ支拂ヲ求ムルガ爲メニスル呈示ハ單ニ證券ヲ一覽セシムルガ爲メニスル呈示ニアラズ故ニ債權者ハ證券ト交換的ニ支拂ヲ求ムルノ意思ニテ證券ヲ呈示セザルベカラズ此呈示ハ辨濟期ノ到來後ニ於テナシ得ル者ニシテ(商第二七九)何時迄有效ニ呈示ヲナシ得ルヤニ至リテハ手形ノ如キ特別ノ規定(滿期日後二日內……第四八七條)又ハ特約ナキ限リハ其證券上ノ權利ノ時效時間ト同一ナリト解スルヲ正當ナリト信ズ而シテ此呈示ノ法律上ノ效果ハ次

ノ如シ

一　證券上ノ債務者ハ此呈示アリタルトキニ其履行ヲナセバ可ナリモシ此呈示アリタルニ拘ラズ履行ヲナサザルトキハ遲滯ノ責ニ任ズ(商第二七九、第二八〇條)換言スレバ證券上ノ債務履行ノ催告ハ證券ノ呈示ト稱スル形式ヲ以テナサザルベカラズ而シテ呈示ノ必要ナルハ裁判上ノ請求ニ於ケルト裁判外ノ請求ニ於ケルトニヨリテ異ルコトナシ

二　呈示ノ無益ナリシコトハ所持人ガ前者ニ對スル權利行使ノ要件ナリ故ニ所持人ガ前者ニ對シテ償還請求權ヲ行使セントセバ自カラ正當ナル呈示ヲナシタルコトヲ立證セザルベカラズ

三　呈示ハ既存權利ノ保全又ハ行使ニ必要ナル要件タルニ過ギズ呈示ニヨリテ權利ヲ取得スルモノニアラズ是ヲ以テ證券上ノ債權ノ時效ハ呈示ノ時ヨリ進行セズシテ其辨濟期ヨリ進行ス又證券上ノ既存權利ノ行使ニ當リ呈示ヲナシタル事實ハ必ズシモ證書ヲ以テ立證スルコ

トヲ要セズサレド遲延利息ノ請求權ノ如キ呈示ノ無益ナリシ事實ニヨリテ發生スル權利ニ就テハ呈示ヲナシタルコトハ其權利發生ノ要素ナリ此場合ニ於テハ證書訴訟ニ於テハ證書ヲ以テノミ之ヲ證明スルコトヲ得ベシ但シ手形及質入證券ニ付テハ法律ガ拒絶證書ノ作成ヲ嚴定スルガ故ニ何レノ場合ニ於テモ必ズ此方式ヲ踐マザルベカラザルナリ(商第四八七、第三六八條)。

終リニ有價證券ト呈示證券トノ關係ニ就テ一言センニ無記名證券ハ本來ノ性質ニ於テ呈示證券ナリ指圖證券ハ呈示證券タルヲ通例トスレドモ呈示證券ニアラザルモ指圖證券ノ本質ヲ傷クルモノニアラズ故ニ當事者ノ意思ヲ以テ呈示ヲ要セズトナスヲ妨ゲズ記名證券ニ至リテハ本來ノ性質ハ呈示證券ニアラズト雖ドモ呈示證券トナスヲ得ザルニアラザルナリ(青木氏商行爲論第一二七頁第十節流通證券ノ呈示ノ部引用)

## 第二節　履行ノ場所

債權履行ノ場所ニ就テハ行爲ノ性質又ハ當事者ノ意思ニヨリテ之ヲ定メザルトキハ債權者ノ營業所又ハ其住所ニ於テ之ヲ爲スベキコトハ民法第四八四條及商法第二七八條第一項ノ規定ニヨリテ明カナリ是レ方ニ我法制ニ於テハ一般ノ辨濟ニ就テハ持參債務ノ原則ヲ採用セルモノナリ然レドモ流通ヲ目的トスル證劵上ノ權利ハ其本來ノ性質トシテ權利主體移動シ且ツ其債務ノ履行ニ就テハ證劵ノ呈示ヲ要シ證劵ト交換的ニナサルベキモノナルヲ以テ普通ノ辨濟トハ其趣ヲ異ニシ債務者ノ營業所又ハ住所ヲ以テ履行ノ場所トナスヲ便宜トス故ニ我商法ハ指圖證劵、無記名證劵、指名所持人證劵ニ就テハ特ニ取立債務ノ原則ヲ採用セリ即チ商第二七八條第二項ヲ以テ指圖債權及ヒ無記名債權ノ辨濟ハ債務者ノ現時ノ營業所若シ營業所ナキトキハ其住所ニ於テ之レヲ爲スコトヲ要スト規定セリ即商第二七八條二項ハ明カニ民第四八四條及ビ商第二七八條第一項ノ規定タル持參債務ノ原則ニ對シテ取立債務タルノ例外ヲ認メタル者ナリ換言セハ流通證券ノ履行ニツキ特ニ取立債務ノ法理ヲ認メタルナリ是レ流通證券ガ呈示證券タルヲ原則トスルノ結果ニ外ナラザルナリ（青木氏商行爲論第一三六頁引用）

## 第三節　所持人ノ資格

債務ノ履行ハ債權者又ハ辨濟受領ノ權限ヲ有スルモノニ對シテ爲サザルベカラズモシ債務者ガ誤テ辨濟受領ノ權限ヲ有セザルモノニ對シテナシタル履行ハタトヘ善意ナリシトキト雖ドモ債務ヲ消滅セシムルノ效力ナキヲ原則トシ債務者ハ更ラニ眞ノ債權者ニ對シテ辨濟ヲ爲サザルヲ得ザルナリ（民第四七八、第四七九、第四八〇條）故ニ普通ノ債權ニ就テハ債務者ハ債權者ノ眞僞ヲ調査スルノ義務アル者ト云ハザル可カラズ而シテ指名債權ノ如キハ債權者ハ最初ヨリ特定セラレ居ルヲ以テ債務者ハ請求者ガ果シテ眞ノ權利者

ナルヤ否ヤヲ知ルコト容易ナリサレド指圖債權又ハ無記名債權ニアリテハ其權利主體ハ輾轉シテ止マザルヲ以テ債務者タルモノハ呈示ニヨリテ僅カニ其證券ニ記載セラレタル權利者ノ氏名ヲ知ルヲ得ルニ止マリ其權利者ノ證券取得ノ權原及ビ呈示者ガ果シテ證券ニ記載セラレタル權利者ト同一人ナルカヲ知ルコト殆ント不可能ノコトニ屬ス是ヲ以テ法律ハ特ニ流通證券ノ調査ニ就テハ特別ノ規定ヲ設ルニ至レリ(民第四七〇條、第四七一條)以下項ヲ分チ說明スベシ

## 第一 指圖證券

凡ソ指圖證券上ノ完全ナル權利者タルニハ次ノ二要件ヲ具備スルヲ要ス

### 第一 實質的要件

實質的要件トハ惡意又ハ重大ナル過失ナクシテ證券ヲ取得シタルコトヲ謂フ也(商第四四一條)惡意又ハ重大ナル過失ナクシテ證券ヲ取得シタルモノハ其證券ノ所有者トナリ從テ證券上ノ權利者トナルコトハ嚮ニ詳シク述ベタル所ナリ而シテ其惡意又ハ重大ナル過

失ノ有無ハ證券取得ノ當時ヲ以テ決スベク又惡意若クハ重大ナル過失ハ取得者ト其ノ直接ノ授與者トノ間ニ於ケル關係ニ於テ之ヲ謂フベシ又其惡意幷ニ重大ナル過失ノ意義如何ニ就テハ第十章ニ記述セシ所ナリ

**第二　形式的要件**　形式的要件トハ證券ノ外觀ニ於テ所持人ガ權利者トシテ表セラルルヲ云フ即チ裏書ナキ證券ニ就テハ證券ニ受取人トシテ指定セラレタル者ニシテ裏書アル證券ニアリテハ裏書連續ノ原則ニ從ヒテ最後ノ被裏書人トシテ記載セラレタルコトヲ云フ

裏書連續ノ何タルカハ既ニ第九章ニ說述セシ所ニシテ各裏書ニ於ケル被裏書人ト直接ニ相次グ裏書ニ於ケル裏書人ト同一人ナラザルベカラザルハ唯證券上ノ形式ニ於テ之ヲ謂ヒタルトヘ中間ノ裏書僞造ナルトキト雖モ外觀上連續アレバ所持人ノ形式的資格ヲ傷クルコトナキコトモ亦同章ニ於テ論ジタル所ナリ

以上ノ二要件ヲ具備スル者ハ證券ノ完全ナル所有者ニシテ同時ニ證券上ノ完全ナル權利者ナリ即チ手形ニ就テ云ヘバ此二要件ヲ具備スルモノカ其手形ノ所有者ニシテ同時ニ完全ナル手形上ノ債權者ナリ而シテ債務者ガ所持人ニ就テノ資格調査ノ權義ハ此二個ノ資格ヨリ推論セラルルモノナリ

一　所持人ガ惡意又ハ重大ナル過失アリテ證券ヲ取得シタル者ナルトキハ是レ實質的權利者ニアラザルガ故ニ之レニ對シテ履行ヲ拒絕シ得ルコト勿論ナリ故ニ實質的要件ノ存否ハ債務者ニ於テハ之ヲ調査スルノ權利ヲ有ス然レドモ所持人ノ實質的要件ハ法律ノ推定スル所ナルヲ以テ其存否ハ所持人之ヲ證明スルノ責任ナク特ニ債務者ニ於テモ調査スルノ義務ナシモシ債務者ガ實質的要件ノ欠缺ヲ理由トシテ履行ヲ拒絕セントセバ債務者ニ於テ所持人ニ對シテ其欠缺ヲ證明セザルベカラズ

二　形式的要件即チ證券ノ外觀ニ於テ裏書ノ連續アリヤ否ヤハ債務者之ヲ調査スルノ義務アリモシ裏書ニ間斷アルコト明白ナル證券ノ所持人

ニ對シテ辨濟ヲナシタルトキハ其辨濟ハ無效ナルヲ以テ債務者ハ更ニ眞正ノ債權者ニ對シテ辨濟ヲナサザルベカラズ而シテ個々ノ裏書ガ其方式ニ於テ各完全ナルベキコトハ裏書ノ連續ニ必要ナル事項ナルヲ以テ是レ亦債務者ノ調査セザルベカラザル所ナリサレド中間ノ裏書ガ僞造ナルヤ否ヤハ債務者ニ於テ之レヲ調査スルノ義務ナキノミナラズ又之ヲ調査スルノ權利ナシ何トナレバ裏書ノ僞造ハ裏書連續ノ原則ヲ傷ケザルモノニシテ裏書ノ僞造ナルモ惡意又ハ重大ナル過失ナキ證券ノ取得者ハ之レガ爲メニ其實質的資格ヲ失フモノニアラザレバ也是ヲ以テ債務者ハ單ニ裏書ノ一ガ僞造ナルコトヲ證明スルモ之レガ爲メニ所持人ニ對シテ債務ノ辨濟ヲ拒絕スル能ハザルナリ(第九章第三節參照)

三　上述ノ如ク債務者ハ所持人ニ就テハ實質的資格ノ存否ヲ調査スルノ義務ナク形式的資格ノ存在ヲ調査スルノ義務ヲ負フノミ故ニ形式的資格ヲ備ヘ而モ實質的資格ヲ缺ク者ニナシタル辨濟ハ法律上有效ニシテ

債務者ヲシテ免責ノ利益ヲ享受セシム即チ後日ニ至リ其所持人ガ眞正ノ債權者ニアラザルコト判明スルモ之レガ爲メニ其辨濟ハ效力ヲ失フモノニアラズ是レ Berechtigung ト Legetimation ト區別アル所ナリ

四　所持人ノ眞僞ノ調査(Identitäts pfrüfung)即チ現ニ證券ヲ呈示シテ辨濟ヲ求ムル當人ハ證券最後ノ被裏書人トシテ記載セラレタル者ニ相違ナキヤ否ヤニ就テ債務者ノ調査ノ權義如何ハ學者間ニ其說ヲ異ニス然レドモ予ハ民第四七〇條ニ定メタル原則ヨリ推論シテ債務者ガ誤テ最後ノ被裏書人ニアラザル者ニ辨濟ヲナシタル場合ニ於テモ債務者ニ於テ惡意又ハ重大ナル過失ノ責ノ歸スベキモノナケレバ免責ノ利益ヲ享ケ得ルモノナリト解スルヲ正當ナリト信ズ

尙一言スベキハ最後ノ裏書ガ白地裏書ナルトキハ所持人ハ當然權利者タル形式的資格ヲ有スルモノナルヲ以テ所持人ノ眞僞調査ノ問題ヲ生ゼザルナリ

要之證券上ノ債務者ハ所持人ノ實質的資格ニ就テハ之ヲ調査スルノ權利ヲ有スルモ其義務ナク形式的資格ニ就テハ必ズ之レヲ調査セザルベカラザルノ義務ヲ有スサレド上述ノ理論ハ惡意又ハ重大ノ過失ナキ債務者ニ就テ適用セラルルモノニシテ債務者ガ惡意又ハ重大ナル過失ニ基キテナシタル辨濟ハ如何ナル場合ニモ法律上無效ナルコト論ヲ俟タザルナリ(民第四七〇條但書)故ニ債務者ニ於テ所持人ガ眞正ノ債權者ニアラザルコトヲ知ルカ又ハ通常人ノ加フル注意ヲ用フレバ所持人ガ眞正ナル權利者ニアラザルコトヲ知リ得ベカリシ場合ニ其注意ヲ爲サズシテ辨濟ヲナシタルトキハ其辨濟ハ法律上無效ナリ(靑木氏商行爲論第一三七頁第十一節流通證券ノ調査ノ部引用)

第二　無記名證券及ビ指名所持人證券

無記名證券ハ單ニ交付(商第四五七條)ニヨリテ輾轉セラルルモノナルガ故ニ證券ノ所持人ハ法律上當然形式的資格者タルヿヲ認定セラルルモノナリ是ヲ以テ債務者ガ辨濟ヲ拒絕セントセバ自カラ其所持人ガ惡意ノ取得者ナル

コトヲ證明セザルベカラズ此反證ヲ擧グルノ確信ナクシテ辨濟ヲ拒絶スルハ自己ノ負擔ヲ重カラシムルノ結果ヲ生ズルノミ故ニ無記名證券ノ呈示者ニ對シテハ證券上ノ債務者ハ資格調査ノ義務ナク單ニ辨濟ヲナセバ之レニヨリテ自己ノ債務ヲ免カルルコトヲ得尤モ債務者ニ於テ其證券ガ盜取サレタルモノナルコト其他所持人ガ惡意ノ取得者タル事實ヲ知リ乍ラ辨濟ヲナシタルトキハ其辨濟ハ法律上無效ノモノニシテ債務者ハ更ニ其ノ權利者ニ對シテ債務履行ノ責ヲ免カルル能ハザルナリ(民第四七八條)次ニ無記名證券ノ所持人ハ法律上當然形式的資格者タルコトヲ認定セラルルモノナルガ故ニ所謂所持人ノ眞僞ノ調査(Identitäts prüfung)ノ問題ヲ生ゼズ

指名所持人證券ハ其性質無記名證券ノ一變體ナルコト上來屢々述ベタル所ナリ而シテ其讓渡ニ就テハ證券ニ指名セラレタル第一ノ權利者(甲又ハ所持人ト記シタル甲ヲ指ス)ハ法定ノ手續ヲナサザルベカラザルモ其以後ハ無記名證券ト同ジク單ニ交付ノミニヨリテ輾轉スルモノナルコトモ既ニ第九章

ニ於テ記述セシ所ナリ故ニ指名人(甲)ノ裏書ニヨリテ權利ヲ取得セシ者ニ對シテハ從來指圖證券ノ場合ト同ジク債務者ノ調査義務ニ關シテ民第四七〇條ノ規定ヲ準用セラレタルモ改正商法ハ其商第二八〇條ヲ削除シタルヲ以テ無記名證券ノ場合ト同ジク法律上當然其形式的權利者タルコトヲ認定セラレ債務者ハ惡意ナキ限リ單ニ呈示者ニ對スル辨濟ヲ以テ其債務ヲ免カルルモノト論スルコトヲ得ヘシ

## 第十四章　證券ノ喪失

有價證券上ノ權利ハ證券其モノト離ルベカラザル法律上ノ關係ニ立ツモノニシテ其權利ノ利用ニハ證券ノ占有ヲ條件トスルヲ其本質トナスハ屢々論ゼシ處ナリ而シテ一旦盜失遺失紛失等ニヨリテ證券ヲ喪失シタル時ハタトヘ權利者タリトモ法律ガ特別ノ規定ヲ以テ其再交付ヲ請求スルコトヲ得ル旨ヲ定メタル場合(商第三六六條ノ如キ)ノ外ハ債務者ニ新證券ヲ交付スルノ

義務ヲ負ハシムルヲ得ザルヲ以テ其權利實行ノ途ナキニ至ルモノナリ尤モ記名證券ニヨリテハ權利者ハ證券發行ノ時ヨリ指定セラレ居ルヲ以テ法律關係單純ナレバモシ指定ノ權利者ガ證券ヲ喪失セシ場合ニハ直ニ債務者ニ此旨ヲ通知シ臨機ノ處置ヲナスニ難カラズト雖モ指圖證券及ビ無記名證券等ニアリテハ權利ノ主體輾轉シ法律關係甚錯綜シ殊ニ惡意ノ發行者ハ此等ノ證券ノ流通性ニ乘ジテ不正ノ權利行使ヲナスコト甚容易ナリ而シテ此等ノ證券ノ權利者ガ證券ヲ盜取サレ又ハ紛失シタル場合ニ於テ其證券占有者ノ何人ナルカヲ發見シタルトキハ直ニ占有回收ノ訴ニヨリテ證券ノ返還ヲ請求スベキモ證券ノ占有者ガ何人ナルカ不明ナル場合ニ於テハ權利者ノ地位ハ甚不安ナリト云ハザルベカラス是ヲ以テ法律ハ指圖證券、無記名證券、指名所持人證券ニ付テハ特ニ證券喪失ノ場合ニハ公示催告ノ手續ニヨリテ權利ノ屆出ヲナサシメ一定ノ期間内ニ於テ此屆出アリタルトキハ公示催告申立人ハ通常訴訟ニヨリテ屆出人ニ對シテ證券ノ引渡ヲ求ムベク又此屆出ナキトキハ除權判決ヲ求メ其判決ニヨリテ其證劵ヲ無效トナスヲ得ルコトヲ認メ以テ正當權利者ヲシテ證劵ナクシテ之レガ履行ヲ受クルノ途ヲ講ゼリ(民施第五七條、民訴第七篇)然レドモ公示催告ヲ申立テテヨリ除權判決ニヨリテ證劵無效ノ宣言ヲ得ル迄ニハ少クトモ六箇月ノ長時日ヲ要ス(民訴第七八〇條)ルモノニシテ此間ニ於テ證劵上ノ目的物ノ消滅又ハ債務者ノ破産スルガ如キコトナキヲ必スベカラズ故ニ公示催告手續ノミニヨリテハ證劵喪失者ヲ保護スルコト未ダ不充分ナリト云ハザルベカラズ是ヲ以テ商法ハ金錢其他ノ物ノ給付ヲ目的トスル指圖證劵及ビ無記名證劵ニ付テハ其證劵ノ喪失ニツキ公示催告ノ申立ヲ爲シタル所持人ニ次ノ二種ノ權利ヲ與ヘ其一ヲ擇ブベキコトヲ以テセリ(商第二八一條)

(第一) 債務者ヲシテ債務ノ目的物ヲ供託セシムルコト

(第二) 債務者ヲシテ債務ノ趣旨ニ從ヒ履行ヲ爲サシムルコト但シ此場合ニハ相當ノ擔保ヲ供スルコトヲ要ス

思フニ債務ノ目的物カ消滅ノ虞アルトキハ前者ヲ便トシ債務者ガ破産スルノ虞アルトキハ後者ヲ便トス可シ第二ノ場合ニ於テ相當ノ擔保ヲ供スルコトヲ要スル所以ハ之レ未ダ除權判決ナキ時ニ係ルヲ以テ申立人ガ眞ノ權利者ナリヤ否ヤ確定セズ若シ眞ノ權利者他ニ存スルヤモ測リ難キヲ以テ債務者ヲシテ二重ニ辨濟ヲ爲スコトアルベキヲ慮リ債務者保護ノ精神ニ出デタルモノナリ而シテ公示催告ノ手續ヲ應用シ得ルモノハ指圖證券、無記名證券、指名所持人證券ナルコトハ民法施行法第五七條ノ明言スル所ナリ而シテ商第二八一條ノ規定ハ金錢其他ノ物又ハ有價證券ノ給付ヲ目的トスル有價證券ト規定シ指名所持人證券ヲ指摘セザリシ從來ノ立法ノ不備ヲ改正シタリ從ツテ指名所持人證券ニ就テモ其證券ノ性質上商第二八一條ノ規定ノ適用アルモノトナレリ

尚證券ノ喪失ニ關シ公債證券、社債證券ノ如ク法令ニ特別規定存スル場合ニハ當該特別規定ニ從フベキコト勿論ナリ（靑木氏商行爲論第一五二頁第十二部證券無效ノ宣言ノ部引用）

# 第十五章　證書訴訟

證券上ノ法律關係ハ迅速ニ其救濟ヲ得ベキ必要アルコトハ上來述ベシ所ニヨリテ明白ナリ故ニ各國ノ法律是レガ爲メニ特別ノ訴訟手續ヲ定ムルヲ通例トス我民事訴訟法ニ於テモ亦其規定ヲ設ケタリ之ヲ證書訴訟ト云フ即チ一定ノ金額ノ支拂其他ノ代替物若クハ有價證券ノ一定數量ノ給付ヲ目的トスル請求ヲ起ス理由タル總テノ必要ナル事實ヲ證書ニヨリ證スルコトヲ得ベキトキハ證書訴訟ナル特別ノ訴訟手續ニヨリテ其主張ヲナスコトヲ得(民訴第四八四條)而シテ其通常ノ訴訟手續ト異ナル所ハ主トシテ二ツノ點ニアリ

1　本案ノ辯論ハ妨訴ノ抗辯ニ基キ之ヲ拒ムコトヲ許サズ(民訴第四八六條)

2　反訴ヲ許サズ(民訴第四八七條)

更ニ手形ニ就テハ民事訴訟法ニ所謂爲替訴訟ノ名稱ヲ以テ特別ノ規定ヲ設ケ一ハ裁判管轄ニ關シ二ハ口頭辯論ノ期日ニ關シ一層敏活簡易ヲ計レリ

一 爲替ノ訴ハ支拂地ノ裁判所又ハ被告ガ其普通裁判籍ヲ有スル地ノ裁判所ニ之ヲ起スコトヲ得數人ノ爲替義務者ガ共同ニテ訴ヲ受クベキトキハ支拂地ノ裁判所又ハ被告ノ各人ガ其普通裁判籍ヲ有スル地ノ裁判所各之ヲ管轄ス(民訴第四九五號)

二 訴ノ許スベキモノナルトキハ(裁判所ガ受理シタルコトヲ云フ)直ニ口頭辯論ノ期日ヲ定ム

口頭辯論ノ期日ト訴狀送達トノ間ニハ少ナクトモ二十四時ノ時間ヲ存スルコトヲ要ス(民訴第四九六條)

民事訴訟法ニ於テハ爲替訴訟ノ名ヲ用ヒ爲替ニツキテ規定セルモ此訴訟手續ハ爲替手形ニ限ラス他ノ手形ニモ適用スルヲ得ルモノナリ

證書訴訟及ビ手形訴訟ニ就テハ法律ガ迅速簡易ナル特別手續ヲ定ムルコト

上ノ如シサレド現行訴訟法ニ於テハ若シ被告ヨリ證券上ノ署名ヲ否認セラレタル等ノ場合ニハ證券以外ノ證明方法ニヨラザルベカラザルガ故ニ實際ニ於テハ最初ヨリ通常訴訟ヲ以テ證券上ノ請求ヲナスヲ常トス是レ近キ將來ニ於テ民事訴訟法ノ改正ヲナスニ當リテハ立法家ノ大ニ考量セザルベカラザル所ナルベシ

# 第二編　團體的有價證券論

## 第一章　株券(Aktienurkunde)論

團體證券トハ所謂社員權ヲ表彰スル證券ニシテ團體ト其團體ヲ構成スル分子(社員)トノ間ニ於ケル權利義務ヲ其內容トスルモノナリ第一編第三章參照)我商法ニ於ケル團體證券ハ唯一ニシテ株券アルノミ株券ハ株式會社及ビ株式合資會社ノ發行スルモノナリ而シテ株式會社ト株式合資會社トハ法律上別箇ノ法人ニシテ一ハ有限責任社員ノミヲ以テ成リ他ハ有限責任社員ト無限責任社員トヲ以テ組織セラレ從テ設立、機關、解散等ニ就テハ兩者ノ間ニ多少異ナル所ナキニアラサルモ株式會社ニ關スル規定ハ大抵株式合資會社ニ準用セラレ殊ニ株式ニ關スル規定ニ就テハ此ノ二會社ノ間ニ毫モ差別ナシ唯株式合資會社ノ有限責任社員ハ株式會社ノ株主ノ如ク箇々ノ資格ニ於テ社員權ヲ行使スルヲ得ズシテ則チ一ノ獨立ナラザル結合トシテ無限責任社員ニ對立シ其ノ總會ノ決議ヲ以テ社員タルノ權利ヲ行ハサルヘカラサルノ特質アルノミ(商第二三五條第二三六條參照)且ツ我國ニ於テハ株式合資會社ハ極メテ罕ナルヲ以テ本篇ニ於テ株劵ヲ論スルニ於テモ株式會社ニ就テノミ着眼スルコトヽセリ

## 第一節　株式ノ觀念

### 第一款　株式ノ一般ノ意義

抑モ株式會社ノ本質ハ純然タル資本團體ニシテ社員ノ出資ヨリ成レル確定セル資本ヲ有シ社員ノ會社ニ對スル責任有限ナルニアリ即チ社員ノ醵出スベキ總資本額豫メ一定シ之ヲ平等ノ部分ニ分チ其部分ヲ以テ社員ノ會社ニ對スル權利義務ヲ定ムルノ標準ト爲スニアリ此ノ平等ナル部分ヲ株式ト稱セラルヽ故ニ株式會社ニ於テハ資本ハ之ヲ一定ノ株式ニ分割セラレ社員ハ株

式ヲ標準トシテ會社ニ對シテ權利ヲ有シ又義務ヲ負フモノナリ(商第一四三條、第一四四條)是ヲ以テ株式トハ資本平分ノ一部ヲ云フヲ本來ノ意義トスサレド株式ノ讓渡或ハ株式ノ共有(商第一四四條、第一四六條)ト云フカ如キハ之レヲ株主權ノ讓渡又ハ株主權ノ共有ト解スルノ外ナシ又株式ハ往々株主權ヲ表スル證券即チ株券ト同意義ニ用ヒヲル仍テ株式ナル語ハ三種ノ意義ニ慣用セラル、モノト云フベシ即チ

一 資本ノ一部トシテ觀察セラレ

二 株主タルノ權利ヲ指シ

三 其權利ヲ表スル證券即チ株券ニ用ヒラル

第一 資本ノ一部トシテノ株式

株式會社ノ資本ハ之ヲ株式ニ分割スルヲ要ス(商第一四三條)故ニ株式ハ資本ノ構成分子ニシテ株式會社ニ於テハ其株式ヲ合算スレバ資本ノ總額ト一致スベキナリ株式會社ニ社員トシテ加入スルコトハ資本ノ一部ヲ醵出スルノ

意味ニシテ其醵出ノ單位ハ株式ニアリ故ニ此ノ株式ニヨリテ社員ノ出資義務ヲ定メ又社員タルノ權利ヲ定ム

株式會社ノ資本ハ金額ヲ以テ之ヲ表セサルベカラサルモノナルヲ以テ株式モ亦金額ヲ以テ表セサルベカラズ我商法ニ於テハ金額ヲ示サスシテ資本ノ額ニ對スル比例的ノ割合ヲ表スル株所謂比例株ヲ認メズ又株金額ハ五拾圓ヲ下タラサルヲ通則トシ會社設立ノ時ニ一時ニ全額ノ拂込ヲ爲スベキ場合ニ限リ貳拾圓迄トナスコトヲ得(商第一四五條第二項)而シテ株金額ノ均一ナルコトヲ要ス(商第一四五條第一項)從ッテ我國ニ於テハ又部分株ヲ認メス部分株トハ唯純然タル財産的ノ權利ノミヲ有スル株式ニシテ議決權ヲ有セサルモノナリ我商法ニ於テハ株主ハ必ス一箇ノ議決權ヲ有スルモノニシテ總會ノ決議又ハ定款ヲ以テ之ヲ奪フコトヲ得ス然レドモ株式ノ共有ハ敢テ妨クルトコロニアラズ唯共有者ハ株主タルノ權利ヲ行フベキモノ一人ヲ定ムルコトヲ要シ又會社ニ對シテ連帶シテ株金ノ拂込ヲナス義務ヲ負フ(商第一

四六條)
株式ハ社員ノ會社ニ對スル權利ヲ有スルノ基礎ナルトトモニ社員ノ出資義務ヲ定ムル標準ナルコト上述ノ如シ但シ額面以上ノ價格ヲ以テ株式ヲ發行シタルトキハ其額面ヲ超過スル金額ハ第一回ノ拂込ト同時ニ之ヲ拂込マサルヘカラザルヲ以テ(商第一二九條第二項)株主ノ拂込ムベキ金額ハ此場合ニ於テハ株券ニ表スル金額ヨリモ大ナリ而シテ差額ハ之ヲ會社ノ法定準備金ニ組入ルヽコトヲ規定セラルヽモ(商第一九四條第二項)其差額ノ拂込ハ等シク株主タル資格ニ於テ負擔スルモノナルカ故ニ株式ノ金額ヲ限度トスル一變例ナリト云ハサルヲ得ス

**第二** 株主權トシテノ株式

法律上ニ於テハ株式ナル語ハ主トシテ株主タル權利トシテノ株式ヲ指ス場合ニ用ヒラル凡ソ團體法人ノ社員ノ其團體ニ對スル權利義務ハ通常ノ權利義務トハ其性質ヲ異ニセルトコロアリ合名會社ニ於ケル社員ノ有スル持分

又ハ株式會社ノ株主ノ有スル株主權ナルモノハ社員又ハ株主タル資格ニ於テ其會社ニ對シテ有スル權利義務ノ集合ニシテ之ヲ社員權Mitgliearecht ト稱スル一種固有ノ團體的私權ナリト說明スルヲ正當トス夫レ會社ハ法人トシテ獨立ノ人格ヲ有スサレバ株主タルモノハ會社財產ノ共有者ニアラザルハ勿論ニシテ株主カ會社財產ノ上ニ比例的ノ持分ヲ有スト云フヲ得ス又會社解散ノ場合ニ於テ株主カ殘餘財產ノ分配ニ與カル權利ハ物權ニ類スル點ヨリ株主ノ權利ヲ物權ナリト云フモノアレトモ其不當ナルコト明カナリ又株主權ハ之レヲ純然タル債權ト云フモ不可ナリ株主相互ノ間ニ債權的關係ヲ生ゼザルコトハ云フマデモナク又會社ト株主トハ債權者債務者トシテ利害ヲ異ニシテ相對立スルモノニアラズ利益ノ配當ヲ請求スル權利ヲ株主權ノ主ナルモノトシテ直チニ株主權ヲ債權ナリト論スルヲ得ス要スルニ株主トシテ有スル權利ハ法律竝ニ定款ノ定ムルトコロニ從テ其內容ヲ一ニセス又純然タル權利ノミヲ以テ成ルモノニアラズシテ義務ヲ包含スルモノナリ之

ヲ株主權ト云フハ畢竟權利ガ主ナルモノナルヨリシテ權利ノ方面ヨリ觀察シタルニ過キサルナリ其ノ詳細ハ次款ニ於テ述ブベシ

第三　株券トシテノ株式

株券ハ株主權ヲ表スル證券ニシテ會社ガ其本店ノ所在地ニ於テ設立ノ登記ヲナシタル後ニ初メテ發行セラル、モノナリ商第一四七條第一項株券ノ性質、發行ノ方式等ニ就テハ後ニ之ヲ述ブベシ

## 第二款　株主權

株主權ハ所謂團體的私權ニシテ單ニ之ヲ債權ト解スヘカラス株主タル資格ニ於テ會社ニ對シテ有スル權利義務ノ集合ヲ云フモノナルコト既ニ述ベタルトコロナリ而シテ株主權ハ法律並ニ定款ノ定ムル所ニヨリテ其內容ヲ一ニセザルコト云フマデモナシサレド株主權ノ內容ニ就テハ法律カ特ニ公益上ノ理由ニ基キテ定款又ハ株主總會ノ決議ヲ以テスルモ侵スコトヲ許サヾル權利アリ通常之ヲ株主ノ固有權(Sonderrecht)ト云フ今其固有權ヲ分類スレバ

左ノ如シ

甲　株主ノ特有權(Eignerecht)

之レ株主カ自己ノ利益ノ爲メニ行フトコロノ權利ニシテ他ノ株主ノ輔助ヲ要セス單獨ニ有スルモノナリ

一　株劵ノ發行ヲ求ムル權利

二　法律又ハ定欵ノ定ムルトコロニ從ツテ配當スベキ利益アラバ其配當ヲ請求(株主總會ノ議決ニヨリテ確定セサル前ニ)スル權利

三　株金額完納ノ後ニ於テ株劵ヲ無記名式トナスベキコトヲ定メタルトキハ其ノ請求權

此ノ種ノ權利ハ各株主カ己レノ利益ノ爲メニ行フモノニシテ而カモ之ヲ行フモ他ノ株主ヲ利スルコトナク又害スルコトナキモノナリ

乙　代表權(Vertretungsrecht)

株主カ自己ノ利益ノ爲メタルト同時ニ會社ノ利益ノ爲メニ行フトコロノ

權利ナリ更ニ二ツニ分タル

イ各株主カ他ノ株主ノ助ヲ俟タス株主タルノ資格ニ於テ單獨ニ行フコトヲ得ルモノ

一議決權(即チ會社ノ業務ニ參與スル權利)

二株主總會招集ノ手續又ハ決議ノ方法ガ法令又ハ定款ノ規定ニ反スル場合ニ於テ其ノ決議無效ノ宣告ヲ請求スル權利(商第一六三條第一項)

三清算人ノ撰任ヲ裁判所ニ請求スル權利(商第二二六條第二項)

ロ法律若クハ定款ノ定ムル一定數ノ株式アルヲ條件トシテ行フコトヲ得ルモノニシテ此ノ種ノ權利ハ大株主ノ專横ヲ防カンカ爲メニ特ニ設ケタルモノニシテ通常是ヲ少數株主權(Minderheitsrecht)ト云フ

一株主總會招集ノ請求權(商第一六〇條)

二取締役若クハ監査役ニ對シテ訴訟ヲ提起スベキコトヲ請求スル權利

(商第一七八條、第一八七條)

三 會社ノ業務及ヒ會社財産ノ情況ヲ調査セシムル爲メニ檢査役ノ撰任ヲ裁判所ニ請求スル權利(商第一九八條)

四 淸算人ノ解任ヲ請求スル權利(商第二二八條第二項)

以上甲及ヒ乙ノ權利ハ所謂株主ノ固有權ニシテ株主カ株主タル資格ニ於テ當然有スル權利ナリ故ニ假令定款又ハ株主總會ノ決議ヲ以テスルモ動カスヲ得サルモノナリ而シテ固有權ニ對シテ獨逸學者ノ所謂債權者的權利又ハ外人的權利(Gläubigerrecht, oder Fremderrecht)ナルモノアリ是レ株主カ全ク株主タル資格ヲ離レテ會社ニ對シテ有スル權利及ヒ株主タル資格ニ基キテ生スルモノナルモ一タヒ生スルヤ株主タル資格ト關係ナク獨立シテ存在スル權利ヲ云フ即チ株主カ賣買消費貸借等ニ基キ會社ニ對シテ有スル權利ノ如キハ前者ノ例ニシテ株主總會ノ議決ニ基キテ確定シタル利益配當ヲ請求スル權利及ヒ商第一九六條ニ規定セル利息(建設利息 Bauzinsen ト稱セラル)ヲ請求スル權利ハ後者ニ屬ス抑モ此等ノ權利ニ就テハ株主ハ會社ト團體的關係ニ立ツコトナク純然タル債權者タル地位ニ於テ有スルモノナリ故ニ若シ其會社カ破產ノ宣告ヲ受ケタル場合ニハ他ノ債權者ト同シク破產債權トシテ行使スルコトヲ得ルモノナリ

株主權ノ態樣ハ大略右ノ如シ故ニ之ヲ物權ト云フヲ得サルハ勿論ニシテ又純然タル債權ノミヨリ成ルモノニアラズ否株主權ハ團體ト其分子トノ間ノ法律關係ニシテ權利ノミニアラス義務ヲ包含ス之ヲ株主權ト云フハ權利カ主ナル點ヨリ立言セルモノニ外ナラス是ヲ以テ我民法ガ第三六四條ニ記名株式ヲ指名債權ナルカ如ク規定セルハ正確ナルモノニアラズト云ハサルベカラズサレド株主權ハ之ヲ一種ノ財產權ト見ルコト現今學者ノ通說ニシテ其實質ニ於テ債權カ重要ナル地步ヲ占ムルヨリシテ之レヲ論スレハ大體ニ於テ記名株式ヲ指名債權トナスハ不都合ナカルベシ

株主權ハ一種ノ財產權ナルヲ以テ讓渡シノ自由ナルヲ原則トスサレド株式

譲渡ノ自由ハ株式會社ノ本體ニ屬セザルガ故ニ之ヲ制限シ或ハ之ヲ禁ズルコトヲ得我商法ニ於テハ株式ハ定款ニ別段ノ定メナキトキハ會社ノ承諾ナクシテ之ヲ他人ニ讓渡スコトヲ得但シ會社カ設立ノ登記ヲナスマデハ之ヲ讓渡シ又ハ其讓渡ノ豫約ヲナスコトヲ得ス(商第一四九條)株式讓渡ノ效力讓渡人ト讓受人トノ間ノ權利義務等ニ付テハ後ニ詳述スベシ

株主權ハ株主ト會社トノ間ニ存スル權利義務ノ集合ニシテ株主タルモノハ必ス會社ニ對シテ出資義務ヲ負擔ス株式會社ニ於ケル株主ノ責任カ有限ナリト云フハ畢竟株主カ會社ニ對シテ其株式ヲ標準トシテ其限度ニ於テ出資ノ義務ヲ負フコトヲ云フニ外ナラス故ニ株主ノ出資義務ハ會社ニ對シテ存スルモノニシテ會社ノ債權者(第三者)ニ對スル直接ノ責任ニアラス而シテ我商法ニ於テハ株主ノ出資ノ目的ハ金錢ナルヲ本則トシ金錢以外ノ財産モ之レヲ認ムト雖モ所謂勞務株ヲ認メサルナリ(商第一二二條參照)金錢以外ノ財産ヲ出資ノ目的トナス場合ニ於テハ株式ノ引受ケト共ニ一時ニ全部ヲ提供

セシメザルベカラズ又株金ノ拂込ニ付テハ相殺ヲ以テ會社ニ對抗スルヲ得ス(商第一四四條第二項)株式共有者ハ株金ノ拂込ニ付テハ連帶債務者トシテ此ノ義務ヲ負擔ス(商第一四六條第二項)

出資商務ノ本體ハ上述ノ如シ而シテ株金ノ拂込ニ付テハ第一回ノ拂込ハ法律ノ强行的規定ニ依ラザルベカラズ發起設立ノ場合ト募集設立ノ場合トヲ問ハズ株式總數ノ引受ケアリタル後ハ遲滯ナク拂込ヲ爲サヽルベカラズ(商第一二三條第一二九條)第二回以後ノ拂込ニ付テハ定款ヲ以テ其期日ヲ定ムルヲ通例トス若シ定款ニ之ヲ定メザルトキハ取締役ノ爲ストコロニ任カスノ外ナシ而シテ取締役ハ株主ヲシテ拂込ヲ爲サシムルニハ二週間前ニ催告ヲ要ス(商第一五二條第一項)其催告ハ各株主ニ對シテ之ヲナスコトヲ要スルハ株主平等ノ原則ノ結果ナリ株主ガ期日ニ拂込ヲ爲サヾリシトキハ會社ニ對シテ遲延利息ヲ支拂ヒ又定款ニ違約金ノ定メアルトキハ之ヲモ支拂ハザルベカラズ(商第一五三條、民第四一九條、第四二〇條)

株主ガ其出資義務ヲ履行セサルトキハ會社ハ之ニ對シテ强制執行ノ訴ヲ起コスコトヲ得乍併特ニ株金拂込ノ不履行ニ就テハ法律ハ簡易有力ナル强制手續ヲ規定セリ是ヲ除權手續又ハ失權手續ト云フ即チ拂込ヲ爲サヾル株主ニ對シテ更ニ二週間以上ノ期間ヲ定メ其期間内ニ拂込ヲ爲スベク且其拂込ヲナサヾルトキハ當然株主タルベキ權利ヲ失フ旨ヲ通知シ株主尙ホ拂込ヲ爲サヾルトキハ株主タルノ權利ヲ失フコトヲ認ム(商第一五二條第二項第一五三條第一項)前述ノ方法ニ依リ會社ガ株主ニ對シ其權利ヲ失フベキ旨ヲ通知スルトキハ會社ハ其通知スベキ事項ヲ公告スベシ乍併若シ二週間ノ期間ヲ與ヘズシテ爲シタル催告ハ法律上效力ヲ生ゼズ(三十九年十一月二十日大審院判決四十年六月二十七日同院判決)而シテ除權ノ制裁ヲ附シタル拂込期間ヲ經過シ尙ホ拂込ヲ爲サヾル株主ハ當然株主タル權利ヲ失フ商法第一五三條第一項ニ權利ヲ失フト云ヘルハ株主權ノ全部ヲ失フ意味ニシテ將來ニ於テ株主タル權利ヲ失フノミナラズ既ニ拂込ミタル株金額ニツキテモ何等ノ請求ヲモ爲スヲ得ザルニ至ル

モノナリ又商第一三五條第三項ノ規定ニ依リ株式ヲ競賣シ其金額ガ滯納金額ニ充タザルトキハ其不足額ハ從前ノ株主ヲシテ拂込マシムルコトヲ得是レ株主タル權利消滅ノ後ニ於テ尙ホ拂込ノ義務ヲ負ハシムルモノナルモ法律ノ特ニ命ジタル負擔ト云ハザルベカラズ（三十八年六月十二日大審院判決參照）株主權ノ喪失ハ絕體的ニシテ失權株主ガ後ニ至リ滯納金額ノ拂込ヲナシテ原狀ヲ回復スルコトヲ得ズ尤モ株主ニ對スル除權處分ハ法律上有效ナル催告アリシコトヲ前提トス故ニ例ヘバ第一回ノ催告（商第一五二條第一項ノ場合）ガ手續ニ於テ過誤アリシ爲メ無效ナルトキハタトヘ第二回ノ催告（商第一五二條第一項ノ場合）ガ適法ナルモ失權ノ效果ヲ生ゼズ（四十年十一月三十日大審院判決）失權アリタル場合ハ直チニ公告スルコトヲ要ス尙ホ株式讓渡ノ場合ニ於ケル株金拂込ノ義務ニ付テハ株式讓渡ノ節ニ於テ之ヲ述ブベシ

### 第三款　優先株

株式會社ハ純然タル資本團體ニシテ株主權ノ範圍ハ一ニ其資本ニ與カル程

度ニヨリテ定マリ醵出ノ金額(株金額)ガ同一ナレバ享有スルトコロノ權利モ亦同一ナルヲ原則トス然ルニ法律ガ此原則ニ對シテ一ノ變例ヲ認メ或ル種ノ株式ニ一種特別ノ權利ヲ賦與スルコトアリ此ノ種ノ株式ヲ優先株(Vortugsaktie, Prioritataktie)ト云フ故ニ廣義ニ云フトキハ優先株トハ總テ特權アル株式ノ謂ナリ然レドモ義我法ニ於テハ優先株トシテ唯利益配當殘餘財產分配ニ關スル優先株ヲ有スル者ノミヲ認ム(商第一九七條、第二二九條)故ニ我商法ニ於ケル優先株ハ單ニ財產的權利ニ付キテ優等ノ地位ヲ與フルノミニシテ議決權其他ノ株主權ニ就テ特種ノ權利ヲ有スル株式アル事ヲ許サヽルナリ而シテ優先株ニ賦與セラレタル利益配當及ビ殘餘財產分配ニ關スル優先權ハ共ニ株主ガ株主タル資格ニ於テ有スルトコロノ權利ナリ且此二ツノ優先權ハ全ク別箇ノ存在ヲ有スルモノニシテ各別ニ之ヲ定ムルコトヲ得又利益ノ配當ニ關スル優先權ハ當然殘餘財產ノ分配ニ關スル優先權ヲ包含スルモノニアラズ我商法ニ於テハ優先株ハ會社ノ資本增加ノ場合ニ於テ新株發行ノトキニ限リ之ヲ認メラル(商第二一一條)故ニ會社設立ノ當初ニ於テハ優先株ヲ發行スルヲ得ズ資本增加ノ場合タリトモ新株ノ發行ニ付テ優先株ヲ認ムルモノニシテ既ニ發行シタル株式(舊株)ニ對シテ優先權ヲ賦與シテ之ヲ優先株トナスヲ得ザルハ明カナリ而シテ優先株ヲ發行シタルトキハ其旨ヲ定款ニ記載スルコトヲ要ス(商第二一一條)

優先株主ハ唯財產的ノ特權ヲ有スルモノナルコトハ前述ノ如シ然レドモ定款ノ變更ニ當リ優先株主ニ損害ヲ及ボスベキ決議ヲナサントスルトキハ優先株主ノ同意ヲ得ルコトヲ要ス併シナカラ此同意ハ各優先株主ヨリ之ヲ得ルニアラズシテ優先株主ノミヨリ成ル特別總會ノ決議ニヨラシム即チ定款ノ變更カ優先株主ニ損害ヲ及ボスベキトキハ株主總會ノ外優先株主ノ特別總會ノ決議アルコトヲ要ス(商第二一二條第一項)尤モ優先株主ノ特別總會ノ決議ヲ要スル場合ハ例ヘバ優先株主ニ對シテ配當スベキ利息ノ率ヲ減ズル

ガ如キ直接其權利ヲ害スル場合ニ限ルモノニシテ一般ノ株主モ等シク利益ヲ減削セラルベキ場合ニ於テハ優先株主ノ同意ヲ要セザルコト多言ヲ要セザルベシ而シテ優先株主ノ特別總會ニ就テハ一般ノ株主總會ニ關スル規定準用セラル(商第二一二條第二項)

## 第二節　株式ノ發生及消滅

株式ノ存在ハ株主權ト終始ス株主權ナキトコロ株式ナク又株主權存スレバ必ズ株式アリ故ニ株式ノ發生ハ株主權ノ成立ニアリ株式ノ消滅ハ亦株主權ノ終了ニアリト云ハザルベカラズ

### 第一款　株式ノ發生

株式ノ發生ハ株主權ノ成立ニ因ルモノニシテ株式會社ノ設立ノ場合ト既存ノ株式會社ガ資本增加ノ爲メニ新株ヲ發行スル場合トノ二アリ尙ホ此ノ二ツノ場合以外ニ於テ株式ノ發生スルコトアリ即チ會社ノ合併是レナリサレ

ド會社ノ合併ハ一方ニ於テハ株式ヲ發生スルコトアルト同時ニ他方ニ於テハ株式ノ消滅ヲ來スモノナルヲ以テ款ヲ別ニシテ之ヲ述ブベシ

## 第一項　會社ノ設立

株式會社ノ設立ニ付テ法律ノ規定スルトコロハ合名會社合資會社ノ設立ニ關スルヨリモ遙カニ詳密ナリ是レ株式組織ニ伴フ弊害ハ概子其設立時代ニ存スルヲ以テナリ而シテ法律ノ主旨トスルトコロハ發起人ノ利己心ノ爲メニ會社ノ利益ヲ犧牲ニ供スルコトヲ豫防スルニアリ今株式會社ノ設立ニ關スル法律規定ノ大要ヲ述ブベシ

### 第一　定款ノ作成

株式會社ノ設立ニハ七人以上ノ發起人アルコトヲ要ス(商第一一九條)而シテ會社設立ニアタリテ發起人ノ爲スベキ第一ノ職務ハ定款ノ作成ナリ定款ニ記載スベキ事項ハ之ヲ大別シテ二トナス一ハ絶體的必要事項ニシテ之ヲ掲ゲザルトキハ定款ヲシテ法律上無效タラシム其ノ事項左ノ如シ(商第一二〇

條)

一　目的

二　商號

三　資本ノ總額

四　一株ノ金額

五　取締役ガ有スベキ株式ノ數(取締役ノ資格ヲ有スルニ必用ナル一定ノ株式ノ數ヲ云フ)(商第一六四條、一六八條參照)

六　本店及ビ支店ノ所在地

七　會社ガ公告ヲ爲ス方法

八　發起人ノ氏名住所

但シ右ノ内取締役ガ有スベキ株式ノ數本店又ハ支店ノ所在地及ビ會社ガ公告ヲ爲ス方法ノ三ツノ事項ニ限リ必ラズシモ之ヲ定款作成ノ當初ニ於テ記載セザルモ可ナリ即チ創立總會又ハ株主總會ニ於テ之

ヲ補足スルコトヲ得(商第一二一條第一項)此ノ場合ノ創立總會又ハ株主總會ハ株式引受人ノ總數又ハ總株主ノ半數以上ニシテ資本ノ半額以上ニ當リタルモノ出席シテ其議決權ノ過半數ヲ以テ之ヲ決セザルベカラズ(商第一二一條第二項、第二〇九條)而シテ此ノ補足ハ定款作成ノトキニ遡及シテ效力ヲ生ズ

他ノ一ハ相對的必要事項ニシテ之ヲ定款ニ掲ゲザルモ敢テ定款ヲ無效トナスモノニアラザルモ之ヲ掲ゲザルトキハ法律上其效力ヲ有セザルモノナリ其事項ハ左ノ如シ(商第一二二條)

一 存立時期又ハ解散ノ事由

二 額面以上ノ發行

額面以上ノ發行トハ株式ノ發行價額が券面額ヲ超ユルヲ云フ例ヘバ額面百圓ノ株式ヲ百拾圓又ハ百貳拾圓等ニテ發行スル場合ノ如シ而シテ定款ニハ單ニ其額面以上ノ發行アルベキコトヲ記載セシムルノミニテ

必ズシモ發行價格其モノヲ記載スルコトヲ要セズ叉發行價格ハ均一ナルコトヲ必要トセズ舊商法ニアリテハ額面以上ノ發行ハ之ヲ認メザルモ是レ無益ノ制限ナルヲ以テ現行商法ハ其事由ヲ認メタリ但シ額面以下ノ發行ハ之ヲ許サヽルコト商法第一二八條第一項ノ規定スルトコロナリ

三　發起人ガ特別ノ利益ヲ受クベキ場合ハ其利益及ビ受クベキモノヽ氏名

四　金錢以外ノ財産ヲ以テ出資ノ目的トナスモノヽ氏名其財産ノ種類價格及ビ之レニ對シテ與フル株式ノ數

五　會社ノ負擔ニ歸スベキ設立費用及ビ發起人ガ受クベキ報酬ノ額

以上ノ事項ハ定款ニ記載スベキ必要事項ナリ此ノ以外ノ事項ト雖モ苟モ株式會社ノ本質ヲ害セズ法ノ强行的規定ニ反セザル限リハ之ヲ記載スルモ以テ定款ノ效力ヲ失ハシムルモノニアラズシテ却テ法律上ノ效力ヲ生ズルモノナルニ由リ重要ナル事項ハ皆之レヲ定款ニ記載スルヲ便ナリトス

定款ノ性質ニ付テハ學者ノ間ニ議論ナキニアラズ會社設立ノ契約書ナリト解スルヲ通例ノ説トスサレド會社ヲ法人ナリト説明シ尙ホ定款ヲ契約書ナリト解スレバ組合ト法人トヲ區別セザル誤リニ陷リシモノト云ハザルベカラズ故ニ定款ハ書面ニ記載セラレタル會社タル法人ノ組織及ビ其内外ノ行動ノ準則ナリト云フヲ正當ナリト信ズ

定款ニハ發起人署名スルコトヲ要ス(商第一二〇條)然レドモ我商法ニ於テハ定款ハ公正證書ヲ以テ作成スルコトヲ要セザルナリ

**第二**　株式總數ノ引受

株式會社ハ資本確定ノ原則ニ遵由セザルベカラザルヲ以テ會社設立ノ條件トシテ各株ニ對スル債務ノ確立ヲ必要トス即チ株式ノ總數ニ對スル株式引受人アルコトヲ要ス其方法ニ二アリ一ヲ發起設立ト云ヒ他ヲ募集設立ト云フ前者ハ發起人ガ株式ノ總數ヲ引受クル場合ヲ云ヒ後者ハ發起人ガ株式ノ總數ヲ引受ケザルトキ廣ク株主ヲ募集スルコトヲ要スル場合ヲ云フ畢竟此

ノ區別ハ發起人ト株式引受人トカ全然合致スルヤ否ヤニ存シ孰レノ場合ニ於テモ株式ノ引受ハ社員トシテ會社ニ參與スルコトノ意思表示タルハ同一ナリ

甲　發起設立

抑モ發起人ガ共ニ株式會社ヲ設立セントスルヤ豫メ其會社ノ目的トスル事業資本ノ額一株ノ金額資本ニ對スル出資商號株式引受ノ數等ヲ約スルヲ通例トス此契約ハ固ヨリ有效ニシテ之ヲ發起人組合ト稱セラル此契約ハ發起人ノ間ニ一種ノ對內關係ヲ生ズルモノナレドモ未ダ會社ノ創設的行爲ニアラズ發起人ガ社員トシテ其社員タルノ資格ヲ取得スル團體的行爲ハ株式ノ引受ニアリ故ニ株式ノ引受ヲ終リシトキハ會社ハ之レニ因リテ成立ス仍テ發起人ハ遲滯ナク株金ノ四分ノ一ヲ下ラザル第一回ノ拂込ヲナシ且ツ取締役及監査役ヲ撰任セザルベカラズ此ノ撰任ハ發起人ノ議決權ノ過半數ニ因リテ決ス（商第一二三條）而シテ發起設立ノ場合ニハ取締役及監査役ハ皆發起

人中ヨリ出ルヲ以テ設立ノ經過ノ調査ヲ爲サシムル爲メ特ニ檢査役ノ撰任ヲ裁判所ニ請求セシメ裁判所ハ檢査役ノ報告ニ基キテ法律ニ定メタル處分ヲ爲スコトヲ得(商第一二四條。第一三五條)

## 乙　募集設立

發起人カ株式ノ總數ヲ引受ケザルトキハ其引受ケナキ株式ニ對シテ株主ヲ募集シ以テ會社ノ資本ノ總額ニ付キ確定的ノ債務者ヲ得ザルベカラズ(商第一二五條)株主ノ募集ハ固ヨリ公告ノ方法ニ因ルヲ要セザルモ實際ニ於テハ便宜上會社ノ大綱ヲ公告シテ株主ヲ募集スルヲ通例トス而シテ我商法ハ獨逸商法ト同ジク株式申込ニ付テハ法定ノ形式ヲ有スル株式申込證ノ制度ヲ採用セリ株式申込證ハ發起人之ヲ作ルモノニシテ株式申込ノ意思表示ハ之ニ依ラザルベカラズ即チ株式ノ申込ヲ爲サントスルモノハ株式申込證二通ニ其引受クベキ株式ノ數及ヒ住所ヲ記載シ署名スルコトヲ要ス株式申込書ニ記載スベキ事項ハ商第一二六條ニ規定スル所ナリ是ヲ以テ株式申込證ハ

一面ニ於テハ會社ノ態樣ヲ示シ他ノ一面ニ於テ株式ノ引受ヲ爲スノ意思ヲ表示スル爲メニ用ヒラル故ニ株式申込ノ內容ハ株式申込證ニヨリテ定マル而シテ發起人カ株式申込證ヲ作ラズ又ハ法定ノ事項ヲ記載セズ若クハ不正ノ記載ヲナシタルトキハ五圓以上五百圓以下ノ科料ニ處セラル（商第二六一條第六號）

株式申込ノ法律上ノ性質ニ付テハ通例契約ノ理論ヲ應用シ或ハ之ヲ契約ノ申込ナリト說キ或ハ契約ノ承諾ナリト解ス而シテ其契約ノ成立ノ時期及當事者ノ何人ナルカニ付テハ人ニヨリテ其說クトコロヲ一ニセズ然レドモ我商法ニ於テハ株式ノ申込ト株式ノ引受トハ各別ノ行爲ナルコト商第一二六條、第一二七條、第一二九條等ヲ對照スレバ明カナリ而シテ株式ノ申込ヲ以テ契約ノ申込ト解スレバ株式ノ總數ヲ超ヘテ申込アリシ場合ニ於テ發起人カ自由ニ株式ノ割當ヲ爲シ得ル事實ト衝突ス何トナレバ契約ノ原則トシテ申込ニ條件又ハ制限ヲ附シタル承諾ハ申込ノ拒絕ト共ニ新タナル申込ト云ハザルベカラザルヲ以テナリ(民第五二八條)申込ノ數ガ株式ノ總數ニ超過スル場合ニ於テ發起人ハ自由ニ株式ノ割當ヲ爲スヿヲ認メテ而カモ之レヲ承諾ト解スルハ妥當ナラズ又株式ノ申込ヲ契約ノ承諾ナリトセバ支拂不能ノ申込人ヲ排除スルヲ以テ發起人ノ責任トナス所以ヲ說明スル能ハズ是ヲ以テ株式ノ申込ハ契約ノ申込又ハ承諾ナリト解スベカラズギルケ、レーマンノ說クガ如ク株式ノ申込ハ社員タル資格ノ取得ヲ目的トスル(株式ノ引受ヲ目的トスル)一方的行爲ナリ又株式ノ申込ニ對スル割當モ承諾ニアラズシテ會社設立ノ爲メニスル一種ノ一方的行爲ナリ而シテ株式ノ申込人ハ割當ニ因リテ株式引受人タルノ權利ヲ得義務ヲ負擔スト解スルヲ正當ナリト信ズ換言スレバ株式ノ申込人ハ申込ミタル株式ノ數ヲ最高限度トシテ拂込ノ義務ヲ負擔セザルベカラザルノ法律上一種ノ拘束ヲ受クルニ過ギズシテ株式ノ割當アリテ初メテ株式ノ引受決定シ株金拂込ノ義務確定スト云ハザルベカラズ株式ノ申込ハ一種ノ拘束力ヲ有スル一方的行爲ト解スベキコト上述ノ如シ此ノ拘束力ハ拒絶ニヨリテ消滅スルコト言フヲ俟タズ又割當ニヨリテ引受人トシテ確定的ノ法律關係ヲ生ズト雖モ申込ノ拘束力ハ永久ニ申込人ヲ拘束スベキモノニアラズ我商法ニ於テハ第一二六條第二項ニヨリ發起人ノ作成スベキ株式申込書ニ「一定ノ時期マデニ會社ガ成立セザルトキハ株式ノ申込ヲ取消スコトヲ得ベキコト」ヲ記載セザル可カラザルガ故ニ其一定期日ノ經過ト會社不成立トノ二條件ヲ具備スルトキハ右申込ヲ取消スコトヲ得

**第三　第一回ノ拂込**

株式ノ引受人ハ其引受タル株式ノ數ニ應ジテ拂込ヲ爲ス義務ヲ負フ(商第一二七條)我商法ニ於テハ外國多數ノ立法例ニ倣ヒ第一回拂込ノ金額ヲ定メ株金額ノ四分ノ一ヲ最少額トシ(商第一二八條第二項)額面以上ノ價額ヲ以テ株式ヲ發行シタルトキハ其額面ヲ超ユル金額ハ第一回ノ拂込ト同時ニ之ヲ拂込マシムルコトヲ要ス(商第一二九條第二項)但私設鐵道法ニ於テハ第一回拂

込金額ヲ十分ノ一ト爲セリ(同法第九條第二項)又株式ノ金額ガ五拾圓未滿ナルトキハ一時ニ其金額ヲ拂込マシメザルベカラズ(商第一四五條第二項)

第一回ノ拂込ハ法律ノ强行的規定ニヨルモノナルコト既ニ前ニ述ベシトコロナリ此拂込ハ發起設立ノ場合ニ於テハ其引受アリタル後遲滯ナク之ヲ爲サシメ募集設立ノ場合ニ於テハ發起人ハ遲滯ナク各引受人ヲシテ拂込ヲ爲サシメザルベカラズ(商第一二三條、第一二九條第一項)而シテ第一回ノ拂込ハ各株ニ付株金ノ四分ノ一ノ拂込アルコトヲ要ス資本ノ總額ノ四分ノ一ニ當ル金額ノ拂込アルノミニテハ不可ニシテ必ズ各株ニ付キ株金ノ四分ノ一ノ拂込ナカラザルベカラズ然レドモ第一回ノ拂込ハ株式引受人自カラ之ヲ爲スコトヲ要セズ第三者代ツテ之ヲ拂込ムモ妨ゲナシ(三十九年二月二十日大審院判決)而シテ第一回ノ拂込ハ必ズ現實ナルコトヲ要ス故ニ會社ニ對シテ債權ヲ有スルモ之ヲ以テ相殺ヲ對抗セシメズ(商第一四四條第二項)手形債務若クハ消費貸借等ノ債務ニ更改スルコトヲ得ズ約束手形ヲ振出スハ現實ニ拂込ヲ爲シタルモノト云フヲ得ズ小切手ヲ交付シタル場合ニ於テハ現ニ其小切手ニ因リ會社ガ銀行ヨリ拂渡ヲ受ケ又ハ會社ノ預金ニ振替タルトキニ初メテ拂込アリタルモノト解セザルベカラズ(三十六年九月二十二日大審院判決 四十年八月十日東京控訴院判決)

株式引受人ガ發起人ノ催告ニ應シテ株金ヲ拂込マザルトキハ發起人ハ更ニ二週間ヲ下ラザル一定ノ期間內ニ其拂込ヲ爲スベキ旨及ビ其期間內ニ拂込ヲ爲サヾルトキハ株式引受人タル權利ヲ失フベキ旨ヲ通知スルコトヲ得而シテ引受人ガ尙ホ拂込ヲ怠リシトキハ當然其權利ヲ失フ此場合ニ於テハ發起人ハ株式引受人ニ對スル損害賠償ノ請求ヲ爲スヲ妨グズ而シテ其權利ヲ失ヒタル引受人ノ引受タル株式ニ付發起人ハ更ニ株主ヲ募集セザルベカラズ(商第一三〇條)金錢以外ノ出資ハ直ニ其全部ヲ供スベキモノナルヲ以テ第一回拂込ニ關スル規定ノ適用ナキモノナリ

## 第四　創立總會

募集設立ノ場合ニ於テハ各株ニ付キ第一回ノ拂込アリタルトキハ發起人ハ

遲滯ナク創立總會ヲ招集スルコトヲ要ス(商第一三一條第一項)創立總會ハ會社ノ成立ノ爲メニスル總會ナルガ故ニ之ヲ株主總會ト稱スルヲ得ズ株式引受人ノ總會ナリ株式引受人ハ此總會ニ參與スルノ權利ヲ有シ此權利ハ定款其他ニヨリテ之ヲ奪フコトヲ得ズ創立總會ニ關シ商法ノ規定スルトコロ左ノ如シ

一創立總會ニ於テ發起人ハ會社ノ創立ニ關スル事項ヲ報告セザルベカラズ(商第一三二條)

二創立總會ニ於テハ取締役及監査役ヲ撰任セザルベカラズ(商第一三三條)而シテ撰任セラレタル取締役監査役ハ次ノ事項ヲ調査シ之ヲ創立總會ニ報告スルコトヲ要ス(商第一三四條第一項)

イ株式總數ノ引受アリタルヤ否ヤ

若シ調査ノ結果引受ケナキ株式アルコトヲ發見シタルトキハ是レ創立總會招集ノ要件備ハラザルヲ以テ此ノ總會ヲ無效トナシ更ニ株主

ヲ募集セザルベカラザルヲ理論上正當ナリトストモ法律ハ株式引受人ノ便宜ヲ重ジ此ノ場合ニ於テハ發起人ヲシテ連帶シテ其株式ヲ引受ケシメ尙ホ其損害ヲ賠償セシムルコト、ナセリ(商第一三六條、第一三七條)

ロ 各株ニ付第一回ノ拂込アリタルヤ否ヤ

拂込未濟ノ株式アルトキハ發起人ハ連帶シテ其ノ拂込ヲ爲サヾルベカラズ尙ホ損害賠償ノ請求ヲ妨ケザルコト前ノ場合ト同ジ(商第一三六條、第一三七條)

ハ 發起人ガ受クベキ特別ノ利益

金錢以外ノ財產ヲ以テ出資ノ目的ト爲スモノアレバ其財產ノ種類價格及ビ之ニ對シテ與フル株式ノ數會社ノ負擔ニ歸スベキ設立費用及ビ發起人ガ受クベキ報酬ノ額ノ正當ナルヤ否ヤ

若シ此等ノ事項ヲ調査シ不當ト認メタルトキハ創立總會ニ於テ之ヲ

變更スルコトヲ得(商第一三五條)但金錢以外ノ財產ヲ以テ出資ノ目的トナスモノアル場合ニ於テ之ニ對シテ與フル株式ノ數ガ不當ナリトシテ創立總會ニ於テ其數ヲ減シタルトキハ其株式引受人ハ其出資ニ代ヘテ金錢ヲ以テ拂込ヲ爲ス權利アリ此場合ニ於テモ發起人ニ對シテ損害賠償ノ請求ヲ妨ゲズ(商第一三五條但書、第一三七條)

以上ノ事項ハ取締役及監査役ガ調査シテ之ヲ創立總會ニ報告スベキモノナリ然ルニ取締役又ハ監査役中發起人ヨリ撰任セラレタルモノアルトキハ創立總會ハ特ニ檢查役ヲ撰任シ其モノニ代リテ調查及ビ報告ヲ爲サシムルコトヲ得(商第一三四條第二項)是レ自己ノ行爲ヲ自カラ審查スルノ不都合ヲ避ケ調查ノ公平ヲ期センガ爲メナリ

三 定款ニ於テ取締役ガ有スベキ株式ノ數本店及ビ支店ノ所在地並ニ會社ガ公告ヲナス方法ノ三事項ヲ定メ居ラザルトキハ創立總會ニ於テ之ヲ補足セザルベカラズ(商第一二一條)

四創立總會ニ於テハ定款ノ變更又ハ會社設立ノ廢止ノ決議ヲモナスコトヲ得(商第一三一條)

創立總會ハ右ノ如ク重大ナルモノナルヲ以テ株式引受人ノ半數以上ニシテ資本ノ半額以上ヲ引受ケタルモノ出席スルニアラザレバ成立セズ又其議決權ノ過半數ヲ以テ一切ノ決議ヲナス(商第一三一條第二項)尤モ株式引受人ハ必ズシモ自身出頭スルヲ要セズ代理權ヲ證スル書面ヲ發起人ニ差出シテ代理人ヲシテ出席セシメ議決權ヲ行フコトヲ得

創立總會ハ之ヲ株主總會ト云フヲ得ザルハ前ニ述ベタルガ如シ然レドモ其招集ノ手續決議事項ノ通知議決權ノ行使其他大體ニ於テ株主總會ニ關スル規定準用セラル(商第一三一條第三項)又發起人ハ株式引受人トシテ創立總會ニ於テ議決權ヲ行フコトヲ得ルハ言ヲ俟タズ但其受ベキ特別ノ利益又ハ報酬ニ關シ或ハ設立費用ニ關シ或ハ發起人ガ金錢以外ノ財産ヲ以テ出資ノ目的トナシタル場合ニ於テ其價格ノ正當ナルヤ否ニ關シ其他特別ノ利害關係

ニ關シ議決スル場合ニハ議決權ヲ有セズトナスヲ正當ナリトス(商第一六一條第四項、第一三一條第三項)

募集設立ノ場合ニ於テハ創立總會ノ終結ヲ以テ會社成立ス即チ創立總會ノ終結ニヨリテ會社ハ法人タル資格ヲ取得ス(商第一三九條)而シテ創立總會ニ於テハ特ニ會社設立ノ議決ヲ爲スコトヲ必要トセズシテ右ニ述ベタル法定ノ事項ニ關スル決議ヲ了セバ玆ニ會社ハ成立ス創立總會ノ終結ヲ以テ會社成立ノ形式トナスハ殆ンド總テノ國ノ法律ノ認ムル所ナリ

## 第五　設立ノ登記

我商法ニ於テハ株式會社ハ發起設立ノ場合ニ於テハ發起人ガ株式ノ總數ヲ引受ケタルニ因リテ成立シ募集設立ノ場合ニ於テハ創立總會ノ終結ニ因リテ成立スルコト上來述ベシトコロナリ即チ此時ヨリシテ會社ハ法人トシテ獨立ノ人格ヲ享有シ株式引受人ハ株主トシテ會社ニ對シテ株主權ヲ取得ス然レドモ會社ノ設立ヲ第三者ニ對抗スルニハ設立ノ登記ヲ爲サヾルベカラ

ズ設立ノ登記ハ發起設立ノ場合ニハ設立經過ノ調査終了(商第一二四條)ノ時ヨリ又募集設立ノ場合ニハ創立總會終結ノ日ヨリ二週間內ニ其本店及ビ支店ノ所在地ニ於テ之ヲ爲サヾルベカラズ(商第一四一條第一項)

其登記事項ハ左ノ如シ

一 目的、商號、資本ノ總額及一株ノ金額
二 會社ガ公告ヲナス方法
三 本店及支店
四 設立ノ年月日
五 存立時期又ハ解散ノ事由ヲ定メタルトキハ其時期又ハ事由
六 各株ニ付拂込タル株金額
七 開業前ニ利息ヲ配當スベキコトヲ定メタルトキハ其利率(建設利息《バウチンゼン》)
八 取締役及監査役ノ氏名住所
九 會社ヲ代表スヘキ取締役ヲ定メタルトキハ其氏名

十　數人ノ取締役カ共同シ又ハ取締役カ支配人ト共同シテ會社ヲ代表スヘキコトヲ定メタルトキハ其代表ニ關スル規定

設立登記ノ手續ハ非訟事件手續法第一八九條ニ因ルベシ

設立登記ノ效果ハ會社ノ成立ヲ第三者ニ對抗スルコトヲ得ルノ外法律ノ規定スルトコロ左ノ如シ

一　會社ハ其本店ノ所在地ニ於テ登記ヲ爲スニアラザレバ開業ノ準備ニ着手スルコトヲ得ス(商第四六條)而シテ此登記ヲ爲シタル後六ケ月内ニ開業ヲ爲サヾルトキハ裁判所ハ檢事ノ請求ニ因リ又ハ職權ヲ以テ其解散ヲ命スルコトヲ得但正當ノ事由アルトキハ其會社ノ請求ニ因リ此期間ヲ伸長スルコトヲ得(商第四七條)

二　會社ガ本店ノ所在地ニ於テ設立ノ登記ヲナシタルトキハ株式引受人ハ詐欺又ハ强迫ヲ理由トシテ其申込ヲ取消スコトヲ得ス(商第一四二條)

三　株券ハ會社ガ本店ノ所在地ニ於テ設立ノ登記ヲ爲シタル後ニアラザレ

バ之ヲ發行スルコトヲ得ズ此ノ規定ニ反シテ發行シタル株券ハ無效トス但株券ヲ發行シタル者ニ對スル損害賠償ノ請求ヲ妨ゲス(商第一四七條)

四株式ハ本店ノ所在地ニ於テ會社ガ設立ノ登記ヲ爲スマデハ之ヲ讓リ渡シ又ハ其讓渡ノ豫約ヲ爲スコトヲ得ス(商第一四九條但書)

### 第二項　新株ノ發行

株式會社ニアリテハ其資本ハ初メヨリ確定シ從テ株式ノ數モ自カラ初メヨリ一定スルヲ要シ株式ノ數ニ其金額ヲ乘ズレバ資本ノ總額ヲ示スモノトナルナリ故ニ株式ハ妄リニ之ヲ增減スルコトヲ許サヾルハ明カナリ我商法ニ於テハ新株ノ發行ハ資本增加ノ場合ニ限リ之ヲ認メタリ抑モ株式會社ニ於ケル資本ノ增加ハ定款ノ變更ナリ故ニ株主總會ノ專屬事項ナリ(商第二〇八條)而シテ其決議ハ所謂特別決議ニ依ルコトヲ必要トス即チ總株主ノ半數以上ニシテ資本ノ半額以上ニ當ル株主出席シ其議決權ノ過

半數ヲ以テ之ヲ決セザルベカラズ(商第二〇九條第一項)若シ此定數ノ株主出席セザルトキハ出席シタル株主ノ議決權ノ過半數ヲ以テ假決議ヲ爲シ其假決議ノ旨意ヲ各株主ニ通知シ(無記名式ノ株券ヲ發行シタル場合ハ之ヲ公告シ)更ニ其通知ヲ發シ(公告ヲ爲シ)タル時ヨリ一ヶ月以内ニ於テ第二回ノ總會ヲ招集セザルベカラズ而シテ此ノ第二回ノ總會ニ於テハ株主ノ數代表セラレタル資本ノ額如何ヲ問ハス出席シタル株主ノ議決權ノ過半數ヲ以テ假決議ノ認否ヲ決スルコトヲ得(同上第二項)但第二回ノ總會ニ於テハ第一回ノ總會ニ於テ爲シタル假決議ヲ承認スルヤ否ヤヲ定ムルニアリテ之レガ修正又ハ補充ヲ爲スコトヲ得ザルナリ

資本增加ノ決議方法右ノ如シ然レドモ資本ノ增加ハ株金額完納ノ後ニアラザレバ之レヲ爲スコトヲ得ス(商第二一〇條)株金全額ノ拂込トハ資本ノ總額ニ對シテ事實上ノ拂込ノ完了アルコトヲ意味ス(私設鐵道法第二三條、保險業法第二〇條ニハ特別規定アリ)元來資本ノ增加ニハ二ツノ方法アリ第一ハ株金額ノ增加ナリ是レ甚ダ簡易ナル方法ナリト雖モ元來株主ノ責任ハ有限ナルヲ以テタトヘ株主總會ノ決議ヲ以テスルモ株金額ノ增加ヲ各株主ニ强制スルコトヲ得ス株金額ノ增加ハ唯株主全員ノ同意ヲ俟ッテ之レヲ行フコトヲ得ルノミ（三十二年十一月二十五日大審院判決參照）株金額ノ增加ニ因リテ資本ヲ增加スル場合ニハ新タニ株式ノ發生ナキコト勿論ナリ第二ハ新株ノ發行ナリ即チ新タニ株式ヲ發行シテ之レニ依リテ資本ヲ增加スルニアリ是レ上ニ述ベタル特別決議ニヨリ定款ヲ變更シ以テ資本ヲ增加スルモノニシテ法律ノ認ムル所ナリ而シテ此場合ニ於テハ資本ノ增加ハ同時ニ社員權ノ創設ノ效果ヲ生ス

資本增加ノ方法トシテ新株ヲ募集スルニ付テハ大體ニ於テ會社設立ノ場合ニ於ケル株式ノ募集ニ同ジ唯二三ノ點ニ於テ法律ノ規定ヲ異ニスルノミ

一　株式ノ申込ヲ爲スニハ株式申込證ニヨルヲ要ス株式申込證ハ取締役之ヲ作リ之ニ商第二一二條ノ三ノ第一號乃至第八號ニ揭ケタル事項ヲ記載スルコトヲ要シ且優先株ヲ發行スルコトヲ得優先株ハ種類ヲ異ニシ

テ發行スルコトヲ得ルカ故ニ若シ數種ノ優先株ヲ發行シタルトキハ株式申込人ハ株式申込證ニ其引受クヘキ株式ノ種類及各種ノ株式ノ數ヲ記載セサル可カラズ而シテ其申込ノ性質ハ會社設立ノ場合ト異ナルコトナシ額面以下ノ發行ヲ許サヾルハ勿論ニシテ若シ額面以上ノ價額ヲ以テ株式ヲ發行シタルトキハ其引受價額ノ記載ヲ要スルハ當然ナリ株式申込ノ取消ニ付テハ彼ハ會社ノ不成立ヲ條件トシ此ハ資本增加ノ登記ヲ爲サヽルコトヲ條件トス(商第二一二條ノ三)

二 第一回拂込ノ金額ハ株金額ノ四分ノ一ヲ下ルコトヲ得ス又額面以上ノ價額ヲ以テ株式ヲ發行シタルトキハ其額面ヲ超ユル金額ハ第一回ノ拂込ト同時ニ之ヲ拂込マシムルヲ要スルコト會社設立ノ場合ト同シ又株式引受人ガ拂込ヲ怠リタルトキハ商第一三〇條ノ制裁アルコト是レ亦設立ノ場合ト異ナラズ(商第二一九條、第一二八條)

三 各株ニ付第一回ノ拂込了リシトキハ取締役ハ遲滯ナク株主總會ヲ招集

シ之レニ新株ノ募集ニ關スル事項ヲ報告セザルベカラズ(商第二一三條)

又監査役ハ左ノ事項ヲ調査シ之レヲ株主總會ニ報告スルコトヲ要ス株主總會ハ又此等ノ事項ノ調査及ビ報告ヲ爲サシムル爲メニ特ニ檢査役ヲ選任スルコトヲ得(商第二一四條)

イ新株總數ノ引受アリタルヤ否ヤ

ロ各株ニ付第一回ノ拂込アリタルヤ否ヤ

調査ノ結果引受ナキ株式又ハ第一回ノ拂込未濟ノ株式アルトキハ取締役ハ連帶シテ其株式ヲ引受ケ又ハ其拂込ヲ爲ス義務ヲ負フ株式ノ申込ガ取消サレタルトキ亦同ジ(商第二一六條)特ニ注意スヘキハ從來金錢以外ノ財産ヲ以テ出資ノ目的トナシタル者アリシ場合ニ於テ之ニ對シテ與フル株式ノ數ヲ不當ト認メタルトキハ之ヲ減少スルコトヲ得タルモ改正商法ハ商第二一五條ヲ削除シ且此ノ場合ニハ株主總會ニ於テ決議シ其決議ノ事項ヲ申込證ニ記載スルコトヲ命シタルヲ以テ新株發行ニ因ル株主總會ニ於テ之ヲ左右ス

ルコトヲ得サルニ至レリ(商第二一二ノ二、第二一二ノ三)

四資本增加ノ效力發生ノ時期如何最初株主總會ニ於テ特別決議ニ於テ資本ヲ增加スベキコトヲ決議シタルノミニテハ未ダ資本ノ增加アリタルモノト稱スベカラザルハ明カナリ或ハ增加セントスル資本ノ總額ニ對シテ株式ノ引受アリタルトキハ確定的ノ拂込義務者ヲ生ズルガ故ニ現ニ第一回ノ拂込ヲ爲サストモ株主タル資格ヲ發生スト論スルモノアリ或ハ商第二一三條ニヨリ取締役ガ株主總會ヲ招集シ新株募集ニ關スル事項ノ調査及ビ報告ヲ爲シ其終結ヲ告ゲタルトキ資本增加ハ法律上成立シ此時ヨリシテ新株引受人ハ株主タルモノナリト云フモノアリ商第一一九條、第二一三條、第二一四條、第二一七條ノ規定ヲ對照シテ考フルトキハ最後ノ說ヲ以テ正當ナリト信ズ

五株主總會終結ノ日ヨリ二週間內ニ本店及ヒ支店ノ所在地ニ於テ資本增加ノ登記ヲ爲サヾルベカラズ其登記スベキ事項ハ左ノ如シ(商第二一七

條第一項)

イ増加シタル資本ノ總額

ロ資本增加ノ決議ノ年月日

ハ各新株ニ付拂込タル株金額

ニ優先株ヲ發行シタルトキハ其種類及ヒ其各種ノ株式ノ數

資本增加ノ登記ノ手續ハ非訟第一八九條ニヨルベシ

此登記ハ左ノ效果ヲ生ス

一會社ガ本店ノ所在地ニ於テ此登記ヲ爲スマデハ新株券ノ發行及ビ新株ノ讓渡又ハ其豫約ヲ爲スコトヲ得ス(商第二一七條第二項)此登記前ニ發行シタル株劵ハ無效ニシテ發行者ハ損害賠償ノ責任ヲ負擔セザルベカラズ(商第二一九條、第一四七條第二項)

二株式申込人ハ會社ガ本店ノ所在地ニ於テ資本增加ノ登記ヲ爲シタル後ハ詐欺又ハ强迫ヲ理由トシテ其申込ヲ取消スコトヲ得ス(商第二一九條

（第一四二條）

終リニ注意スベキハ新株ノ金額モ亦舊株ノ金額ト同一ナラザルベカラズ是レ株金均一ノ原則ノ結果當然ノコトナレバナリ故ニ在來ノ株金額ハ百圓ナルニ新株ノ金額ヲ五十圓ト爲スコトヲ得ズ然レドモ株金額ニ對スル拂込ノ多少ハ利益配當其他法律ニ別段ノ規定アル場合ノ外ハ株主トシテ有スル權利ニ影響ナシ之ヲ以テ新株主ハ株金ノ全額ヲ拂込マザル場合ニ於テモ議決權ニ付テハ舊株主ト異ナルコトナシ

## 第二款　株式ノ消滅

株式ノ消滅ハ株主權ノ終了ニアリ而シテ株主權ノ終了ニハ法人タル會社其モノヽ消滅ニ因ル場合ト株式自體ノ消却ニ因ル場合トノ二アリ又株式ノ併合モ一定ノ株式ヲ減殺スルモノナルヲ以テ其結果株式ノ消滅ヲ生ズ故ニ本款ニ於テハ此三ツノ場合ニツキ論述セントス尙ホ會社合併ノ場合ニ於テ株式ノ消滅ヲ來スコトアリト雖モソハ款ヲ別ニシテ之ヲ説明スベシ

茲ニ注意スヘキコト二アリ

一株主ノ失權ハ必ズシモ株式ノ消滅ヲ來スモノニアラズ株金滯納ノ場合ニ於テ滯納株主ヲシテ除權手續ニヨリ株主タルノ權利ヲ喪失セシムルハ單ニ特定ノ株主カ其權利ヲ失フニ止マリ株式其モノハ依然トシテ存在ス故ニ此場合ニアリテハ寧ロ株式ヲ處分スルガ爲メニ株主ノ權利ヲ失ハシムルモノニシテ株式ノ消滅ヲ來スモノニアラズ

二會社ハ自己ノ株式ヲ取得シ又ハ質權ノ目的トシテ之ヲ受ルコトヲ得ス（商第一五一條第一項）是レ自己ニ對スル權利ヲ自ラ取得スルノ變例ヲ生ズルノミナラズ會社財產ヲ減殺スル結果ヲ生ズルヲ以テナリ是ヲ以テ會社ガ此規定ニ反シテ自己ノ株式ヲ取得シ又ハ質權ノ目的トシテ之ヲ受ケタルトキハ其株式ハ效力ヲ失フモノト云ハサルヘカラス併シナカラ會社カ株主ニ對シ除權手續等ニヨリテ株主タル權利ヲ失ハシメタル場合ニ於テ一時其株式カ會社ノ有ニ歸スルハ例外トシテ法律ノ認ムルトコロナリ又株

式ノ競賣手續中ニ於テモ然リ(三十六年三月廿一日同年四月十八日大審院判決)又會社ノ取締役カ定款ニ定メタル一定數ノ株券ヲ監査役ニ供託スヘキハ(商第一六八條)取締役ヲシテ會社ノ事業ニ付利害關係ヲ生セシムルヲ目的トスルモノニシテ之ヲ質權設定ト解スヘカラサルナリ

### 第一項　會社ノ消滅

會社ノ消滅ニ二種アリ一ハ會社カ其設立行爲ノ無效ナルニ因リテ消滅スル場合ニシテ他ハ解散ノ事由ノ發生ニ因リテ消滅スル場合ナリ

**第一**　設立行爲ノ無效ニヨル會社ノ消滅

會社ノ設立行爲カ法律ノ强行的規定ニ反シ又ハ補足スルヲ得サル瑕疵アルトキハ其設立ヲ無效トナスコトハ各國ノ法律ノ採用スルトコロナリ我商法ニ於テモ例ヘハ定款ニ目的、商號、資本ノ總額、一株ノ金額、發起人ノ氏名住所等ヲ記載セサルトキハ會社ノ設立ヲシテ無效タラシム(商第一二〇條第一二一條參照)而シテ會社ノ設立カ無效トナル場合ニ於テハ團體的ノ存在ヲ認ムヘカラサルカ故ニ會社ナク株主ナク既ニ發行シタル株券モ效力ナク又債權債務ニ付テモ一トシテ會社ノ債權債務ト稱スヘキモノナキハ理論上當然ノ結果ナリサレト此ノ如ク理論上ノ結果ニ委スルトキハ其會社ト取引ヲ爲シタルモノニ著シキ不慮ノ損害ヲ蒙ラシメ殊ニ會社カ既ニ設立ノ登記ヲ爲シ營業ヲ開始シ數年ヲ經過セルニ拘ラス其設立ニ瑕疵アリタルカ爲メ其間ニ成立セル總テノ法律關係ヲ無效ニ歸セシムルハ商業取引ノ安固ヲ紊スコト甚タシト云ハサルヘカラス是ヲ以テ各國ノ法律皆之ニ對シテ緩和ノ策ニ出ツ我商法ニ於テハ獨逸商法ト同一ノ主義ヲ採用シ第二三二條ニ於テ會社カ事業ニ着手シタル後其設立ノ無效ナルコトヲ發見シタルトキハ解散ノ場合ニ準シテ清算ヲナスコトヲ要スト規定セリ即チ會社ノ第三者ニ對スル關係ニ於テモ社員ニ對スル關係ニ於テモ尚ホ清算ノ目的ノ範圍內ニ於テ會社ノ存續ヲ認メ清算ノ終結ニ因リテ初メテ會社ノ消滅ヲ來スコトトナセルナリ(商第八四條、第二三四條)

第二　解散事由ノ發生ニ因ル會社ノ消滅

株式會社ノ解散ノ事由ハ商法第二二一條ノ定ムル所ナリ

一存立時期ノ滿了其他定款ニ定メタル事由ノ發生
二會社ノ目的タル事業ノ成功又ハ成功ノ不能
三會社ノ合併
四會社ノ破產
五裁判所ノ命令
六株主總會ノ決議
七株主カ七人未滿ニ減シタルコト

而シテ會社カ解散シタルトキハ破產及ヒ合併ノ場合ノ外ハ其解散ノ日ヨリ二週間內ニ本店及ヒ各支店ノ所在地ニ於テ其登記ヲ爲シ而シテ取締役ハ遲滯ナク株主ニ對シテ其通知ヲ發シ且ツ無記名式ノ株券ヲ發行シタル場合ニハ之ヲ公告セサルヘカラス（商第二二四條、第二二五條、第七六條破產

法草案第一二四條、第一二八條、非訟第一五二條、第一五三條參照）
株式會社カ解散シタルトキハ合併及ヒ破產ノ場合ヲ除キ所謂法定清算ヲ爲サヽルヘカラス（商第二二六條第一項）此清算ハ定款ヲ以テスルモ株主總會ノ決議ヲ以テスルモ將タ株主全員ノ同意ヲ以テスルモ之ヲ省畧スルヲ得ス合併ニ因ル解散ノ場合ニ於テハ淸算ヲ爲スコトノ煩累ナキコトガ其法律上ノ特質ナルヲ以テ之ヲ省略スルコトヲ得ルハ言フヲ要セス又破產ノ場合ニ於テハ破產法ニ特別規定アルヲ以テ淸算ヲ爲スコトヲ要セサルナリ

抑モ解散ハ之ヲ文字ヨリ云ヘハ會社ノ消滅ト解セサルヘカラスサレト解散事由ノ發生ト共ニ會社ノ內外ニ於ケル法律關係ガ直チニ消滅スルモノニアラス即チ會社ハ淸算ノ目的ノ範圍內ニ於テ尙ホ存續スルモノト見做サル（商第八四條、第二三四條）而シテ此觀念ハ總テノ商事會社ニ共通ナルモノナリ今株式會社ニ付テ云ヘハ單ニ解散事由ノ發生ハ會社ノ組織ニ異動ヲ來タサヽルモノニシテ尚ホ株主總會アリ監査役アリ株主ノ固有權依然トシテ存續ス唯其會社ハ法律上豫定ノ存立ノ目的(營業行爲)ヲ遂行スル能ハサルヲ以テ從ッテ營業ノ存在ヲ條件トスル法律規定ハ自カラ適用ヲ失フノミ其結果營業ノ執行ヲ常職トスル機關タル取締役ハ解散ノ後ハ其存在ヲ認メラレズ又支配人ノ代理權ノ如キモノモ當然消滅ニ歸スベシ(四十四年月九日大審院判決參照)

清算人ノ撰任ハ商第二二六條ノ規定スルトコロナリ而シテ清算人ハ就職ノ後遲滯ナク會社財產ノ現況ヲ調查シ財產目錄貸借對照表ヲ作リ監查役ノ意見ヲ徵シ之ヲ株主總會ニ提出シ其承認ヲ求メザルベカラズ株主總會ハ檢查役ヲ撰任シテ其當否ヲ調查セシムルコトヲ得株主總會ノ承認アリシトキハ清算人ハ貸借對照表ヲ公告セザルベカラズ(商第二七四條、第一八三條、第二二七條)此ノ貸借對照表ヲ清算對照表ト云フ之ニ揭ケタル價格ハ實價ニ因リテ見積ラザルベカラザルコトハ清算ノ性質上當然ナリ又清算人ハ就職ノ日ヨリ二ケ月以内ニ少クトモ三回ノ公告ニ因リテ債權者ニ對シテ二ケ月以下ノ期間内ニ其請求ノ申出ヲ爲スベキコトヲ催告シ且ツ知レタル債權者ヘハ各別ノ催告ヲ爲スヲ要ス（商第二三四條、民第七九條、第八〇條）而シテ會社財產ヲ以テ會社ノ債務ヲ完濟スル能ハザルコトヲ發見シタルトキハ清算人ハ破產宣告ノ請求ヲ爲サヾルベカラス（商第二三四條、第九一條第四項、民第八一條第一項）

殘餘財產ノ分配ハ清算人ノ職務ニ屬ス而シテ其分配ハ債權者ニ辨濟ヲ爲シタル後ニアラサレハ之ヲ爲スコトヲ得ス（商第二三四條、第二三五條、第九五條）殘餘財產分配ノ比例ハ優先株ヲ發行シタル場合ニ於テハ其優先權ハ例外トシ其他ノ株主ニ就テハ定款ニ因リテ拂込ミタル株金額ノ割合ニ應シテ之ヲ爲ス（商第二二九條）殘餘財產ノ分配ニ付キテ株主ノ有スル權利ハ所謂債權者的權利ナリト解釋スルヲ定說ナリトス（本篇第一節第二款參照）清算人カ殘餘財產ノ分配ヲ爲シタルトキハ遲滯ナク決算報告書ヲ作リ之ヲ株主總會ニ提出シ其承認ヲ求メサルヘカラス株主總會ニテハ檢査役ヲ撰任スルヲ得而シテ株主總會ノ承認アリシトキハ清算人ニ不正ノ行爲アラサル限リ當然責任解除ノ效力ヲ生ス(商第二三〇條第一五八條第二項第一九三條)是ニ於テ對內關係タルト對外關係タルトヲ問ハス會社ノ存在消滅ス而シテ清算人ハ清算終了ノ登記ヲ爲スコトヲ要ス(商第九九條第二三四條、非訟第一七八條)尙ホ會社カ破產ニ因リテ解散スル場合ニ於テハ破產法ノ規定ニ從フヲ以テ清算手續ニ依ラザルコト上述ノ如シ而シテ解散シタル法人ハ破產ノ目的ノ範圍內ニ於テハ尙存續スルモノト看做サルルコト破產法草案第五條ノ規定スルトコロナリ故ニ會社ハ破產ニ因リテ解散スル場合ニ於テモ解散ト同時ニ當然消滅セザルコト明ラカナリ現行破產法ニハカヽル明文ナシト雖ドモ理論上同一ニ解スルヲ正當ナリト信ズ

### 第二項　株式ノ消却

株式ノ消却トハ株式其モノヽ滅殺ニ因ル株主權ノ除斥ナリ通常會社ノ資本

額多キニ過グルカ或ハ株式ノ數ヲ減シテ殘餘ノ株式ニ對スル利益配當ノ割合ヲ大ナラシメントスル場合ニ行ハル、モノナリ而シテ株主ニ配當スルコトヲ得ベキ利益(純益)ヲ以テ消却スルコトアリ此利益ニ因ラズシテ爲スコトアリ後ノ場合ニ於テハ會社ノ資本減少ノ規定ニ從ハザルベカラザルナリ

**一** 株主ニ配當スルコトヲ得ベキ利益ヲ以テ株式ノ消却ヲ爲ス場合ニ於テハ敢テ資本ヲ減少スルモノニアラズ資本維持ノ原則ヲ害セザルヲ以テ資本減少ノ規定ニ從フヲ要セズ(商第一五二條第二項但書)此ノ場合ニハ消却ノ後ト雖ドモ資本ノ總額ハ之ヲ貸借對照表ノ借方ニ掲ゲザルベカラズ然レドモ抽籤方法ニ依ルト自由買收ノ方法ニ依ルトヲ問ハズ豫メ定款ニ消却ノ方法其額及ビ其時期ヲ定メザレバ消却ヲ爲スヲ得ズ商第一五一條第二項但書ニ定款ニ定ムル所ニ從ヒ云々ト規定シ以テ之ヲ明ラカニセリ

**二** 株主ニ配當スルコトヲ得ベキ利益以外ノ財源ニヨリテ株式ヲ消却スル

トキニ於テハ會社ノ債權者ノ擔保ヲ薄弱ニスルノ結果ヲ生ズルコト必然ナリ故ニ此場合ニ於テハ資本減少ノ規定ニ從フノ外消却ヲナスコトヲ許サス（商第一五一條第二項）仍テ株主總會ノ特別決議ニ因リ之ヲ決定セザルベカラズ（商第二二〇條第一項）而シテ其決議ノ日ヨリ二週間内ニ財產目錄及ビ貸借對照表ヲ作ラシメ會社債權者ニ對シ二箇月以上ノ期間ヲ定メ公告及ビ各別ノ通知ヲ爲シ異議ヲ述ベタル債權者ニ對シテハ辨濟ヲ爲シ又ハ擔保ヲ供セザルベカラズ（商第二八〇條第七八條乃至第八〇條）此債權者ノ異議申出ノ期間ノ經過異議ヲ述ベタル債權者ニ辨濟ヲナシ又ハ擔保ヲ供スレバ玆ニ資本減少ノ效力ヲ生ズルモノナルヲ以テ此時ニ於テ始メテ株式ノ消却ヲ爲スコトヲ得ルモノナリ

株式ノ消却ノ方法ニ二アリ抽籤ト買收ト是ナリ前者ハ株主ノ意ニ反シテモ之ヲ行フカ故ニ强制的ノ消却ト云ヒ後者ハ任意的方法ナルヲ以テ之ヲ任意的消却ト云フ何レノ方法ニ因ルモ消却セラレタル株式ハ消滅ス從ッテタト

へ善意ニ其株券ヲ取得スルモノアルトモ株主タルコトヲ得ズ

### 第三項　株式併合

株式ノ併合ハ株式ノ數ヲ減殺スルモノニシテ單ニ資本減少ノ一方法トシテ行ハルヽモノナリ株式ヲ併合スルニ當リテハ株式ノ數ヲ減スルト同時ニ株金額ヲモ減スルコトアリ又株金額ヲ減セザルコトアリ若シ株金額ガ法定ノ最小額ナル時ハ單純ナル併合ヲ爲スノ外ナキコト云フヲ要セザルベシ而シテ株式ノ併合ハ何レノ場合ニ於テモ資本減少ノ效果ヲ生ズル者ナルヲ以テ資本減少ノ規定ニ從ツテ之ヲ爲サヽルベカラザルハ明カナリ

併合ハ株主總會ノ決議ヲ以テ强制スルヿヲ得ルヤ否ヤハ一ノ疑問ニシテ獨逸ニ於テモ學者ノ間ニ大ニ議論アル所ナリ獨逸商法ノ解釋トシテハ少クトモ併合ニ適セザル株數ヲ有スル株主ニ對シテハ其意ニ反シテ之ヲ處分スルヲ得スト爲スヲ正當ナリトス我商法ニ於テモ從來ハ此點ニ關シテ何等ノ規定ナカリシ爲メ獨逸商法ノ解釋ト同シク端株ヲ有スル株主ノ全體カ同意ス

ルニ非ラスンハ株主總會ノ決議ヲ以テ强制併合スルコトヲ得サルモノト解セサルヲ得サリキ然ルニ改正商法ハ第二二〇條ノ三以下ニ規定ヲ設ケ强制併合ヲ許セリ蓋シ既ニ資本減少ノ必要ヲ認ムル以上ハ之カ實行ヲ困難ナラシムルノ障碍ヲ除却スルハ理ノ當然ナレハナリ今强制併合ニ關スル新規定ノ要領ヲ説明スレハ左ノ如シ

會社ノ株主ニ對シテ一定ノ期間内ニ株劵ヲ會社ニ提供スヘク若シ然ラサレハ失權スヘキ旨ヲ通知シ且失權手續ノ規定ニ傚ヒ同趣旨ノ公告ヲ爲スコトヲ要ス此場合ニ株主カ株劵ヲ提供セサル場合若シクハ提供スルモ併合ニ適セサル株劵アル場合ニ於テハ其株主ヲシテ失權セシム其何レノ場合ニ於テモ會社ハ失權株主ノ氏名住所及ヒ失權株劵ノ番號ヲ公告スルコトヲ要ス而シテ會社ハ失效株式ニ代ヘテ新ニ發行シタル株劵ヲ競賣シ株數ニ應シテ其代金ヲ從前ノ株主ニ分配スルコトヲ要ス（商第二二〇條ノ二第二二〇條ノ三第二二〇條ノ四）

叙上ノ如ク通知及ヒ公告ヲ以テ失權ノ要件トスルカ故ニ株劵カ無記名式ナル場合ニハ株式ノ强制併合ヲ爲ス能ハサルヤノ感アリ何トナレハ無記名式ノ場合ニ於テハ通知ハ不能ナレハナリ然レトモ記名株ニ付テ强制併合ヲ許ス以上ハ無記名株ニ付テモ同一法理ヲ適用セサル可カラス故ニ予ハ吾商法ノ文理解釋ニ依ラス專ラ論理解釋ニヨリテ株式カ無記名ナル場合ニハ記名株式ノ場合ト異リ特別ノ通知ヲ要セス單ニ公告ノミヲ以テ失權セシメ得ルモノト解セント欲ス

## 第三欵　會社ノ合併

會社ノ合併ニ二種アリ一會社ガ他ノ會社ヲ吸收スル場合ト現存ノ二個以上ノ會社ガ合同シテ一ツノ新會社ヲ設立スル場合トナリ前者ヲ存續合併又ハ吸收合併ト云ヒ後者ヲ新立合併又ハ固有ノ合併ト稱セラル前者ノ場合ニアリテハ一ノ會社ガ消滅シテ他ノ存續スル會社ニ併合セラル丶モノニシテ後者ノ場合ニアリテハ現存ノ會社ハ皆消滅シテ新タニ一會社ヲ生ズルコト丶

ナル故ニ合併ハ會社解散ノ原因タルト同時ニ設立又ハ定款變更ノ原因タルモノナリ詳言スレバ合併ニヨリテ消滅スル會社ヨリ見レバ會社解散ノ原因トナリ又合併ニ因リテ新ニ生ズル會社ヨリ見レバ會社設立ノ一ノ原因トナリ又合併ノ後存續スル會社ヨリ見レバ資本及ビ株式ノ增加スルガ故ニ定款變更ノ原因トナルモノト云フベシ而シテ會社ノ合併ハ營業費用ヲ減シ業務ノ擴大ニ對シテ無益ノ競爭ヲ避ケ或ハ將ニ倒レントスル會社ヲ救フ等ノ種種ナル經濟上ノ理由ニ由リテ行ハル、モノナリト雖ドモ其法律上ノ效用ハ法律ニ規定セル清算手續ヲ爲サズシテ會社ノ財產ヲ自由ニ處分シ得ルノ點ニ存ス即チ第三者ニ對スル會社ノ營業取引ヲ斷絕スルノ不利益ヲ免カレントスルニアリ故ニ合併ノ效用ハ鐵道會社保險會社ニ於テ最モ有利ナリト云フベシ

合併ノ決議ハ特別決議ニ因ラザルベカラズ（商第二二二條）而シテ合併ヲ爲サントスルトキハ會社ハ株主ニ對シ一定期間內ニ株劵ヲ提供セサルトキハ

株主ノ權利ヲ失フヘキ旨ヲ通知スルコトヲ得(商第二二五條第二項)又合併ヲ爲スニ當リテハ債權者ノ利益ヲ害セザルコトヲ期セザルベカラズ故ニ合併ノ決議ヲ爲シタルトキハ決議ノ日ヨリ二週間內ニ財產目錄及貸借對照表ヲ作リ債權者ニ公告シ異議アラバ一定ノ期間內(二ヶ月ヲ下ルコトヲ得ズ)ニ其申立ヲナスベキ旨ヲ以テシ尙知レタル債權者ニ對シテハ各別ニ之ヲ催告スルヿヲ要ス而シテ其期間內ニ異議ノ申立ヲ爲サヾル債權者ハ合併ヲ承認シタル者ト看做サレ異議ヲ申立テタル債權者ニ對シテハ辨濟ヲナシ又ハ擔保ヲ供セザルベカラズ若シ此等ノ規定ニ反シテ合併ヲ爲シタルトキハ合併ハ完全ナル效力ヲ生セズ即チ公告ヲ爲サズシテ合併ヲ爲シタルトキハ一切ノ債權者ニ對シテ對抗スルヲ得ズ知レタル債權者ニ各別ノ催告ヲ爲サズシテ合併ヲ爲シタルトキハ催告ヲ受ケザリシ債權者ヱ對抗スルヲ得ズ又異議ヲ述ベタル債權者ニ擔保ヲ供シ又ハ辨濟ヲ爲サズシテ合併ヲ爲シタルトキハ其債權者ニ對抗スルヲ得ズ(商第二二五條第七十八條乃至第八〇條)

會社ガ合併ヲ爲シタルトキハ二週間內ニ於テ本店及ビ支店ノ所在地ニ於テ左ノ登記ヲ爲サヾルベカラズ(商第二二五條第八一條)

イ合併後存續スル會社ニ付テハ變更ノ登記

ロ合併ニ因リテ設立シタル會社ニ付テハ設立ノ登記

ハ合併ニ因リテ消滅シタル會社ニ付テハ解散ノ登記

而シテ改正商法ハ株主總會ニ於ケル合併決議ノ登記ヲ爲ス迄ハ記名株ノ讓渡ヲ禁スル旨ノ商第二二三條ノ規定ヲ削除セリ

會社合併ノ效力發生時期如何

當事者間ニ合併ノ契約成立ノトキニアラザルハ勿論ナリ又株主總會ニ於ケル合併ノ決議アリタルトキト云フヲ得ズ我商法ニ於テハ多少ノ疑ナキニアラズト雖モ合併契約ハ第三會社ノ成立ナケレバ效力ヲ生ゼスト云ハザルベカラズ故ニ第三會社成立シテ初メテ合併ハ成立スト解スルヲ正當ナリト信ズ但シ存續合併ノ場合ニ於テハ合併契約カ效力ヲ生スルトキト解ス

會社合併ノ法律上ノ效果ハ所謂包括承繼ノ原則ニ從フ解散シタル會社ノ財產ハ一團トシテ存續會社又ハ新立會社ノ財產ニ歸シ債權債務モ亦其會社ガ之ヲ一括シテ承繼ス其權利義務ノ移轉ハ何等ノ手續ヲ要セズシテ之ヲ第三者ニ對抗スルコトヲ得ベシ故ニ個々ノ債權ニ付讓渡アリトシ或ハ個々ノ法律關係ニ付更改アルモノト云フヲ得ズ債權者ハ當然合併ニ因リテ存續セル會社又ハ新立スル會社ノ債權者トナリ債務者モ亦其會社ニ對シ當然債務ヲ履行セザルベカラザルナリ(商第二二五條第八二條)

會社ノ合併ガ株式ニ對スル效果大略左ノ如シ

一　合併ノ結果解散スベキ會社ノ株主ハ合併ノ成立ト共ニ存續會社又ハ新立會社ノ株主權ヲ取得ス故ニ解散スベキ會社ノ株式ハ之レト共ニ消滅ス

二　存續會社ハ合併ノ爲メニ資本增加セラルベシ而シテ此資本增加ハ合併ノ結果トシテ生ズルモノナルヲ以テ商第二一〇條以下ノ規定ニ從フヲ

要セザルハ學者ノ見解殆ンド一致スル所ナリ而シテ資本ノ增加ニ對シテハ株式ヲ發行セザルベカラズ此場合ニ於テ新タニ發行スル株式ノ金額ハ在來ノ株式ト同一ナルヲ要スサレド此二者ニ就テ拂込ノ差等アルハ敢テ株式均一ノ原則ニ反スルモノニアラズ

三 新立會社ハ其資本額ニ對シテ株式ヲ發行セサルベカラズ此場合ニ於テハ株金額ヲ決定シテ豫メ之ヲ定款ニ記載セザルベカラザルコト明カ也

四 存續合併タルト新立合併タルトヲ問ハズ消滅會社ノ株主ニ對シテ割當ツベキ株式ノ數ハ併合契約ノ內容ニ因リテ定マル

而シテ併合ニ適セサル端株アルトキハ株主ハ其權利ヲ失フ此場合ニハ會社ハ新發行ノ株式ヲ競賣シ且株數ニ應シテ其代金ヲ從前ノ株主ニ交付スルコトヲ要ス(商第二二五條第二項)

## 第三節　株券ノ發行及其性質

株劵（Aktien-Urkunde）ハ會社設立ノ場合ニ於テハ會社ガ本店ノ所在地ニ於テ設立ノ登記ヲ爲シタル後ニアラザレバ之ヲ發行スルヲ得ズ（商第一四七條第一項）又會社ガ資本増加ノ爲メニ新株ヲ募集シタル場合ニ於テハ其本店ノ所在地ニ於テ資本増加ノ登記ヲ爲シタル後ニアラザレバ新株劵ヲ發行スルヲ得ス（商第二一七條第二項）若シ此ノ規定ニ反シテ株劵ヲ發行シタルトキハ其株劵ハ無效ニシテ其發行者ハ損害賠償ノ責ニ任セザルベカラズ（商第一四七條第二項、第二一九條）又此場合ニ於テハ之ヲ發行シタル發起人又ハ取締役ハ五圓以上五百圓以下ノ科料ニ處セラル（商第二六二條二ノ七舊商法ニ於テハ株金拂込ノ前後ニ因リテ假株劵ト本株劵トヲ區別セシモ現行商法ニ於テハ所謂假株劵ナルモノヲ認メザルナリ（舊商第一七八條商法施行法第五六條第五七條）

株劵ノ發行ハ法律ノ强制スル所ナリヤ否ヤハ獨逸ニ於テハ學者ノ間ニ議論アリサレド我商法ニ於テハ之ヲ强制スルモノト解セザルベカラズ定款ニ取

締役ノ有スベキ株式ノ數ヲ記載スルコトヲ要シ其定數ノ株券ハ監査役ニ供託スベキコトヲ命ジ拂込金額ハ株券ニ記載スベキコトヲ定メ株主タル權利ヲ行フニ當リ株券ノ供託ヲ必要トスル等(商第一二〇條第一六八條第一四八條)皆株券ノ發行ヲ前提トシテ設ケタル規定ナリ然レドモ株券ハ必ズシモ一株毎ニ之ヲ發行スルヲ要セズ十株券百株券等ヲ發行スルモ妨ゲズ但シ定款ノ規定ヲ以テ之ヲ株主ニ强制スルヲ得ザルハ勿論ナリ故ニ株主ハ會社ニ對シテ一株毎ニ一枚ノ株券ノ發行ヲ請求スルノ權利ヲ有スト云ハザルベカラズ反對說アルモ通說ニアラズ

株券ニハ左ノ事項及ビ番號ヲ記載シ取締役之ニ署名スルコトヲ要ス(商第一四八條)

一 會社ノ商號

二 本店ノ所在地ニ於テ設立ノ登記ヲ爲シタル年月日

三 資本ノ總額

四　一株ノ金額

五　毎回ノ拂込額

一時ニ株金ノ全額ヲ拂込マザル場合ニ於テハ拂込アル毎ニ其金額ヲ株券ニ記載スルコトヲ要ス但シ無記名株券ハ株金完納後ニ限リ發行セラル、ヲ以テ拂込額ヲ表示スル必要ナシ

六　株主ノ氏名商號若クハ名稱

是レ又無記名株券ニハ記載スルヲ要セザルハ勿論ナリ

又會社ガ資本増加ノ爲メ發行スル新株券ハ右ノ事項ノ外尙ホ左ノ事項ヲ記載スルコトヲ要ス（商第二一八條）

一　本店ノ所在地ニ於テ資本増加ノ登記ヲ爲シタル年月日

二　新株ガ優先株ナルトキハ其優先權

株券ハ固ヨリ記名式ナルコトヲ必要トセスサレド株金額完納ノ後ニアラザレバ無配名式ノ株券ヲ發行スルヲ得ズ（商第一五五條第一項我商法ハ株金全

額ノ拂込アリタルトキハ株主ハ其株券ヲ無記名式ト爲スコトヲ請求スルコトヲ得ルトシ又株主ハ何時ニテモ無記名式ノ株券ヲ記名式ト爲スコトヲ請求スルヲ得ト規定セリ(商第一五五條)此規定ハ强行的ノモノニシテ定款ヲ以テ左右スルヲ得ズトナスヲ正當トス尙國法上株主ノ資格ニ付制限ヲ設ケタル會社ニアリテハ特別法ヲ以テ無記名式ノ株券ノ發行ヲ禁セラルヽモノアリ(日本銀行條例第五條橫濱正金銀行條例第五條第六條參照)

株券カ有價證券ナルコトハ何人モ疑ハザル所ナリ無記名式ノ株券ニアリテハ株券ノ占有者ニアラザレバ株主タル權利ヲ行フコトヲ得ス記名株券ニアリテハ無記名株券ノゴトク株券ノ占有ハ常ニ株主權ノ行使ニ必用ナリト云フヲ得ザレドモ其讓渡ヲ會社其他ノ第三者ニ對抗スルニハ株券ニ讓受人ノ氏名ヲ記載スルコトヲ要ス(商第一五〇條)ルヲ以テ此場合ニ於テハ讓受人ニ於テ株券ノ占有ヲ得ザルベカラズ又株主權ノ行使ニ當リ株券ノ供託ヲ必要トスル場合ニ於テハ株券ノ占有者ニアラザレバ權利ヲ行使スルニ由ナシ故

ニ株券ハ單純ノ證書ニアラズシテ株主權ヲ表スル有價證券ナリト云ハザルベカラズ然レドモ株券ハ設權證券ニアラズ何トナレバ株券ハ會社ノ設立ノ登記ヲ爲シタル後ニ於テ初メテ發行スベキモノニシテ株主權ハ株券ノ發行ヲ俟ツテ初メテ成立スルモノニアラザレバナリ又株券ガ不要因的證券ニアラザルコトハ云フヲ俟タザルベシ(第一編第三節及第四節參照)株券ハ流通證券ナリヤ否ヤニ付テハ無記名株券ト記名株券トヲ區別シテ論セザルベカラズ無記名株券ハ單ニ其ノ引渡ノミニ因リテ移轉セラル丶モノナルヲ以テ流通證券ナルコト疑ナシ之ニ反シテ記名株券ハ其讓渡ヲ爲スニハ讓受人ノ氏名住所ヲ株主名簿ニ記載シ且其氏名ヲ株券ニ記載スルニアラザレハ之ヲ以テ會社其他ノ第三者ニ對抗スルヲ得ザルカ故ニ(商第一五〇條)流通證券ナリト云フヲ得ス然シナガラ現今ノ實際取引ニ於テハ記名株券ニ添付スルニ名義書換ノ白紙委任狀ヲ以テシ自由ニ輾轉セラレ既ニ大審院判決ニ於テ商慣習トシテ其有效ナルコト認メラレタルヲ以テ事實上ハ流通證

券ト同一視セラルル然リト雖モ記名株券ハ本來流通證券ニアラザルヲ以テ流通證券ニ適用セラルル、規定ハ當然記名株券ヲ拘束スルモノニアラズ例ヘバ記名株券ヲ喪失スルモ公示催告ノ手續ニ因リ除權判決ヲ以テ無效ノ宣言ヲ爲スベキモノニアラズ

## 第四節　株式ノ讓渡

株主權ハ讓渡ノ自由ナルコトヲ原則トス尤モ其讓渡ノ自由ハ株式會社ノ本體ニ屬セザルヲ以テ之ヲ制限シ或ハ禁止スルヲ得ルハ既ニ第一節ニ述ベタル所ナリ我商法ニ於テモ株式ノ讓渡ノ自由ヲ認メタリ(商第一四九條)而シテ會社解散ノ後ニ於テモ株主ハ株式ヲ讓渡スコトヲ得ルヤ否ヤハ舊商法ノ規定ニ就テハ學者ノ間ニ議論ヲ生ゼシモ現行商法ニ於テハ會社ノ解散ハ合併ノ場合ノ外ハ直ニ會社ヲ消滅セシムルモノニアラス淸算ノ目的ノ範圍内ニ於テ尚存續スルモノトシテ會社ノ組織ニ異動ヲ生ゼザルヲ以テ解散前ト同

ジク之ヲ譲渡シ得ルコト疑ヲ容レザルナリ

第一　譲渡ノ原則

株式ハ定款ニ別段ノ定メナキトキハ會社ノ承認ナクシテ他人ニ譲渡スルコトヲ得(商第一四九條)故ニ定款ニ於テ譲渡ヲ禁止シ又ハ制限セサル限リハ株式ハ會社ノ承認ヲ要セスシテ自由ニ之ヲ他人ニ譲渡シ得ルコトヲ原則トスサレド其會社ガ本店ノ所在地ニ於テ設立ノ登記ヲ爲ス迄ハ株式ノ譲渡又ハ譲渡ノ豫約ヲ爲スコトヲ得ザルナリ(同條但書)是レ會社ガ設立ノ登記ヲナス迄ハ其成立ヲ第三者ニ對抗スルヲ得ス又株券ノ發行ヲ爲スヲ得ザルヲ以テナリ此場合ニ於テハ株式ノ譲渡ヲ禁スルノミナラス株式譲渡ノ豫約ヲ禁スル所以ノモノハ會社ノ設立ヲシテ投機的ナラザラシメ且ツ設立ニ乘シテ不逞ノ徒ガ種々ノ詐害ヲ行フコトヲ防ガンガ爲メ也然ルニ現今取引上ノ實情ヲ見ルニ登記前ノ株式ノ豫約ハ權利株ノ賣買トシテ頻繁ニ行ハルヽガ如シ所謂權利株ノ賣買ハ商法第一四九條ノ明文ニ因リテ其無效ナルコト明白ニ

シテ大審院ノ判決ニ於テモ其無效ナルコトヲ宣言シ權利株ノ賣買ニ因リテ支拂ヒタル代金ハ當然取戻シ得ヘキモノトナセリ（三十四年一月十九日大審院判決）故ニ權利株ノ賣買ノ惡習ハ斷ジテ之ヲ排斥セザルベカラザルナリ又會社ガ資本增加ノ爲メ新株ヲ發行シタル場合ニ於テハ本店ノ所在地ニ於テ定款變更ノ登記ヲ爲スマデハ新株ノ讓渡又ハ其豫約ヲ爲スコトヲ得ス（商第二一七條第二項）其理由ハ上ニ述ベタル所ト同ジ尙ホ株主總會ニ於テ會社合併ノ決議ヲ爲シタルトキハ其決議ノ日ヨリ商法第八二一條ノ規定ニ從ヒ本店ノ所在地ニ於テ登記ヲ爲スマデハ株主ハ其記名株ヲ讓渡スコトヲ禁ゼラル（商第二二三條第二項）

## 第二　讓渡ノ效力及ビ對抗要件

株主權ハ純然タル債權ニアラズ故ニ株式ノ讓渡ハ全然債權ノ讓渡ヲ以テ律スルヲ得ス株主ハ純然タル權利ノミヲ有スルニアラズ義務モ亦株主權ノ內容ヲ爲スサレド前ニ述ベタル如ク株主權ハ一種ノ財產權ト見ルヘキコト學者

ノ通說ニシテ又我民法ハ記名株式ヲ一ノ指名債權トシテ觀察セルコト明カナリ(民第三六四條)是ヲ以テ株式ノ讓渡ニ就テハ之ヲ權利ノ方面ヨリ着眼シ權利ノ移轉ナリト論スルヲ學者ノ定說ト云フモ可ナリ而シテ其權利ノ讓受人ハ株主タルノ地位ヲ得ルモノニシテ即チ株式ノ讓受人ハ之ニ因リテ會社ニ對シテ權利ヲ得ルト共ニ株金拂込ノ義務ヲ負擔セザルベカラズ故ニ株金ヲ完納セザル株式ヲ取得シタルモノハ當然會社ニ對シテ其未拂金額ニ對シテ拂込ヲ爲スベキ義務ヲ有ス

株式ノ讓渡ハ賣買交換贈與ノ別ナク當事者間ニアリテハ單ニ意思ノ合致ニ因リテ效力ヲ生ズ然レドモ其讓渡ヲ會社其他ノ第三者ニ對抗スルニハ記名株式ト無記名株トニ因リテ其要件ヲ異ニス

### 甲　記名株式

記名株式ノ移轉ハ取得者ノ氏名住所ヲ株主名簿ニ記載シ且其氏名ヲ株劵ニ記載スルニアラザレバ之ヲ以テ會社其他ノ第三者ニ對抗スルコトヲ得ス即

チ其譲渡ヲ會社及第三者ニ對抗スルニハ左ノ二ツノ條件ヲ要ス

一 株券ニ譲受人ノ氏名ヲ記載スルコト

譲受人ガ商人ナル場合ニハ會社タルト否トヲ問ハス其商號ヲ記載シテ可ナリ而シテ通常譲渡人ハ署名(記名捺印)シテ以テ記載ノ眞實ナルコトヲ證ス

二 株主名簿ニ譲受人ノ氏名住所ヲ記載スルコト

株主名簿ハ株式ノ移轉ヲ明カニスル目的ヲ有スル商業帳簿ナリ株主名簿ニハ商第一七二條ノ法定事項ヲ記載シ會社ハ之ヲ本店ニ備ヘ置キ株主及會社ノ債權者ノ請求アレバ營業時間内ハ何時ニテモ閲覧ヲ許サヽルベカラス(商第一七一條第一七二條)株式ノ譲渡ニ際シテハ株主名簿ニ譲受人ノ氏名又ハ商號ヲ記載シ現在株主ノ何人ナルヤヲ知ルノ便ニ供ス而シテ會社ハ株式譲渡人ヨリ株主名簿ニ於ケル名義書換ノ請求ヲ受ケタルトキハ之ニ應シテ其書換ヲナスノ義務アルモノト云ハザル可ラ

ズ何トナレバ株式ノ讓渡ハ定款又ハ法律ノ規定ニ反セザル限リ自由ニ之ヲ成シ得ルモノニシテ株主ノ權利ニ屬スルモノナレハナリ故ニ會社カ其書換ヲ怠リ之カ爲メニ損害ヲ及ボシタル場合ニハ之ヲ賠償スルノ責任ヲ負ハサルベカラス然レトモ此ノ賠償責任ノ發生ト株式讓渡ノ對抗力トハ全ク別問題ナリ故ニタトヘ會社ノ怠慢ニ基ク場合ナリトモ苟モ株主名簿ニ法定ノ記載ヲ爲サヽル間ハ讓受人ハ株式ノ取得ヲ會社其他ノ第三者ニ對シテ主張スルヲ得ザルナリ（四十年十二月三十一日大審院判決）

右ノ二條件ヲ了スレバ讓受人ハ會社其他ノ第三者ニ對シテ其讓受ヲ對抗スルコトヲ得是ヲ以テ會社ニ對シテ株主權ヲ得利益配當ノ請求又ハ株主總會ニ於ケル議決權ノ行使ヲナスコトヲ得而シテ株主移轉ノ對抗力ヲ發生スル爲メニ右ノ二條件ヲ要スルコトハ當事者ノ任意ノ契約ニ基ク讓渡ノ場合ナルト强制競賣ノ場合ナルトニ於テ異ナルトコロナシ唯一言スベキハ右ノ二條件ハ讓受人カ會社其他ノ第三者ニ對抗スルニ必要ナルモノニシテ會社其

他ノ第三者ガ讓渡ノ當事者ニ對抗スルニ要スル條件ニアラス故ニ會社又ハ第三者ハ右ノ手續前ト雖トモ自己ノ利益ノ爲メニ讓渡ノ事實ニ基キテ株式ノ移轉ヲ主張スルコトヲ得ルモノナリ（三十八年十一月八日大審院判決）

記名株式讓渡ノ對抗要件上ノ如シ然ルニ取引ノ實際ニ於テハ記名株券ニ添ユルニ名義書換ノ白紙委任狀ヲ以テシ之レニヨリテ記名株券ヲ流通セシム而シテ此事ハ裁判所ニ於テモ商慣習トシテ有效ナルコトヲ認メタリ（三十五年六月十七日三十六年一月二十七日三十七年五月十日三十八年六月二十七日同年七月八日三十九年五月七日大審院判決）故ニ名義書換ノ白紙委任狀ト共ニ株券ヲ取得シタルモノハ之ニヨリテ會社ニ對シテ株主名簿ニ於ケル名義書換ヲ請求スルコトヲ得ルモノニシテ又更ニ白紙委任狀ヲ添ヘテ他人ニ讓渡スコトヲ得ルモノナリ

## 乙　無記名株式

無記名株式ノ讓渡ヲ會社其他第三者ニ對抗スルニハ單ニ株券ノ引渡ヲ必要トス是レ我民法ニアリテハ無記名債權ヲ動產ト見做シ而シテ無記名株券ハ

無記名債權ト見做サルヽヲ以テナリ(民第八六條、第一七八條)故ニ無記名株劵ハ流通證劵ナルコト明カナリ

此ノ如ク無記名株劵ハ單ニ交付ニ因リテ轉輾スルコトヲ得然レトモ會社ハ何人カ無記名株劵ノ現在ノ所有者ナルカヲ知ル能ハザルヲ以テ權利者ハ會社ニ對シ權利ヲ行使セントスルトキハ其證書ヲ呈示セザルベカラズ殊ニ無記名株劵ヲ有スルモノガ株主總會ニ於テ議決權ヲ行ハントセバ會日ヨリ一週間前ニ其株劵ヲ會社ニ供託スルコトヲ要ス(商第一六一條第二項)

## 第三　株式讓渡人ノ責任

株式ヲ讓渡シタルモノハ之ニヨリテ株主タル資格ヲ失フサレド法律ハ特ニ會社ノ基礎ヲ確實ニスル必要ヨリ株式讓渡人ニ對シテ株金拂込ニ付キ一種ノ擔保義務ヲ負擔セシム尤モ株式讓渡人ノ擔保義務ハ株金拂込ニ關シテノミ生ズルモノナルヲ以テ拂込完了ノ株式ヲ讓渡シタル場合ニ於テハ、其讓渡人ハ何等ノ責任ヲ負ハズ又無記名株劵ハ株金拂込後ニ於テ發行セラルヽモ

ノナルヲ以テ無記名株券ノ讓渡人ハ會社ニ對シテ此擔保義務ヲ有セザルナリ(商第一五三條乃至第一五五條)

イ株金ノ拂込ハ二週間前ニ之ヲ各株主ニ催告スルヲ要シ而シテ株主ガ期日ニ拂込マザルトキハ會社ハ更ニ一定ノ期間内(二週間ヲ下ラザル)ニ其拂込ヲナスベキ旨及ビ其期間内ニ拂込ヲ爲サヾルトキハ株主ノ權利ヲ失フベキ旨ヲ株主ニ通知スルヲ要シ而モ尙其株主ガ拂込ヲナサヾルトキハ其株主ハ當然株主タル權利ヲ失フコト既ニ述べシ所ナリ(商第一五二條第一五三條第一項)此場合ニ於テハ其株式ニツキ讓渡人存スルトキハ會社ハ各讓渡人ニ對シテ二週間ヲ下ラザル期間内ニ拂込ヲ爲スベキ旨ノ催告ヲ發セザルべカラス(商第一五三條第三項)是ヲ以テ株式讓渡人ハ株式ノ讓渡ノ後ニ於テモ會社ニ對シテ尙株金拂込ニツキ從タル責任ヲ有ス即チ其責任ノ發生ハ在來ノ株主ノ除權ヲ前提トス而シテ此責任ハ株式讓渡人ノ全員(中間株主ト稱セラル)ノ悉ク負擔スル所ナリ乍併此

催告ハ會社ガ資本ノ充實ヲ計ル目的ヲ以テ株式ノ競賣手續ニ移ル前ニ於テ將來株式競賣ノ場合ニ其不足金ヲ辨濟スベキ地位ニアル者(讓渡人)ニシテ株式ヲ取得スルノ機會ヲ與フルガ爲メニナスモノナルヲ以テ强制的ノ趣意ヲ有スルモノニアラス(三十九年三月三十一日四十年二月二十一日大審院判決)

ロ 株式讓渡人ガ此催告ニ應シテ滯納金ノ拂込ヲナシタルトキハ最モ先ニ拂込ヲ爲シタル讓渡人ハ株式ヲ取得ス(商第一五三條第二項後段)故ニ其讓渡人ハ株主タルコトヲ得ルモノニシテ同時ニ其他ノ讓渡人ハ滯納金拂込ノ義務ヲ免カル而シテ此場合ニ於ケル讓渡人ノ株主權ノ取得ハ新ニ株式ヲ取得シタルモノニシテ會社ハ之レニ對シテ株劵ヲ發行セザルベカラス(商第一四四條第一項第一五三條第二項第一五四條參照)又其株式ニ就テハ在來ノ株主(失權株主)及ビ前者(讓渡人)ハ毫モ法律關係ヲ有セス故ニ爾後株金ノ滯納アリタル場合ニ於テモ其責ニ任ズベキニアラズ尚從前ノ株主ノ失權ノ時ヨリ讓渡人ガ株式ヲ取得スル迄ハ一時其株式

ハ會社ノ有ニ歸スル者ニシテ商第一五一條ノ規定ニ反スト雖モ是レ法律ガ例外ノ場合トシテ認メタルモノナルコト既ニ前ニ述ベタルガ如シ

八 若シ讓渡人ガ拂込ヲ爲サヾルトキハ會社ハ株式ヲ競賣セザルベカラズ(商第一五三條第三項)此競賣ハ必ズ競賣法ノ規定ニ依テ之ヲ爲スコトヲ要ス(三十九年六月十四日大審院判決)競賣ニヨリテ得タル金額ガ滯納金額ニ滿タザルトキハ從前ノ株主(失權株主)ニ對シテ先ツ其不足額ヲ辨濟スベキコトヲ請求セザルベカラズ而シテ從前ノ株主カ二週間内ニ之レヲ辨濟セザルトキハ會社ハ讓渡人ニ對シテ其辨濟ヲ請求スルコトヲ得(商第一五三條第三項)而シテ此ノ請求ニヨリテ讓渡人カ辨濟ヲナスモ會社ハ尚其讓渡人ニ對シテ損害賠償及ビ定款ニ定メタル違約金ノ請求ヲ爲スコトヲ妨ゲズ(商第一五三條第四項)是レ競賣以前ノ催告ニ對シテ履行ヲナサヾリシ結果ナリ

二 株金拂込ニ關スル讓渡人ノ責任ハ株式ノ讓渡ヲ株主名簿ニ記載シタル

後二年ヲ經過シタルトキハ消滅ス(商第一五四條)然レ共此二年内ニ一旦讓渡人ノ辨濟履行ノ義務ヲ生ゼシムベキ事實發生シタルトキハ其責任ハ普通ノ時效ニ因ルニアラザレバ消滅セザルコト明カナリ而シテ其履行義務發生ノ事實トハ何ゾヤニ就テハ大ニ議論ノ存スル所ナレドモ大審院ハ讓渡人ガ商第一五三條第三項ニ依リ不足額辨濟ノ請求ヲ受ケタルニアリト判決セリ(三十九年三月三十一日、四十年二月二十一日同院判決)

## 第五節　株式ノ質入

株主權ハ一種ノ財産權ト見ルベキモノニシテ從テ之ヲ讓渡スルコトヲ得ルガ故ニ質權ノ目的トナスコトヲ得ルハ明カナリ民第三六四條第一項ハ指名債權ヲ以テ質權ノ目的ト爲シタルトキハ債權讓渡ノ規定(民第四六七條)ニ從ヒ第三債務者ニ質權ヲ通知シ又ハ第三債務者ガ之レヲ承諾スルニアラザレバ之レヲ以テ第三債務者其他ノ第三者ニ對抗スルコトヲ得ズト規定シ而シ

テ其第二項ニ於テ前項ノ規定ハ記名ノ株式ニハ之ヲ適用セストナセリ是レ一面ニ於テハ民法ガ記名株式ヲ指名債權ト見タルモノニシテ他ノ一面ニ於テハ記名株式ノ質入ノ方法ハ一般ノ指名債權ノ質入ノ場合ト異ルモノナルコトヲ明示セルモノナリ即チ記名株式質入ノ對抗要件トシテハ第三債務者ヘノ通知若クハ其承諾ヲ要セズシテ單ニ株券ノ交付ニ因リテ足ル民第三六三條)コトヲ定メタルモノニシテ此點ニ關シテハ一時議論紛々タリシモ現今學者ノ皆首肯スル所ナリ

元來現行民法草案ニ於テハ記名株式ノ質入モ記名社債ノ場合ト同ジク其對抗要件トシテ株主名簿ニ質權設定ノ記載ヲ爲スコトヲ要スト定メタルモ衆議院ニ於テ之ヲ削除シ之レニ代フルニ民第三六四條第二項ヲ以テスルニ至レリ是レ衆議院ガ株券利用ノ敏活ヲ重ンジ株式ノ質入ニ就テハ從來行ハルル所ノ白紙委任狀ヲ添付シテ株券ヲ交付スルノ商慣習ニ依ラントスルニアリタルコト疑フベカラズ而シテ白紙委任狀添付ノ方法ニヨル株券ノ處分

ハ既ニ前節ニ述ベタルガ如ク大審院判決ニ於テ其有效ナルコトヲ認メラレタルヲ以テ記名株式ノ質入ハ記名公債證劵記名社債劵ノ質入ノ如キ複雜ナル方法ニヨルヲ要セザルナリ然リト雖モ民第三六四條第二項ノ規定ニ於テハ立法論トシテハ種々ノ非難アルヲ免カレザルナリ(內外論叢第二卷第二號高根博士ノ「記名株式ノ質入」參照)

無記名株式ハ動產ト見做サル、ニヨリ一般動產質ノ原則ニ從フヲ以テ其株劵ノ占有取得ニヨリテ其質權ヲ第三者ニ對抗スルコトヲ得(民第三五二條)故ニ無記名株劵ノ質入ハ單ニ其株劵ノ引渡アレバ可ナリ

此ノ如ク株式ハ自由ニ質入スルヲ得ルモノナレドモ會社ハ定款ヲ以テ株式ノ讓渡又ハ質入ヲ禁止若クハ制限スルコトヲ得ルモノナリ故ニ定款ノ規定ニ於テ株式處分ノ禁止又ハ制限アル場合ニ於テハ其規定ニ從ハザルベカラズ(商第一四九條、民第三四三條、第三六二條參照)又會社ハ自己ノ株式ヲ質權ノ目的トシテ受クルコトヲ得ザルハ既ニ前ニ述ブル所ナリ然レドモ取締役ガ

其資格ヲ得ンガ爲メニ定款ニ定メタル一定數ノ株券ヲ監査役ニ供託スル場合商第一六八條)及ビ無記名式株券ヲ有スルモノガ議決權ヲ行使スル爲メ株主總會ノ日ヨリ一週間前ニ其株券ヲ會社ニ供託スル場合(商第一六一條第二項)ハ是レ當事者ノ意思ハ決シテ株券ニツキ質權設定ノ目的ヲ有スルモノニアラザルヲ以テ會社ガ自己ノ株式ヲ質權ノ目的トシテ受ケタルモノト云フヲ得ザルナリ

株式ノ質入ハ株主權ノ行使ヲ停止スルモノニアラズサレド其權利ノ行使ニ當リ株券ノ占有ヲ必要トスル場合ニ於テハ株式ノ質入ノ結果ハ其權利ヲ行使スルニ由ナキニ至ルベシ今議決權及ビ利益配當請求權ノ行使ニ對スル株式質入ノ效力ヲ述べ次ニ會社合併ノ場合ニ於ケル株式質入ノ效果ヲ説明スベシ

### 第一　株式ノ質入ト議決權

株式ノ質入ヲナシタル場合ニ於テハ其株主ハ其株主權ヲ讓渡シタルモノニ

アラズ又質權者ニ議決權行使ノ代理權ヲ與ヘシモノニアラズ又質權者ハ質權取得ノ當然ノ結果トシテ議決權ヲ行使シ得ル者ニアラズ故ニ質權ヲ設定シタル株式ヲ所有スル株主タリトモ定款又ハ法律規定ニ於テ何等ノ定メナキトキハ尙議決權ヲ行フコトヲ得ベシ

然レドモ法律規定又ハ定款ニ於テ議決權ノ行使ニハ株券ノ呈示又ハ其供託ヲ要スルコトヲ定メタル場合(商第一六一條參照)ハ如何

質權者ハ株主ノ爲メニ其占有スル株券ヲ呈示シ又ハ供託スベキ義務ヲ有スルモノニアラズ又株主ハ自己ノ名ニ於テ議決權ヲ行フコトノ代理權ヲ質權者ニ與フル義務ヲ有スルモノニアラズ故ニ此場合ニ於テハ當事者間ノ質契約ニ於テ何等ノ定メナキ時ハ結局議決權ヲ行使スルヲ得ザルニ至ルベシ(尤モ當事者ガ特約ヲ取結ベバ其有效ナルコト論ナシ)

サレド質權者ハ常ニ株券ノ占有ヲ有スルガ故ニ若シ其株券ガ無記名式ナル場合ニハ其占有者(質權者)ガ其株券ヲ會社ニ供託スルトキハ株主タルノ推定

ヲ受クベキヲ以テ自己ノ名ニ於テ議決權ヲ行フヲ得ベシ尤モ此場合ニ於テ會社ガ其占有者(質權者)ハ眞ノ株主ニアラザルコトヲ知ルトキハ會社ハ其表決ヲ拒ムコトヲ得ルハ言フヲ俟タズ

## 第二　株式ノ質入ト利益配當請求權

法律又ハ定款ノ定ムル所ニ從ヒテ配當スベキ利益存スル場合ニ於テ未ダ株主總會ノ議決ニヨリテ其配當額確定セザル前ニ單ニ利益ヲ配當スベキコトヲ請求スル權利ハ所謂抽象的利益配當請求權ト稱セラルヽモノニシテ此權利ハ定款ニ別段ノ規定ナキ限リハ敢テ株券ノ占有如何ニ關セズ株主タル資格ニ於テ當然有スル權利ナルヲ以テ株券ノ質入ト毫モ相干涉スルコナシ又毎期株主總會ノ決議ヲ經テ確定シタル利益配當ヲ請求スル權利(普通ニ利益配當請求權トハ此權利ヲ云フ)ハ株主タル資格ニ基キテ發生スルモノナレドモ一旦發生シタルトキハ株主ハ株主タル資格ト離レテ純然タル債權者タル地位ニ於テ會社ニ對シテ請求スルヲ得ルモノニシテ所謂債權者的權利ノ一

ナリ(本篇第一節第二款參照)故ニ此毎期ニ確定シタル利益配當ヲ請求スル權利ニ就テモ亦株式ノ質入ノ效果ハ毫モ影響ヲ及ボスモノニアラズ是ヲ以テ質契約ヲ以テ質權者ヲシテ其配當ヲ受領セシムルコトヲ特約セザル限リハタトヘ株主ハ其株券ヲ質入セシ場合ニ於テモ會社ニ對シテ他ノ株主ト同ジク請求スルコトヲ得尤モ利益配當確實セル場合ニ於テ質權者ハ其質權ノ實行トシテ民事訴訟法ノ規定ニ從ヒ之ヲ差押フルコトヲ得ルハ云フ迄モナシ

**第三**　會社合併ノ場合ニ於ケル株式質入ノ效果

會社ガ合併シテ舊株式ニ代ヘテ新株式ヲ發行スル場合ニハ舊株式ハ消滅ニ歸スベキコト論ナシ然ルニ物權ハ其目的タル物ノ消滅ニ因リテ消滅スベキモノニシテ是レ權利質ニ於テモ同一ナリ故ニ若シ何等ノ規定ナキトキハ舊株式ニ對シテ質權ヲ有スルモノハ合併ニヨリ其株式消滅スルト共ニ全ク質權ヲ失フコト明カナリ然ルニ質權ニ就テハ民第三〇四條ノ特別規定準用セラレ(民第三五〇條)其結果トシテ質權ノ目的物消滅スルトキハ質權者ハ全ク

質權ヲ喪失スルヲ原則トスルモ其滅失ニ代ヘテ債務者ガ金錢其他ノ物ヲ受クベキ片ハ債務者ガ其代償物ノ引渡ヲ受クルニ先チ其物ヲ差押フルニ於テハ其物ニ對シテ前同樣ノ質權ヲ行フコトヲ得ルモノトス會社合併シテ舊株式消滅スル場合ニ於テ之ニ代ヘテ新株式ヲ與フルハ方ニ民第三〇四條ノ「債務者ガ受クベキ金錢其他ノ物」ニ相當ス故ニ會社ガ合併スル場合ニ於テ合併ノ爲メニ消滅スベキ會社ノ株式ノ上ニ設定セラレタル質權ハ合併ノ爲メニ消滅スルニ至ルモ質權者ハ債務者ガ新株ノ割當ヲ受クル前之ヲ差押フルトキハ新株式ニ對シテ從前ノ株式ニ對スルト同ジク質權ヲ行フコトヲ得然ルニ改正商法ハ單ニ民法ノ規定ヲ準用スルヲ以テ足レリトセス更ラニ商第二二〇條ノ五ノ規定ヲ設ケ「株式併合ノ場合ニ於テ從前ノ株式ヲ目的トスル質權ハ併合ニ因リ株主ガ受クベキ株式及金錢ノ上ニ存在ス」ト規定シ此ノ資本減少ノ場合ニ於ケル株式併合ノ規定ヲ會社合併ノ場合ニ於ケル株式併合ノ場合ニ準用セリ此規定ノ效果ハ上來論述シタル所ト異ナラズ只民法ヲ

適用セズシテ直ニ商法ヲ適用スルノ結果ヲ來スニ過ギズ

序ニ一言スベキコトアリ會社ノ定款ニ於テ新株式ハ舊株式ト引換ニ之ヲ引渡スベシトノ規定アル場合ニ於テ會社ガ此規定ニ反シ新株ヲ引渡シタリトスルモ從來ノ規定ニ於テハ決シテ不法ノ行爲ニアラザリシモ改正商法ハ特ニ新株式ノ上ニ質權ノ存在スベキコトヲ規定シタルヲ以テ改正商法ノ解釋トシテハ質權者ノ權利ヲ侵害スル不法行爲ト斷ゼザル可カラザルベシ

# 第三編　物權的有價證券論

## 緒論

物權的證券トハ既ニ第一編第三章ニ於テ述ベタルガ如ク元來其證券ノ表彰スル所ノ權利ノ本質ハ證券ニ記載セラレタル貨物ノ引渡ヲ請求スル債權ニ外ナラザレドモ同時ニ物權的效力ヲ隨伴シ證券ノ讓渡ハ之ニ記載シタル貨物ノ讓渡ト同一ノ效力ヲ有スル特質ヲ有スル證券ヲ云フ我商法ニ於テハ物權的證券トハ次ノ三種ヲ認ム

一、陸上運送ニ於ケル貨物引換證(商第三〇〇條以下)
二、海上運送ニ於ケル船荷證券商第六二〇條以下)
三、倉庫營業ニ於ケル倉庫證券(商第三五八條以下)

此等ノ證券ガ我國ニ於テ物權的證券タルノ法律上ノ根據ハ商第三三五條ノ

規定ナリ改正商法ニ於テハ同條ヲ改正シテ「貨物引換證ニ依リ運送品ヲ受取ルコトヲ得ベキ者ニ貨物引換證ヲ引渡シタルトキハ其引渡ハ運送品ノ上ニ行使スル權利ノ取得ニ付キ運送品ノ引渡ト同一ノ效力ヲ有ス」ト規定シ以テ從來學者間ニ論爭セラレタル疑點ヲ一掃シタリ今右ノ改正法ヲ見ルニ獨逸商法四五〇條ヲ其儘採用シテ運送品ノ上ニ行使スル權利ノ取得ニ付キ云々トシタルハ稍々不正確ノ譏リヲ免レス何トナレバ獨法ニ於テハ物ノ引渡ハ物權取得ノ條件タルモ吾國法ニ於テハ物ノ引渡ハ物權ノ取得ヲ第三者ニ對抗スル條件タルニ過ギザレバナリ從テ此點ニ付テハ「運送品ノ上ニ行使スル權利ヲ以テ第三者ニ對抗スルニ付キ云々」ト解スルコトヲ要ス以上ノ批難アルニ拘ハラズ同條ノ改正ハ學者實際家ノ歡迎スル所ナリ蓋シ舊規定ハ所有權移轉ノ場合ニノミ適用セラレタルニ反シ改正法ハ證券受授ノ際ニ於ケル當事者ノ意思如何ニ依リ或ハ所有權ノ移轉トナリ或ハ質權ノ設定トナルコトアルベク或ハ占有權ノ取得トナルコトアルベシ從テ其適用ノ範圍ハ舊規

定ニ比シテ一層擴大セラレタリ且舊規定ニ於テハ裏書ニヨリテノミ讓渡スル場合ニ限局セラレタルモ改正商法ハ裏書ナクシテ單ニ荷送人ガ運送人ヨリ得タル貨物引換證ヲ其名宛人ニ引渡ス場合ニ於テモ又物權的效力ヲ生ズルニ至レリ

一問題アリ改正法ハ「貨物引換證ニヨリ運送品ヲ受取ルコトヲ得べキ者ニ貨物引換證ヲ引渡シタルトキ云々」ト規定セルヲ以テ引換證ニ依リテ運送品ヲ質入スル場合ニハ裏書ニ其旨ヲ附記セザル可カラザル歟之レナリ積極説アルモ予ハ消極説ヲ採ラントス其理由ハ民第三六六條ガ指圖債權ノ質入裏書ニ其目的ヲ示スコトヲ要ストセルハ質權對抗ノ最少要件ヲ定メタルモノニ過ギス從テ普通裏書アル以上ハ質權ヲ以テ第三者ニ對抗スルヲ妨ゲズト信ズレバナリ少クトモ引換證ノ質入ニ付テハ商第三三五條ニ引換證ニ依リテ運送品ヲ質入スルニ付キ其旨ノ附記ヲ要求セザル點ヨリ推論シテ消極説ヲ採用ス

抑法律ガ商業取引ノ敏活ヲ計ルノ目的ヲ以テ物權的證券ナルモノヲ認メタル以上ハ其證券ノ有スル物權的效力ハ單ニ所有權移轉ニノミ限定スベキモノニアラズ所有權以外ノ質權留置權占有權等ノ物權ニ關シテモ其效力ヲ認ムベク證券授受ノ場合ニ於ケル當事者ノ意思如何ニヨリテ其設定又ハ移轉セラル、物權ノ性質ヲ決定スベキナリ例ヘバ當事者ガ所有權移轉ノ意思ヲ以テ證券ヲ授受スレバ其證券ノ引渡ト共ニ之ニ記載セル貨物ノ所有權移轉セラレ又當事者ノ意思質權ノ設定ニアレバ證券ノ引渡ハ其證券ニ記載セル貨物ノ質入ノ效果ヲ生ゼザルベカラザルナリ而シテ此ノ如キ證券ノ物權的效力ハ其證券ガ指圖式タルト無記名式タルトニヨリテ異ナル所ナキヲ當然トス故ニ獨逸商法第四五〇條ニアリテハ證券ノ引渡ハ物品ノ上ニ存スル權利ノ取得ニ就テハ物品ノ引渡ト同一ノ效力ヲ有スト規定シ以テ其適用ノ範圍ヲ所有權移轉ニノミ限ラズ且ツ指圖式タルト無記名式タルトニヨリ異ラザルコトヲ明ニセリ然ルニ舊規定第三三五條ハ裏書ニヨリテ貨物引換證ヲ譲渡シタルトキハ運送品ノ譲渡ト同一ノ效力ヲ有スト規定セリ故ニ貨物引換證(船荷證券及ビ倉庫證券ニ就テモ同ジ)ヲ取得シタル被裏書人(譲受人)ハ其證券ノ交付ヲ受クルト同時ニ其證券ニ記載セラレタル貨物ノ所有權ヲ取得スルコトハ何人モ首肯スル所ナリサレド同條ハ只貨物ノ所有權移轉ニノミ關シタルモノナルヤ質權又ハ留置權等ニ就テハ本條ノ適用ナキヤ換言スレバ本條ニ於ケル譲渡ノ文字ハ之ヲ引渡ノ意味ニ解スルコトヲ得ルヤ即チ此等ノ證券ヲ取得セル被裏書人ハ證券ノ交付ト共ニ占有權ヲ取得スルヤ否ヤノ疑問ヲ生シ或ハ解釋ヲ以テ法ノ缺點ヲ補充セントシ或ハ其不當ヲ鳴ラシ議論囂々タリキ

今參考ノ爲メ舊規定ニ對スル學者ノ批難ヲ左ニ掲グ

積極論者ハ曰

商第三三五條ニ譲渡ノ文字ヲ用ユルカ故ニ若シ之ヲ嚴格ニ解スルトキハ所有權移轉ノ場合ニノミ限定セザルヲ得ズサレド物權的證券ノ裏書移轉ヲ以

テ單ニ所有權移轉ニ就テノミ物權的效力ヲ認ムルト爲スハ餘リニ法文ニ拘泥セル解釋ト云フ可シ

抑物權ノ設定及移轉ハ當事者ノ意思表示ノミニヨリテ其效力ヲ生ズルコト我民法第一七六條ノ定ムル大原則ナリサレバ運送品又ハ在庫品ニ就テモ此規定ノ適用ヲ除外スルヲ得ザルモノニシテ其讓渡ニ關スル當事者ノ意思表示ハ何等ノ形式ヲ要セズシテ直ニ其效力ヲ發生スベキナリ敢テ商第三三五條ノ裏書ニヨリテノミ其所有權ヲ移轉シ得ルモノト解スベカラザルナリ故ニ商法第三三五條ヲ設ケタル所以ハ運送品上ノ權利ヲ處分スルニハ運送品其モノヲ以テスル外貨物引換證ヲ以テモ之ヲ爲スコトヲ得ルヲ定メタルニアリト云ハザルベカラズサレバ商第三三五條ハ運送品上ノ權利移轉ノ方法ヲ規定シタルモノニアラズシテ權利移轉ノ對抗要件タル引渡ニツキ法律ガ擬制ヲ設ケタルモノトナスヲ正當トス是ヲ以テ商第三三五條ニ於ケル讓渡ノ文字ハ之ヲ引渡ト同意義ニ解シ證券ノ取得者ハ法律ノ擬制ニヨリテ貨物

ノ引渡ノ效果ヲ歸着セシメラレタルモノニシテタトヘ事實上ノ占有(所持)ナキモ證券ノ取得ト共ニ占有權ヲ取得ス故ニ商第三三五條ノ規定ハ貨物ノ所有權移轉ノミニ關セズ廣ク貨物上ノ權利處分ノ場合ヲ包含シ質權及留置權ノ設定移轉ニ就テモ適用アルモノト解セザルベカラズ

消極論者ハ曰

證券ノ引渡ト貨物ノ引渡トハ同一ノ效力ヲ生ジ證券ノ取得者ハ其貨物ニ就キ占有權ヲ取得スルモノナルコトハ物權的證券ノ性質ニ適合スルモノナリサレド我法制ニ於テハ所有權ノ設定移轉ト占有權ノ設定移轉トハ其法律上ノ根據ヲ異ニス前者ヲ以テ直ニ後者ヲ推定スルヲ許サズ運送契約ノ當事者間ノ關係ニ於テハ運送人ハ荷送人ノ爲メニ運送品ニツキ代理占有ヲナスモノナリト解スルヲ得ベキモ當初運送契約ノ當事者タラザル貨物引換證ノ被裏書人ニ就テハ此代理占有ヲ以テ論ズルヲ得ズ我民法及商法ニ於ケル讓渡ノ文字ハ常ニ所有權移轉ノ場合ニノミ使用セラルヽコトハ嚴乎トシテ動カ

スベカラズ商第三三五條ヲ以テ法律ガ貨物ノ占有權ヲ擬制セルモノトナスハ何等ノ法律上ノ根據ナシ是ヲ以テ貨物引換證ノ裏書讓渡ハ運送品ノ所有權ノ移轉ノ效力ヲ生ズレドモ運送品ノ引渡ト相渉ラザルモノニシテ證券ノ取得ト共ニ占有權ノ移轉アリト解スルヲ得ズ故ニ商第三三五條ハ質權留置權等ニ適用セラルヽモノニアラズ

思フニ物權的證券ニ就テハ獨乙商法第四五〇條ノ如ク規定スルヲ以テ最モ其性質ニ適合セルモノトナスハ學者ノ皆一致スル所ニシテ消極説ヲ主張スル者モ立法論トシテハ大ニ我商法第三三五條ノ規定ヲ非難シテ措カザル所ナリ又積極論者ハ證券ノ取得者ハ法律上貨物ニツキ占有權ヲ取得スト主張スレ共貨物ニ對シテ事實上ノ占有(所持)ナキコトハ決シテ爭ハザル所ナリ故ニ議論ノ岐ルヽ根本ノ點ハ商第三三五條ノ讓渡ノ文字ヲ引渡ト同意義ニ解シ得ヘキヤ否ヤニ歸着ス而シテ積極論者ハ此點ニ就テ論ジテ曰ク凡テ物權ノ設定移轉ハ當事者ノ意思表示ノミニヨリテ成立スルヲ我民法ノ原則トス

(民第一七六條)故ニ商第三三五條ノ規定ハ運送品ニ對スル權利移轉ノ方法ヲ規定セルモノニアラズ其對抗要件タル引渡ニツキ法律ガ擬制ヲ設ケタルモノニシテ商第三三五條ノ讓渡ノ文字ハ之ヲ引渡ト解スベキナリト夫レ運送品ノ讓渡ハ貨物引換證ノ裏書ニノミヨリテ讓渡サルヽモノニアラズ故ニ貨物引換證ノ裏書讓渡ガ運送品ノ所有權移轉ノ唯一ノ方法ニアラス是レト同時ニ貨物引換證ノ裏書讓渡ニヨル運送品ノ所有權ノ移轉ハ第三者ニ對シテモ對抗スルコトヲ得ルハ亦疑ヲ容レズサレド證券ノ裏書讓渡ガ對抗力ヲ有スルヲ以テ直ニ占有權ノ存在ヲ斷ズルハ早計ニ失ス證券ノ裏書讓渡ガ對抗力ヲ有スト八裏書ニヨリテ證券ヲ取得シタルモノハ其記載貨物ノ所有權取得ニツキテハ引渡ヲ要セズシテ之ヲ第三者ニ對シテ主張スルヲ得ルコトヲ定メタルモノナリ然レ共所有權ノ設定移轉ハ必ズシモ占有權ヲ隨伴セズ兩者ハ別個ノ觀念ニシテ其成立ニハ各々法律上ノ根據ヲ有セザルベカラズ故ニ商第三三五條ニヨリ直ニ證券ノ取得ト共ニ貨物ノ占有權ヲ取得スト云フ

ハ妥當ナラズ即商第三三五條ハ唯所有權移轉ニノミ關スル規定ニシテ質權留置權等ニ適用セラレザルモノト解セザル可カラズ而シテ岡松博士ハ積極說ヲ採ラレ(內外論叢第三卷二號倉庫證券ノ效力「岡松博士論文參照)岡野博士ハ消極論ヲ主張セラル(法學協會雜誌第二十一卷第十號『物權的效力ヲ有スル有價證券』岡野博士論文參照)

然レトモ積極論ニヨルモ消極論ニヨルモ證券ノ被裏書人(取得者)ハ貨物上ノ所有權取得ニ就テハ之ヲ何人ニモ對抗スルコトヲ得レ共其貨物ニ就テ事實上ノ占有(所有)ナキコト明ナリ故ニ現實ナル占有其モノ、變動ヨリ生ズル損害ヲ免カル、コトヲ得ザルナリ例ヘバ運送人ガ運送契約ヲ無視シ故ニ運送品ヲ他人ニ賣却シ又ハ過失ニヨリテ之ヲ失ヒ其運送品ガ轉輾シテ善意ノ第三者ノ手ニ歸シタルトキハ其第三者ハ民第一九二條以下ノ規定ニヨリテ所有權ヲ取得スルニ至ルベシ此場合ニ於テハ證券所持人ハ運送人ニ對シテ損害賠償ノ請求ヲ爲シ得ルコト勿論ナレドモ證券上ノ權利ハ之ヲ行フニ由ナク往々不慮ノ損害ヲ被ルコトアリシハ事實ナリキ

# 第一章　貨物引換證論

## 第一節　貨物引換證ノ發行及其形式

貨物引換證(Ladeschein)ハ陸上運送品轉換ノ用ニ供スル證券ニシテ船荷證券ニ倣ヒタルモノナリ詳言スレバ一方ニ於テハ運送ノ爲メニ委托セラレタル貨物ヲ運送人ノ手中ニ在ル間ニ於テ之ヲ利用シ他方ニ於テ荷受人ト運送人トノ間ニ直接ノ債權的關係ヲ生ゼシムルガ爲メニ發行セラル、モノナリ而シテ貨物引換證ノ作成ハ運送契約成立ノ要素ニアラザルモノニシテ運送契約ノ成立後荷送人ノ請求ニ因リ運送人ニ於テ之ヲ作成セザル可ラズ(商第三三三條)運送人ガ自カラ署名シ之ヲ荷送人ニ交付スルニヨリテ效力ヲ生ズ鐵道運送ニ於テハ貨物引換證ハ大荷物ノ運送ニ限リ交付セリ(鐵道運輸規程第八九條)貨物引換證ニ記載スル事項ハ商第三三三條ノ規定スルトコロナリ

一、運送品ノ種類重量又ハ容積及其荷造ノ種類個數並ニ記號

二、到達地
三、荷受人ノ氏名又ハ商號
四、荷送人ノ氏名又ハ商號
五、運送賃
六、貨物引換證ノ作成地及作成年月日
尙鐵道運送ノ場合ハ右ノ外左ノ事項ヲ記載スルコトヲ要ス(鐵道運輸規程第八九條)
七、發送停車場ノ名稱
八、到達停車場及所屬鐵道名
九、價格ヲ明告スベキトキハ其價格
十、運送便ノ種類
十一、運送賃支拂ノ方法、割增金、料金ノ額及其受否
十二、運送狀ニ記シタル貨物ノ受付番號

上記記載事項ノ一ヲ缺クトキハ貨物引換證ハ效力ナキヤ否ヤニ就テハ獨逸新商法ノ解釋トシテ學者ノ間ニ議論アリト雖モ我商法ノ解釋トシテハ上記ノ記載事項ハ必ズ之ヲ記載セザルベカラザルモノニシテ若シ此要件ノ一ヲ欠缺セバ證券ハ無效トナルモノナリ(三十九年六月二十日大審院判決)但運送賃ノ記載ニ就テハ必ズシモ數額ヲ明記スルヲ要セズ算定ノ標準ヲ知リ得レバ足レリ又運送賃ガ前拂(支拂濟)ナルトキハ記載ナキモ可ナリ(三十七年五月廿八日三十七年六月十七日大審院判決)尙上記ノ記載事項以外ノ運送ニ關スル事項ハ法令又ハ證券ノ本質ニ反セザル限リハ記載スルモ妨ゲナク之ヲ記載スルトキハ證券上ニ其效力ヲ生ズルコト既ニ第一編第六章ニ述ベタリ(青木氏商行爲論第二六〇頁乃至二六三頁引用)運送取扱人カ貨物引換證ヲ作リタルトキハ自ラ運送ヲ爲スモノト看做サル(商第三二七條二項)

## 第二節　貨物引換證ノ性質

貨物引換證ハ運送狀ト同ジク運送契約締結ノ形式ニアラズ故ニ運送狀モ貨

物引換證モ共ニ所謂設權證券ニアラズ運送契約ノ成立後前者ハ運送人ノ請求ニヨリテ荷送人之ヲ作成シ後者ハ荷送人ノ請求ニヨリテ運送人之ヲ交付スルコトヲ要ス(商第三三二條第三三三條)而シテ運送狀ハ單純ナル證據證券ニ過ギザルモ貨物引換證ノ法律上ノ性質ハ一ニハ委託サレタル貨物(運送品)ヲ受取リタルコトノ證券ニシテ二ニハ此證券ノ所持人ニ貨物ヲ引渡スコトノ義務負擔ヲ自認シタル證券ニシテ三ニハ此ノ證券ノ作用ニ依リテ記載貨物ノ融通ヲ計ラントスル物權的證券ナリトス其法律上ノ特質ハ左ノ如シ

第一　貨物引換證ハ債務負擔ノ證券ナリ

運送狀ハ單純ナル證據證券ナレドモ貨物引換證ハ運送人ヲシテ荷受人ニ對シテ運送品引渡ノ義務ヲ負擔セシムルモノニシテ獨逸學者ノ所謂債務負擔ノ證券ナリ而シテ其債務ノ實質ハ委託サレタル貨物ノ引渡ニアリ

第二　貨物引換證ハ物權的證券ナリ

荷物引換證ノ表彰スル權利ハ元來委託貨物(運送品)ノ引渡ヲ請求スルコトヲ

得ル債權ナルモ此ノ證劵ノ移轉ハ同時ニ記載貨物ノ引渡ト同一ノ物權的效力ヲ生ス商法第三三五條ハ運送品ヲ受取リ得ヘキ者ニ貨物引換證ヲ引渡シタルトキハ運送品ノ上ニ行使スル權利ノ取得ニ付運送品ノ引渡ト同一ノ效力ヲ有スト規定セリ是レ貨物引換證ハ本來一ノ債權ヲ表彰スル證劵ナレドモ之ニ物權的效力ヲ附與セシモノニシテ其詳細ハ既ニ本篇緒論ニ詳述セリ貨物引換證ハ物權的證劵タル效果トシテ證劵ノ所持人ハ運送品ノ到達前ト雖ドモ完全ナル處分ノ權能ヲ有ス(商第三三四條ノ二)又運送人ニ對シテ運送ヲ中止セシメ或ハ運送品ヲ自己ニ引渡サシメ或ハ運送狀ニ記載セル者ニ引渡ヲナサヽルコトヲ命ズルヲ得(商第三四二條)證劵ノ所持人ガ運送品ノ處分權ヲ有スル點ヨリシテ此等ノ證劵ヲ處分證劵トモ稱ス

第三　貨物引換證ハ證劵的權利ヲ表スルモノナリ

貨物引換證ヲ作成セシムルヤ否ヤハ荷送人ノ自由ニ屬スル所ニシテ貨物引換證ハ設權證劵ニアラズ荷送人ト運送人トノ間ノ關係ハ一ニ運送契約ニヨ

リテ其權利義務ヲ決セザルベカラス然レトモ一旦貨物引換證ヲ作成シタルトキハ運送人ト此證券所持人トノ間ノ權利義務ノ範圍ハ證券ニ記載セル文言ニヨリテ定マルモノニシテ假令當事者ノ特約タリトモ之レヲ證券ニ記載セザル以上ハ對抗力ヲ有セズ商第三三四條ガ貨物引換證ヲ作成シタルトキハ運送ニ關スル事項ハ運送人ト所持人トノ間ニ於テハ貨物引換證ノ定ムル處ニヨルト規定セルハ此ノ意義ヲ明カニセルモノナリ或ハ運送人ハ單ニ運送品トシテ受領シタル物品其モノヲ引渡セバ責ヲ免ル丶モノニシテ證券ニ記載シタル所ト其種類其重量ニ於テ符合セザルモ運送人ハ證券的ノ義務ヲ負擔セズト論ズルモノアリ是レ我ガ商法ニ於テハ第三三四條ノ外ニ獨逸商法第六五二條ノ如キ運送品表示ノ爲メニスル記載事項ノ正確ナルコトニ付キ運送人ニ責任アル旨ノ規定ナキ立法上ノ不備ヨリシテ推論セルモノナルベキモ貨物融通ノ目的ヲ有スル物權的證券ノ本質ニ反スルノ解釋ト云ハザルベカラズ何トナレハ證券ノ授受ニヨリテ貨物移轉ノ作用ヲ全カラシメン

トセバ相手方ヲシテ一ニ其證券ノ記載事項ニ信頼シ得ルニアラザレバ取引ノ安全ヲ計ルヲ得ズ抑モ運送人ト荷送人トノ間ノ關係ニ於テハ其權利義務ハ運送契約ニヨリテ定マルモノナルガ故ニ受領貨物ヲ引渡セバ之ニ依リテ運送人ハ荷送人ニ對シテ其責ヲ免ル丶コトヲ得ベシ然レドモ運送人ガ一旦貨物引換證ヲ發行シタルトキハ其證券ノ記載事項ニ從フテ其ノ責ニ任ゼザルベカラザルハ商法第三三四條ノ規定ノ精神ヨリ云フモ殆ンド疑ヲ容レザル所ナリ故ニ貨物引換證ハ證券的權利ヲ表スル證券ナリト云ハザルベカラズ從テ運送品ノ種類、數量、容積、品質等ノ如キ運送賃ノ額ノ如キ到達地ノ如キ運送人ト證券所持人トノ間ニ於テハ皆證券ノ定ムル所ニヨリテ決定セラレ何々ノ事項ハ運送契約ニヨルトノコトヲ其證券ニ明言セザル限リハ假令運送契約ニ於テ反對ノ特約アルモ善意ノ所持人ハ毫モ其拘束ヲ受クルモノニアラズ

然レドモ貨物引換證ノ發行者ハ決シテ手形ノ如ク不要因的債務ヲ負フモノ

ニアラズ手形ニアリテハ商法第四三五條ノ規定ニヨリテ發行者ハ眞ニ手形行爲ヲナシタル以上ハ絕對的ニ手形ノ文言ニ從ヒ責任ヲ負ハザルベカラズ手形資金ヲ受取リタルト否トニ關セズ手形金額ヲ必ラズ支拂ハザルベカラズ然レドモ貨物引換證ニアリテハ其發行ニヨリテ獨立的ノ債務ヲ負フモノニアラズ商第三三四條ガ運送ニ關スル事項ハ運送人ト所持人トノ間ニ於テハ貨物引換證ノ定ムル所ニ因ルト規定スルヲ見ルモ運送人ト所持人トノ間ノ關係ハ尙ホ運送行爲ヲ前提シ之ヲ離脫スルコトヲ得ザルモノナルヲ知ルベシ貨物引換證ハ學者ノ所謂受領ノ承認ヲ包含スルモ給付ノ約束ヲ包含セズ運送人ノ運送品引渡ノ義務發生ノ根據ハ證券發行ニアラズシテ運送契約ノ締結ニアリ唯々荷送人ノ請求ニヨリ證券ヲ發行スルハ運送人ノ義務ニ屬スルヲ以テ其發行行爲ニ對シテ運送人ハ責任ヲ有シ又其證券ノ性質トシテ善意ノ取得者ニ對シテハ記載事項以外ノ事ニ就テハ抗辯ノ制限ヲ認メラルルノミ故ニ運送人ハ證券ノ所持人ニ對シテハ其記載事項ニ從ヒテ權利義務

ヲ負ハザルベカラザルモ其責任ハ運送人タル資格ニ根據シテ之ヲ負フモノナリ故ニ運送品ガ不可抗力又ハ運送人ノ責メニ歸スベカラザル事由ニ依リテ滅失又ハ毀損シタルトキハ運送人ニ於テ其損害ヲ負擔スルヲ要セズ此場合ニ於テ運送品ガ滅失シタルトキハ運送人ハ證券面ノ荷物ヲ自カラ調達スルノ義務ナク證券所持人ハ其引渡ヲ請求スルコトヲ得ザルナリ(商第三三六條乃至第三四一條參照)

第四　貨物引換證ハ受戻證券ナリ

貨物引換證ハ證券的權利ヲ證スル證券タルノ結果トシテ受戻證券ナリ即チ貨物引換證ヲ作成シタル場合ニ於テハ之レト引換ニアラザレバ運送品ノ引渡ヲ請求スルコトヲ得ズ(商第三四四條)又運送人ハ證券ト引換ニアラザレバ荷物ノ引渡ヲ拒絕スベキナリ此拒絕ハ運送人ノ權利ニシテ同時ニ義務ナリ(三十七年四月四日大審院判決)

貨物引換證ハ受戻證券ナルヲ以テ之レヲ喪失シタルトキハ公示催告ノ申立

ヲナシ除權判決ヲ得ルカ又ハ商法第二八一條ニヨリテ履行ヲ求ムルニアラザレバ所持人ハ證券上ノ權利ヲ行フヲ得ズ(第一編第一四條參照)
尙ホ鐵道運送ニ關シテハ運輸規程第一〇〇條ヲ以テ特ニ一ノ救濟方法ヲ定メタリ(靑木氏商行爲論第二六七頁二六八頁引用)

第五　貨物引換證ハ法律上當然ノ指圖證券ナリ

商法舊規定ニ於テハ貨物引換證ハ法律上當然ノ指圖證券ニ非ラサリキ然ルニ改正商法ハ「貨物引換證ハ其記名ナルトキト雖モ裏書ニ依リテ之ヲ讓渡スコトヲ得但貨物引換證ニ裏書ヲ禁スル旨ヲ記載シタルトキハ此限ニ在ラス(商第三三四條ノ三)ト規定シ此規定ヲ船荷證券及ビ倉庫證券ニ準用シタルヲ以テ貨物引換證ハ法律上當然ノ指圖證券タル性質ヲ有スルニ至レリ
貨物引換證ハ之ヲ無記名式ニテ發行スルヲ得ルヤ否ヤニ關シテハ議論アル所ナリキ靑木博士ハ舊規定ノ解釋トシテ消極說ヲ主張セラレ(博士著商行爲論第二六三頁以下參照)反之東京控訴院ハ嘗テ「貨物引換證ハ特ニ之レニ付無記名式ノ發行ヲ許

サヽル規定存セザルヲ以テ商業證劵一般ノ性質上無記名式ニテ發行シ得ルモノト云ハザルベカラズ」ト判決セリ改正商法ハ商第二八二條ニ於テ商第四四九條ノ二ヲ準用セルヲ以テ「甲又ハ持參人」ノ形式ニヨル無記名證劵ト爲スコトヲ得ルニ至レルガ如シ而シテ現今ノ慣習ハ一般ニ無記名式ノ發行ヲ認ム

## 第三節　所持人ニ對スル運送人ノ責任

貨物引換證ハ證劵的權利ヲ表スル證劵ナレドモ運送人ト所持人トノ間ニ不要因的債務ヲ發生スルモノニアラザルコトハ前述セシ如シ然ラハ若シ運送人ガ證劵面記載ノ物品ト全然異ナリタル物品ヲ證劵所持人ニ引渡シタルトキハ如何或ハ全然異ナラズトモ品質ニ於テ非常ノ相違アルモノヲ引渡シタル場合ハ如何例セバ實際ノ運送品ハ綿ナリシ場合ニ證劵ニハ生絲ト記載セシトキノ如キ又ハ運送品ハ砂石ヲ包藏シタルモノナルニ證劵ニハ米俵ト記

載セシトキノ如キ場合ハ如何如斯不實ノ事項ヲ證券ニ記載セシ場合ニ於ケル運送人ノ責任ハ左ノ如ク之ヲ區別シテ論ゼザルベカラズ

一、運送人ガ荷送人ト共謀シテ不正ノ證券ヲ發行シ以テ第三者ヲ害セントスル考ナリシトキハ其證券ノ善意取得者ハ發行者ニ對シテ證券上ノ貨物ノ引渡ヲ請求スルコトヲ得ベキモ素ヨリ斯ノ如キ運送人ハ履行ヲ爲シ得ルモノニアラザルベキヲ以テ畢竟損害賠償ノ責ニ終ルベシサレド此場合ニ於テハ運送人ハ刑事上ノ責任ヲ以テ論ゼラルベシ

二、荷送人ノ詐欺ニ依リ土砂ノ類ヲ包藏シテ米俵トシテ運送ヲ委托セラレシ場合ニハ運送人ガ之レヲ知ラズシテ證券ニ米俵ト記載シ此證券ガ善意ノ取得者ノ手ニ歸シタルトキハ其關係甚ダ複雜ナリ抑モ運送人ト運送契約ヲ結ビタル荷送人トノ關係ハ一ニ運送契約ニヨリテ定マルモノナルガ故ニ運送人ハ荷送人ニ對シテハ自己ガ委托サレタル物品ヲ引渡シタルコトノ證明ヲナセバ其責任ヲ免ルヽモノナリ然レドモ證券ノ所

持人ニ對シテハ運送人ハ單ニ此證明ヲ爲スモ責任ヲ免ル、ヲ得ズ何トナレバ第三者ハ證券ノ記載事項ニ信ヲ措キテ取引ヲナスモノナルガ故ニ運送人ガ單ニ運送品トシテ受領シタルコトヲ證明シ得レバ證券面ト異リタル物品ヲ引渡サル、モ默止セザルベカラズトセバ何人モ安ンジテ證券ヲ取得スルモノナク貨物融通ノ目的ヲ以テ發行セラル、物權的證券ノ作用ハ停止セラル、ニ至ルベシサレド又運送人ノ側ヨリ觀察スレバ運送品ハ多クハ種々ノ外包ヲ以テ荷造ノ上ニテ委托セラル、モノニシテ引受ノ際一々之ヲ開封シテ其内容ヲ檢査シ更ニ再ビ荷造スルガ如キコトハ實際上到底不可能ノコトニ屬ス元來運送人ハ小額ノ運賃ノ爲メニ從事スルモノナルガ故ニ如斯重大ナル義務ヲ負ハシムルハ甚ダ酷ナリト云ハザルベカラズ然ラバ此場合ニ於ケル運送人ノ責任ノ程度ハ何ニ依リテ之レヲ斷定スベキモノナリヤ我商法ニ於テハ此點ニ關シテハ唯タ第三三四條ノ規定アリテ貨物引換證ノ證券的權利ヲ表スルモノナルコトヲ言明セルノミ而カモ此第三三四條ハ手形ニ關スル第四三五條ノ如ク絶對的ニ解釋スベキモノニアラザルコトハ前述セリ故ニ所持人ニ對スル運送人ノ責任ノ範圍ヲ決定スルニハ第一ハ其證券ノ性質ヨリ觀察シ第二ハ運送人ハ證券ノ發行ニ依リテ所持人ニ對シテ不要因的債務ヲ負擔セズシテ運送人タル資格ニ根據シテ證券ノ文言ニ就キ責任ヲ負フモノナルノ點ヲ基礎トシテ之レヲ論定セザルベカラズ

(イ)貨物引換證ニ於テハ法令ノ强行的規定又ハ證券ノ本質ニ反セザル限リ如何ナル事項ヲ記載スルモ其記載ハ所持人ニ對シテ對抗力ヲ有ス故ニ運送人ガ證券面ニ於テ中品不明又ハ中味不檢査ト明記セル場合ニ於テハ運送人ハ中品ト表示トノ相違ニ付キ責任ヲ負ハズ乍併運送人ガ中品ノ何タルカヲ知リ居ルニ拘ラズ又ハ運送人ノ過失ニヨリテ之ヲ知ラザル場合ニハ假令中味ノ不知ヲ明記スルモ之ヲ以テ證券所持人ニ對抗スルヲ得ズ

(ロ)運送人ガ證券ニ中品不檢査又ハ中味不明ト明記セザル場合ニアリテモ運送品ノ性質上中味ヲ知ルヲ得ザル場合ニハ運送人ハ中味ト表示トノ相違ニ付キ責ヲ負ハズ例セバ罐詰等ノ場合ノ如シ

(ハ)其他ノ場合ニ於テハ運送人ハ證券ノ記載ニ從ヒテ其責ニ任ゼザルベカラズサレド固ヨリ荷送人ニ對スル求償權ノ行使ヲ妨ゲザルナリ

要之貨物引換證ハ證券的權利ヲ表スルモノナルヲ以テ一旦之レヲ發行スルトキハ運送人ハ所持人ニ對シテ其記載事項ニ從ツテ其權利義務ヲ定ムベキモノニシテ假令當事者間ノ特約タリトモ證券ニ記載セザル以上ハ所持人ヲ拘束スルヲ得ズ之レト同時ニ貨物引換證ハ不要因的證券ニアラザルヲ以テ手形ノ如クニ證券ノ發行ト共ニ獨立的ノ債務ヲ發生スルモノニアラズ貨物引換證ヲ發行シタル場合ニ於テモ運送人ノ運送品引渡シノ義務ハ運送契約ニ基因ス商法第三三四條ガ運送ニ關スル事項ハ云々ト規定セルヨリ見ルモ運送人ハ證券所持人ニ對シテモ運送人タル資格ニ於テ其義務ヲ有スルモノ

ナルコト明白ナリ是ヲ以テ運送人ガ所持人ニ引渡シタル物品ト證券ニ記載ノ物品ト異ナル場合ニ於テ運送人ガ貨物引換證ノ記載事項ニツキ責ヲ負ハザルベカラザル理由ハ貨物引換證ガ不要因的證券ナルガ爲メニ非ズシテ貨物引換證ガ證券的有價證券タル性質ヲ有スルト運送人ガ正確ナル貨物引換證ヲ作成セザルベカラザル義務ヲ怠リシ點トニ存ズト云ハザルベカラズ換言スレバ運送人ハ正確ナル貨物引換證ヲ荷送人ニ交付セザルベカラザル義務ヲ有スル者ニシテ若シ貨物引換證ガ正確ナラザルガ爲メニ所持人ガ損害ヲ蒙リシトスレバ之レ運送人ガ運送人タル義務ヲ盡サヾリシモノニシテ運送人ハ其ノ責ニ任ゼザルベカラズ即チ貨物引換證ノ記載事項ガ引渡貨物ト相違セル場合ニ於テ其記載文言ニ從テ運送人ガ責任ヲ負フハ不法行爲ノ原則ニ基ク者ニシテ此責任ノ發生ニハ故意又ハ過失アルコヲ要ス故ニ運送人ニ故意ナク且ツ運送人トシテノ相當ノ注意ヲ盡シタルモ尙ホ中品ト表示トノ相違セルコヲ發見スル能ハザリシ場合ニハ運送品トシテ受領シタルモノ

ヲ引渡シタル旨ヲ證明セハ運送人ハ之レニ因リテ所持人ニ對シテモ其責ヲ免カルヽコトヲ得ルモノト信ズ(三十七年三月二十五日大審院判決參照)

## 第四節　貨物引換證ニ關スル法律關係

### 第一款　運送契約

貨物引換證ハ運送契約ノ效力トシテ運送人ガ荷送人ノ請求ニヨリテ交付スベキ證券ナリ故ニ貨物引換證ニ關スル法律關係ヲ明カニセントセバ必ズ運送契約ノ何タルカヲ説明セザルベカラズ而シテ運送契約ハ荷送人ト運送人トノ間ニ於テ運送ノ爲メニ締結スル契約ナルヲ以テ先ツ運送ノ意義ヲ述ベ次デ運送契約ノ法律上ノ性質及ビ其當事者ノ權利義務ニ及ブベシ

#### 第一　運送ノ意義

運送トハ之ヲ廣義ニ解スレバ陸上タルト海上タルトヲ問ハズ物品又ハ旅客ヲ一所ヨリ他所ヘ輸送スルヿヲ云フ獨逸ノ學者ハ此廣義ノ運送ヲ其運送セ

ラル、目的物ニヨリテ區別シテ物品運送旅客運送及通信運送ノ三ツトナス然レドモ電信郵便ニヨル通信ノ如キハ之ヲ運送ト説明スルハ當ラサルコト多數學者ノ首肯スル所ナリ我國ニ於テモ郵便ニ就テハ明治三十三年法律第五十四號ノ電信法アリテ運送ニ關スル商法ノ規定ヲ適用セズ

狹義ノ運送トハ所謂通信運送ヲ除キタル物品又ハ旅客ノ運送ヲ云フ我商法ニ於テハ更ニ之ヲ陸上運送ト海上運送トニ分テリ陸上運送トハ陸上又ハ湖川港灣ニ於テ物品又ハ旅客ヲ目的トスル運送ヲ云ヒ海上運送トハ海上ニ於テ物品又ハ旅客ヲ目的トスル運送ヲ云フ商法第三編第八章(商第三三一條以下)ハ前者ニ關スル規定ニシテ同第五篇第三章(商第五九〇條以下)ハ後者ニ關スル規定ナリ獨逸ニ於テハ國內水上ニ於テ船舶ヲ以テスル運送ハ千八百九十五年六月十五日ノ法律ヲ以テ特別法ヲ設ケ(獨商施行法第一二條參照)タレドモ我國ニ於テハ陸上運送ハ廣ク陸上又ハ湖川港灣ニ於ケル運送ト規定スルヲ以テ(商第三三一條)國內運送ハ陸上タルト水上タルトヲ問ハズ陸上運送

ニ屬シ商第三三一條以下ノ規定ノ適用ヲ受ク而シテ湖川港灣ノ範圍ハ明治三十二年遞信省令第二十號ニヨリテ平水航路ノ區域ニ依ルモノトナセリ(明治三十三年十二月遞信省令第八十七號船舶檢査施行細則參照)

尙地下鐵道ニヨル運送ノ如キ又ハ輕氣球ヲ利用シテ空中運送ノ途開ケナバ此等モ亦陸上運送ノ範圍ニ屬スベキモノナリ(靑木氏商行爲論第二四九頁乃至二五一頁引用)

鐵道運送ニ就テハ明治三十三年法律第六十五號鐵道營業法同年八月遞信省令第三十六號鐵道運輸規程及之ニ關スル諸種ノ命令アリ而シテ其官設タルト私設タルトヲ問ハズ特別ノ法令無キ限リハ商法ノ陸上運送ニ關スル規定ノ準用ヲ受ケザルベカラズ

次ニ運送ノ觀念ニハ必ズシモ距離ノ遠近ヲ問ハズ同地又ハ同町内ニ於ケル運輸モ亦運送ト云フコトヲ得又輸送ノ方法如何ヲ問ハズ車輛船舶ノ如キ道具ニヨルモ牛馬人類ノ力ニヨルモ電氣水力等ニヨルモ敢テ關スル所ニアラズ然レドモ我商法ニ於テハ運送ト云ヘバ商行爲タルベキモノヲ指示スルモ

ノニシテ專ラ賃金ヲ得ル目的ヲ以テ勞務ニ服スル者ノ行爲ハ商行爲ニアラザルヲ以テ(商第二六四條但書)專ラ賃金ヲ得ントスル車夫ノ如キハタトヒ運搬ニ從事スルモ之ヲ法律上運送人ト稱スルヲ得ズ從テ其行爲モ運送ト云フヲ得ザルナリ

### 第二　運送契約ノ性質

運送契約ハ民法ノ請負ノ一種ナリト解スルヲ正當トス(民第六三二條)即チ運送人ガ物品又ハ旅客ノ運搬ノ完了ヲ荷送人ニ約シ荷送人ハ其運搬ノ結果ニ對シテ之ニ報酬(運賃)ヲ支拂フコトヲ約スルニヨリテ成立ス故ニ運送契約ハ雙務契約ニシテ同時ニ諾成契約ナリ又有償契約タルヲ本來ノ性質トスレドモ運送人ガ偶々或運送ヲ無償ニ引受クルコトアルモ法律上敢テ妨ゲザル所ナリ運送契約ハ運送ノ種類ニ應ジテ陸上運送契約海上運送契約ト區別スルコトヲ得ベク又此二者ニ就テ更ニ物品運送契約旅客運送契約ト細分スルヲ得ベシサレド貨物引換證ハ陸上運送ニ於ケル物品運送ノ場合ニノミ作成セ

ラル、モノナルヲ以テ以下唯此範圍內ニ於テ論述セントス
運送契約ノ締結ハ民法ノ契約ニ關スル一般ノ原則ニヨルベキモノニシテ特ニ云フベキコトナシ鐵道營業法第六條ニハ運送ノ强制ヲ定ムレドモ普通ノ運送ニ就テハ運送人ニ此義務ヲ負擔セシメズ又運送契約ノ締結ハ形式ヲ要セズ通例運送狀ヲ發行スト雖ドモ之レ契約締結ノ後ニ於テ運送人ノ請求ニヨリテ荷送人ガ發行スルモノニシテ契約成立ノ要素ニアラズ(商第三三二條)
運送狀ノ效用ハ荷受人ニ運送契約ノ內容ヲ知ラシメ運送人ニ對シテ到達地及ビ荷受人ヲ明カニシ且ツ運送人ヲシテ運送品運賃其他當事者間ニ約シタル事項ヲ調査スルニ便利ヲ與フルニ過ギズシテ單純ナル證書ナリ之レニヨリテ證劵的權利ヲ發生セザルハ勿論運送契約ノ內容ヲ證スルニ當リテモ運送狀ハ唯一ノ證據ニ非ズシテ反對ノ擧證ヲモ認メザルベカラズ是レ貨物引換證トハ大ニ法律上ノ性質ヲ異ニスル所ナリ而シテ運送狀ニ記載スベキ事項ハ商第三三二條第二項ニ規定セラル此等ノ事項ヲ記載セザル時ハ之レガ

爲メニ證據證劵タルノ效力ヲ具ヘザルモノナリトノ說アレドモ誤レリ又法律ニ列擧シタル事項ノ外ニ運送ノ始期、引渡ノ期日、延著ノ場合ニ於ケル賠償ノ金額、運送ノ經路方法等ハ記載スルモ敢テ妨ゲザルナリ鐵道運送ニ於テハ運送狀ヲ交付スルハ大荷物ノトキニ限ルモノニシテ其記載事項ニ付テモ特別ノ規定アリ（鐵道運輸規程第八五條）又其方式ニ就テモ普通ノ運送狀トハ多少異ナル所アリ（鐵道運輸規程第八四條、第八六條、第八八條參照）

## 第三　運送契約ノ當事者

運送契約ノ當事者ハ運送人ト荷送人ナリ

運送人トハ運送契約ニヨリ運送ヲナスヲ業トナスモノヲ云フ而シテ專ラ賃金ヲ得ル目的ヲ以テ運搬ニ從事スルモノ（車夫ノ如キ）ハ其行爲ガ商行爲ニアラザルガ故ニ之ヲ運送人ト云フヲ得ザルコトハ既ニ述ベタル所ナリ

荷送人トハ自己ノ名ヲ以テ運送ヲ委托スルモノヲ云フ荷主タルコトアリ若クハ運送取扱人タルコトアリ前者ハ自己ノ爲メニ契約ヲ締結シ後者ハ他人

ノ爲メニ契約ヲ締結ス而シテ運送取扱人(商第三二一條以下ニ規定ス)ガ荷送人タル場合ニハ荷主ハ運送契約上ニ何等ノ法律關係ヲ有セズ荷主ト運送取扱人ノ間ニハ民法上委任關係アルノミ換言スレバ此場合ニ於テハ荷主ハ運送人ニ對シテ直接ノ關係ニ立ツモノニアラズ固ヨリ運送取扱人ノ運送人ニ對シテ有スル權利ハ荷主ノ權利(委托者タル荷主ト運送取扱人トノ間ニ於テハ)ナレトモ運送人ニ對シテ之ヲ行ハントセバ運送取扱人ヲシテ先ツ己レニ移轉セシメザルベカラザルナリ

抑運送人ハ契約上荷送人ニ對シテ或第三者ニ運送品ノ引渡ヲナスベキコトヲ約スルモノナリ此第三者ヲ荷受人ト云フ荷受人ト荷送人トハ別人ナルコトヲ通例トスレドモ同人ナルコトヲ妨ゲズ又荷送人ガ運送取扱人タル場合ニハ荷主ガ荷受人タルコトアリ而シテ荷受人ハ運送品ト到達地ニ達シタル後ハ運送契約ニヨリテ生ジタル荷送人ノ權利ヲ取得シ又運送品ヲ受取リタルトキハ運送人ニ對シテ運賃其他ノ費用ヲ支拂フ義務ヲ負フ(商第三四三條)

即チ運送ガ進行スルト共ニ一定ノ時期ニ達スレバ法ノ規定ニヨリ荷受人ト運送人トハ直接ノ法律關係ヲ生ズルニ至ルモノナリ是ヲ以テ運送契約ノ當事者ハ運送人ト荷送人トノ二者ナレドモ法ノ規定ニヨリテ特種ノ法定ノ事實發生ノ後ハ荷受人ハ契約當事者ト同一ノ地位ニ立チ得ルモノナルガ故ニ運送契約ニ基ク法律關係ヲ知ラントセハ運送人荷送人ノ權利義務ト共ニ荷受人ノ地位ニ就テ觀察セザル可ラザルナリ（青木氏商行爲論第二五三頁乃至二五六頁引用）

## 第二款　運送人ノ權利義務

### 第一　運送人ノ義務

運送人ハ運送契約ノ趣旨ニ從ヒ運送品ノ輸送、保管、引渡ノ義務ヲ負フ而シテ運送人ノ權利義務ニ就テハ商法第三編第八章ノ運送營業ニ關スル商第三三一條以下ノ規定ト民法ノ請負ニ關スル民第六三二條以下ノ規定ニヨリテ決定セラル

一　運送人ノ損害賠償ノ責任

運送人ノ損害賠償ノ責任ニ就テハ商第三三七條ノ規定スル所ニシテ次ノ四原則ヲ認ム

イ　運送人ハ自己ノ不注意ノ責ニ任ズ

運送人ハ如何ナル場合ニ於テモ運送人トシテ相當ノ注意ヲ用キザル可カラサルコトハ當然ニシテ更ニ説明ヲ要セズ

ロ　運送人ハ運送取扱人又ハ其使用人其他運送ノ爲メニ使用シタル者ノ不注意ニ就テモ責ニ任ズ

運送人ハ運送執行ノ爲メニ使用セル一切ノ運送補助人ノ故意又ハ過失ニツキ其責ニ任セザルベカラズ而シテ運送人ノ此責任ハ直接ニシテ且ツ主タルモノナリ故ニ被害者ハ先ヅ補助人ニ對シテ賠償ヲ請求スルヲ必要トセズ直ニ運送人ニ對シテ請求スルコトヲ得此運送人ノ責任ハ運送契約ヨリ生スル義務不履行ニ基クモノナルカ故ニタトヘ補助人ノ選任監督ニ就テハ過失ナシト雖モ運送人ハ損害賠償ノ責任ヲ免カルヽヲ得ズ又自己又ハ補助人カ

當ノ注意ヲ怠ラザリシコトノ證明ハ運送人之ヲナサヾルベカラザルモノニシテ此場合ニ於ケル擧證ノ責任ハ民法一般ノ原則ニ反ス是レ畢竟荷送人ノ利益ヲ保護スル爲メニ運送人ノ責任ヲ重クシタルモノナリ

**八** 運送人ハ自己又ハ運送補助人ガ運品ノ受取、引渡、保管及ビ運送ニ關シ不注意ノ責ニ任ズ

商第三三七條ノ規定ニヨル運送人ノ責任ハ運送品ノ受取、引渡、保管、運送ニ關シテ不注意アリシ場合ニ生ス其他ノ事項ニ由リ他人ニ損害ヲ及ボシタルトキハ不法行爲ノ規定ニヨリテ賠償ノ責ニ任セザル可カラズ

**二** 運送人ハ運送品ノ滅失、毀損及延著ニ就テ損害賠償ノ責ニ任ズ

運送人ノ賠償スベキ損害ハ運送品ノ滅失、毀損、延著ニ就テ生シタルモノナラザルベカラズ而シテ運送人カ運送品ヲ契約外ノ地ニ運送シタルガ爲メニ契約ニ指示シタル受取人ガ該荷物ヲ受領スル能ハザルニ至リタル場合ハ運送人ハ運送品滅失ノ賠償責任ヲ負擔ス（明治三十七年二月廿七日大審院判決）

運送人ハ普通ノ運送ニ就テハ以上ノ四原則ニ從フテ損害賠償ノ責ニ任セザルヘカラズ然レドモ特定ノ運送品即チ貨幣、有價證劵其他ノ高價品ニ就テハ荷送人ガ運送ヲ委託スルニ當リ其種類及ビ價額ヲ明告シタル場合ニ於テノミ損害賠償ノ責ニ任ズ(商第三三八條)此申告ハ荷送人ガ其權利ヲ保存スルガ爲メニスル一方的行爲ニシテ運送ヲ委託スルニ際シテ之ヲナサヾルベカラズ即チ運送人ニ物品ノ引渡ヲナス時ニ於テ之ヲ明告スルヲ要ス而シテ物品ノ引渡後ニ於ケル告知ハ其效力ナシ而シテ法定ノ告知ヲナサヾルトキハ運送人ハ啻ニ高價品トシテノ價格ヲ賠償スルノ責任ナキノミナラズ全然賠償ノ責任ヲ負擔セザルモノナリ

尙鐵道運送ニ於ケル運送人ノ賠償責任ニ就テハ鐵道營業法第一一條及一二條運輸規程第六五條乃至第八二條ノ規定アリ

運送人カ上述ノ損害賠償ノ責任ヲ負擔スル場合ニ於テ其賠償金額ヲ決定スル標準ハ商第三四〇條ノ規定スル所ナリ

甲　運送品全部滅失ノ場合

此ノ場合ニ於ケル賠償金額ハ其運送品ノ引渡アルベカリシ日ニ於ケル到達地ノ價格ニヨリテ之ヲ定ム(商第三四〇條第一項)而シテ此賠償金額ヨリ運送品ノ滅失ノ爲メ支拂フコトヲ要セザル運賃其他ノ費用ヲ控除スベキナリ(同條第三項)是レ到達地ノ價格ナルモノハ發送地ノ價格ニ荷造費用、運賃其他ノ費用ヲ加ヘタルモノナルヲ以テナリ運送品ガ全部滅失セシ場合ニ運送人ガ法定ノ賠償金額ヲ支拂ヒタルトキハ他日其運送品ガ發見セラレタルトキハ運送人ハ其運送品ニツキ所有權ノ取得者タルヤ否ヤニ就テハ獨逸ニ於テハ議論アル處ナレ共我民法ニ於テハ債權者ガ損害賠償トシテ其債權ノ目的物又ハ權利ノ價額ノ全部ヲ受ケタル時ハ債務者ハ其物又ハ權利ニ付當然債權者ニ代位スルコトノ原則(民第四二二條)ヲ採レルガ故ニ全部ノ損害賠償ノ支拂ハ運送人ノ所有權取得ノ原因ナリト解釋セザルベカラズ

乙　運送品ノ一部滅失又ハ毀損ノ場合

此場合ニ於テハ運送品ガ延著セシ場合ト延着セザリシ場合トニヨリ異ル運送品ガ一部滅失スルカ或ハ毀損スルモ延着セザリシ場合ニハ引渡アリタル日ヲ標準トシ延著セシ場合ニハ引渡アルヘカリシ日ヲ標準トシテ其日ニ於ケル到達地ノ價格ニヨリテ之ヲ決ス(商第三四〇條第二項)即チ滅失毀損セザル物品ノ普通價格ト被害物品ノ現ニ有スル價格トノ差額カ運送人ノ賠償スベキ金額ナリ

丙　運送品ノ延著ノ場合

運送品ガ滅失毀損ナクシテ單ニ延著セシ場合ニ於テハ運送品全部滅失ノ場合ニ於ケル規定ヲ準用ス從テ其損害賠償ノ額ハ其引渡アル可カリシ日ニ於ケル到達地ニ於ケル價格ヲ標準トシテ定ム

以上述ベシ所ハ惡意又ハ重大ナル過失ナキ運送人ノ賠償責任ナリ若シ運送人ニ惡意又ハ重大ナル過失アリテ之レニヨリテ運送品ガ滅失又ハ毀損又ハ延著シタルトキハ其運送人ハ一切ノ損害ヲ賠償セザルベカラザルナリ

二　運送人ノ責任ノ消滅

荷受人ガ運送品ヲ受取リ且ツ運送賃其他ノ費用ヲ支拂ヒタルトキハ運送人ノ責任ハ之レニヨリテ消滅ス（商第三四八條）但

イ　荷受人ガ運送品ヲ受取ルニ當リテ留保ヲ爲シタルトキ

ロ　或ハ運送品カ直チニ發見スルコト能ハザル毀損又ハ一部ノ滅失アリタル場合ニ於テ荷受人カ引渡ノ日ヨリ二週間内ニ運送人ニ對シテ其通知ヲ發シタルトキ

ハ　或ハ運送人ニ惡意アリタルトキ

ニ於テハ尙運送人ノ責任ハ消滅セズ

茲ニ一言スベキハ荷受人ガ留保ナクシテ運送品ヲ受取リ運賃其他ノ費用ヲ支拂ヒ且ツ引渡ノ日ヨリ二週間内ニ運送品ニ付テ瑕疵ヲ發見シタルノ通知ヲ發セザルトキハ運送人ニ於テ惡意ナキ限リハ責任ノ消滅ヲ來スモノナルモ是レ唯運送契約ニ基ク運送人ノ荷受人ニ對スル責任ノ消滅ニシテ荷送人

ト荷受人トノ間ニ存スル權利義務及ヒ運送契約以外ノ原因ニ基ク運送人ノ責任ハ消滅スルモノニアラザルコトナリ

次ニ時效ニ就テハ商第三四九條ニヨリ運送取扱人ニ關スル規定準用セラルヲ以テ運送人ノ責任ハ荷受人ガ運送品ヲ受取リタル日ヨリ一年ノ短期時效ニヨリテ消滅ス而シテ運送品カ全部滅失ノ場合ニ於テハ其引渡アルベカリシ日ヨリ起算スベキナリ但惡意アリタル運送人ニ就テハ右短期時效ノ適用ナキヲ以テ普通ノ十年ノ時效ニ因ル（靑木氏商行爲論第二七九頁第七款運送人ノ責任ノ部引用）

## 第二　運送人ノ權利

運送人ハ運送賃、支出シタル立替金其他ノ費用ヲ請求スル權利ヲ有ス又此等ノ權利ノ爲メニ運送品ノ上ニ留置權及先取特權ヲ有ス（商第三四九條、第三二四條、民第三一八條）

### 一　運送賃請求權

運送賃ノ額ハ運送契約ノ定ムル所ニヨル若シ運送契約ニ定メナキモ運送

人ハ商第二七四條ノ規定ニヨリ相當ノ額ヲ請求スルコトヲ得又請負契約ノ性質上運送賃ハ運送ヲ終リタル後ニ請求シ得ルヲ原則トス

**イ** 運送賃其他ノ費用(關稅、倉敷料、保險料等)ハ荷送人カ之ヲ支拂フ義務ヲ負フモノナリサレド荷受人ガ運送品ヲ受取リタルトキハ荷受人モ亦之ヲ支拂フ義務ヲ負フ(商第三四三條第二項)而シテ荷送人ノ權利義務ハ運送契約ニ基キテ生スルモノニシテ荷受人ノ權利義務ハ法律ノ規定ニヨリ當然發生スルモノナルガ故ニ(後ニ詳述ス)兩々相併立スルヲ妨ゲザルモ荷受人ガ運送賃ヲ支拂ヒタル場合ニ於テハ運送人カ更ニ荷送人ニ對シテ運送賃ノ請求ヲナスヲ得ザルハ勿論ナリ

**ロ** 運送人ハ運送品ノ全部又ハ一部ガ不可抗力ニ因リ滅失シタルトキハ其運送賃ヲ請求スルコトヲ得ズ若シ運送賃ノ前拂ニ因リ既ニ其運送賃ノ全部又ハ一部ヲ受取リタルトキハ之ヲ返送スルコトヲ要ス(商第三三六條第一項)然レドモ運送品ノ性質若クハ瑕疵又ハ荷送人ノ過失

ニ因リテ其滅失ヲ來タシタル場合ニ於テハ運送賃ノ全額ヲ請求スルコトヲ得(同條第二項)

八 此等ハ運送契約ガ請負契約タル當然ノ結果ナリ

荷送人又ハ貨物引換證ノ所持人ガ運送人ニ對シテ運送ノ中止運送品ノ返還其他ノ處分ヲ請求シタル場合ニ於テ運送ガ半途ニ於テ中止セラレタルトキハ運送人ハ既ニ爲シタル運送ノ割合ニ應シテ運送賃ヲ請求スルコトヲ得(商第三四二條第一項)尚此場合ニ於テモ立替金及其處分ニヨリテ生シタル費用ノ辨濟ヲ請求シ得ベキハ勿論ナリ

## 二 運送人ノ留置權

運送人ハ運送品ニ關シテ受取ルベキ運送賃立替金其他ノ費用又ハ前貸ニ付テノミ運送品ヲ留置スルコトヲ得(商第三四九條、第三二四條)此留置權ハ留置セラルヽ物ト擔保セラルヽ債權トノ間ニ直接ノ關聯ヲ必要トスル留置權ニシテ問屋ノ有スル留置權(商第三一九條、第四一條)トハ異リ又通常ノ

商人間ノ留置權(商第二八四條)ヨリモ薄弱ナルモノナリ

三 運送人ノ先取特權

運送人ハ運送賃及ヒ附隨ノ費用ニ就テ其手中ニ存スル運送品ノ上ニ先取特權ヲ有ス民第三一八條)故ニ運送人ハ之ヲ賣却シテ其代價ニ付テ優先權ヲ行フコトヲ得(青木氏商行爲論第二六九頁第三款運送人ノ權利(殊ニ運賃)ノ部引用)

四 運送人ノ供託權及競賣權

運送人ハ荷送人ニ對シテ運送品ヲ荷受人ニ引渡スベキ義務ヲ負擔シ荷受人ハ運送品ガ到達シタル後ハ之レガ引渡ヲ請求スルノ權利ヲ取得ス(商第三四三條)故ニ此時期ニ於テハ運送人ニ對シテハ二人ノ債權者アルコトトナル而シテ運送人ハ運送品ヲ荷受人ニ引渡シテ其債務ヲ免カルベキ權利ヲ有ス是ヲ以テ若シ荷受人ガ不明ナルカ又ハ運送品ニ就テ爭ヒアル場合ニ於テハ法律ハ運送人ニ運送品ヲ供託セシメ又ハ競賣セシムルノ權利ヲ與ヘタリ(商第三四五條乃至第三四七條)

イ　運送人ハ荷受人ヲ確知スルコト能ハザル時又ハ運送品ノ數量、性質若クハ荷受人ノ正當ノ權利者ナルヤ否ヤ等運送品ノ引渡ニ關シテ爭ヒアル時ニ於テハ運送品ヲ供託スルコトヲ得(商第三四五條第一項、第三四六條第一項)供託ヲナシタルトキハ遲滯ナク荷送人ニ對シ又運送品ノ引渡ニ關シテ爭ヒアル場合ニハ荷受人ニ對シテモ其供託ヲナシタルコトノ通知ヲ發セザル可カラズ(商第三四五條第三項、第三四六條第三項)

ロ　運送人ハ荷受人ヲ確知スルヿ能ハズ又ハ運送品ノ引渡ニ關シテ爭ヒアル場合ニ於テハ相當ノ期間ヲ定メテ運送品ノ處分ニ付キ指圖ヲナスベキ旨ヲ荷送人ニ催告シ荷送人ガ其指圖ヲナサズ又ハ其指圖ガ實行シ得ベカラザルモノナルトキハ運送品ヲ競賣スルコトヲ得但運送品ノ引渡ニ關シテ爭ヒアル場合ニ競賣ヲ爲サントスルトキハ荷送人ニ對シテ相當ノ期間ヲ定メテ運送品ノ受取ヲ催告スルコトヲ要ス(商

第三四五條第二項、第三四六條）

ハ　運送品ガ損敗シ易キ物ナルトキハ以上ノ催告ヲ爲サズシテ競賣ヲ爲スコトヲ得（商第三〇七條、第二八六條第二項）

ニ　競賣ヲ爲シタルトキハ運送人ハ遲滯ナク荷送人ニ對シ其通知ヲ發セザルベカラズ若シ其競賣ガ運送品ノ引渡ニ付キ爭ヒアルニ關シタル場合ニハ荷受人ニ對シテモ通知ヲ發セザルベカラズ（商第三四五條第三項、第三四六條第三項）

ホ　運送人ハ競賣ニヨリテ得タル代金ノ內ヨリ運送賃、立替金其他ノ費用ヲ引去ルコトヲ得但其殘額ハ必ズ供託スルコトヲ要ス（商第三四七條、第二八六條第三項）（青木氏商行爲論第二七七頁第六款荷物ノ供託競賣ノ部引用）

五　時效

運送人ノ荷送人又ハ荷受人ニ對スル權利ハ一年ヲ經過スルトキハ時效ニヨリテ消滅ス（商第三四九條、第三二九條）

## 第三 多數運送人

運送品ガ發送地ヨリ到達地ニ至ル間ニ於テ數人ノ運送人ノ手ヲ經ルコトハ稀レナラズ我商法第三三九條ハ數人相次デ運送ヲ爲ス場合ニ於テハ各運送人ハ運送品ノ滅失、毀損又ハ延著ニ付キ運帶シテ損害賠償ノ責ニ任ズト規定ス數人相次デ運送ヲナストハ如何ナル意味ニ解スベキカ廣ク數人相次デ運送ヲ爲ス場合ヲ想像スルニ次ノ三種ノ態樣アリ

イ 一運送人ガ運送ノ全部ヲ引受ケ之ヲ行フニ當リテ他ノ運送人ヲ使用スル場合ニ於テハ荷送人ト契約ヲ爲シタルモノヲ主タル運送人ト云ヒ他ノ運送人ヲ從タル運送人ト云フ主タル運送人ハ自己ノ名ヲ以テ運送契約ヲ締結スルモノニシテ獨リ荷送人若クハ荷受人ト契約上ノ關係ニ立ツモノナリ從タル運送人ハ唯主タル運送人ノ使用シタル補助人タルニ過ギズシテ荷送人若クハ荷受人ト直接法律關係ナキハ云フマデモナシ此場合

ニ於テハ主タル運送人ハ從タル運送人ノ行爲ニツキ自己ノ使用人ノ不注意ノ責ニ任ズベキモノナリ(商第三三七條)

ロ　多數ノ運送人ガ各自獨立シテ運送ノ一部ヲ引受クルトキハ獨逸學者之ヲ部分運送人ト云フ而シテ荷送人ガ自カラ多數ノ運送人ト特定ノ區域間ノ運送ニツキ契約ヲナス場合ト一運送人ガ自己ノ引受ケタル區域間ノ運送ヲ終リタル後荷送人ノ委托ニヨリ其代理人トシテ又ハ運送取扱人トシテ荷受人ノ爲メニ運送人ヲ選定シ之ト次ノ區域間ノ運送契約ヲ爲ス場合トアリ前ノ場合ニアリテハ互ニ關連セザル數個ノ獨立ノ運送契約存スルモノニシテ多數運送人間ニ何等ノ法律關係アルニアラズ後ノ場合ニアリテモ最初ノ運送人ハ運送取扱人トシテ荷送人ト契約上ノ關係ニ立ツモ之レニ相次グ運送人ハ唯運送人トシテ自己ニ對シテ荷送人タル前ノ運送人ト契約上ノ關係ニ立ツノミ換言スレバ各運送人ハ自己ノ引受ケタル區域内ノ運送ニ關スルノ外運

八

送人トシテ其責ヲ負ハザルナリ

一運送人ガ所謂「通シ運送狀」ニヨリテ運送ノ全部ヲ引受ケ之ニ相次グ運送人ガ原運送狀ニ基キテ之レト共ニ運送品ヲ受領スルトキハ獨逸ノ法律ニ於テ共同運送人ト稱セラル丶モノナリ此場合ニ於テハ事實ニ於テハ運送人ハ各運送ノ一部ヲ執行スルモノナレドモ法律上ニ於テハ各運送人ハ共同運送狀ト共ニ明示又ハ默示ニ運送ノ全部ヲ引受ケタルモノニシテ各自運送ノ全部ニ就テ連帶シテ責ニ任ズベキナリ我商法第三三九條ハ其適用ヲ此共同運送人ノ場合ニノミ限ルベキヤ否ヤ大ニ疑問ノ存スル所ナレ𪜈此場合ニノミ關スルモノト解釋スルヲ正當ナリト信ズ商法原案並ニ修正案參照)而シテ此商第三三九條ハ强行的規定ナルヤ否ヤモ亦一ノ疑問タルベキモ我國ニ於テハ公益上ノ規定ニアラズト解スルヲ正當トス何トナレバ我商法ニ於テハ運送ノ强制ヲ認メズ故ニ多數ノ運送人ガ運送ヲ執行スル場合ニ於テ各運

送人ハ其責任ヲ自己ノ運送區域內ニ限定スルノ特約ヲ爲スコトハ運送人ノ自由ニ屬スルモノト云ハザルベカラザレバナリ

要之共同運送人ハ運送品ノ滅失、毀損又ハ延著ニツキ連帶シテ損害賠償ノ責ニ任ゼザルベカラズ故ニ運送品ノ滅失毀損又ハ延著ガ何レノ運送人ノ運送中ニ生ジタルヤヲ問フコトナク此等ノ事由ガ起リシトキハ荷送人又ハ荷受人ハ共同運送人ノ一人又ハ全員ニ對シテ全責任ヲ負擔セシムルコトヲ得又各運送人ハ一旦運送品ヲ受領シタル以上ハ自己ノ運送中ニハ何等ノ故障起ラザリシコトヲ立證スルノミニテハ其責ヲ免カルヽヲ得ザルナリ而シテ共同運送人間ニ於テハ後者ハ前者ニ代リテ前者ノ有スル權利ヲ行使スル義務ヲ負ヒ若シ後者ガ前者ニ辨濟ヲナシタルトキハ前者ノ權利ヲ取得ス(商第三四九條、第三二五條)故ニ例ヘバ最後ノ運送人ハ運送品ヲ荷受人ニ引渡スニ當リ前ノ運送人ニ代リテ其者ノ權利ニ屬スル運賃其他ノ費用ヲモ併セテ請求セザルベカラズ而シテ最後ノ運送人ガ荷受人ノ爲メニ此運賃其他ノ費用ヲ前ノ運送人ニ辨濟シタルトキハ前ノ運送人ノ權利ヲ取得スルコトトナル

尙一言スベキハ商第三三九條ニ云フ處ノ連帶責任トハ運送人ノ荷送人、荷受人ニ對スル關係ニ於テ云ヘルナリ運送人相互間ニ於テハ過、失アルモノガ實質上ノ責任ヲ負擔スベキハ勿論ニシテ運送人相互ノ間ニ於ケル求償ノ問題ハ一般ノ原則ニヨリテ決定セザルベカラズ

## 第三款　荷受人ノ地位

### 第一　荷受人ノ權利

運送契約ノ當事者ハ運送人ト荷送人ニシテ運送契約ニヨリテ權利義務ヲ發生スルハ此二者ノ間ニ止マル運送人ハ荷送人ニ對シ運送品ヲ荷受人ニ引渡スノ義務ヲ負擔スルモ契約成立ノ當時ニ於テハ荷受人ト運送人トノ間ニハ何等直接ノ法律關係ヲ生ゼズ然ルニ運送ノ執行ガ其步ヲ進ムルニ

從ヒ荷受人ハ運送人ニ對シテ權利ヲ行使スルノ地位ヲ取得スルニ至ル

一　運送契約締結ヨリ運送品ガ到達地ニ到達スル迄ニ於ケル荷受人ノ地位
請負契約ハ請負人ガ未ダ仕事ヲ完成セザル間ハ注文者ニ於テ何時ニテモ其契約ノ解除ヲナスコトヲ得ルモノナリ但シ注文者ハ損害賠償ノ責ニ任ズベキノミ(民第六四一條)故ニ荷送人ハ運送人ニ對シテ運送ノ中止、運送品ノ返還其他ノ處分ヲ請求スルコトヲ得ルモノニシテ(商第三四二條)之ヲ稱シテ荷送人ノ處分權若クハ指圖權ト云フ
運送品ガ到達地ニ到達セザル間ハ荷送人ハ運送品處分ノ全權ヲ有スルモノニシテ此時期ニ於テハ荷受人ハ運送品ニ對シテ何等ノ直接ノ權利ヲモ有セザルナリ

二　運送品ガ到達地ニ到達セシトキヨリ荷受人ガ其引渡ヲ請求シタル時ニ至ル迄ノ荷受人ノ地位
運送品ガ到達地ニ達シタル後ハ荷受人ハ運送契約ニヨリテ生ジタル荷

受人ノ權利ヲ取得ス(商第三四三條)即チ運送品ノ到達ト共ニ荷受人ハ自己ノ名ヲ以テ自己ノ爲メニ運送品ニ對シテ直接ノ權利ヲ行使スルコトヲ得ルニ至ル然レドモ荷送人ノ處分權ハ未ダ運送品ノ到達ト共ニ消滅スルニアラズ荷受人ガ運送品ノ引渡ヲ請求セザル間ハ荷送人ノ處分權ハ存在ス(商第三四二條第二項)是ヲ以テ運送品到達ノ事實ハ荷受人ノ權利發生ノ原因ニシテ荷送人ノ處分權ノ消滅スルニハ之レニ加フルニ運送品ノ引渡ノ請求ナカルベカラズ此引渡ノ請求ナキ間ハ運送品ニ對シテハ荷受人荷送人共ニ權利ヲ行フコトヲ得ルモノナリ而シテ荷送人ノ權利ガ荷受人ノ權利ニ對シテ優秀ノ效力ヲ有スルハ商第三四二條第二項ノ條文ニ照シテ明カナリ

荷受人ノ權利取得ノ法律的解釋ニ就テハ學說一ナラズサレド權利移轉說第三者ノ爲メニスル契約ノ效力說共ニ採用スベカラズ我カ商法ノ解釋トシテハ荷受人ノ權利取得ハ運送品ノ到達ヲ以テ權利發生ノ事由ト

シタル法律規定ノ結果ナリトナスヲ正當ト信ズ而シテ荷受人ノ取得シタル權利ノ性質ニ就テモ種種ノ議論アレドモ我商法ニ於テハ荷受人ノ取得スル權利ハ運送契約ニヨリテ荷送人ノ爲メニ生ジタルモノト同一ノ權利ナリト解釋スル外ナシ（商第三四三條第一項）故ニ荷受人ハ運送品ノ引渡ヲ請求スルノ外商第三三七條ノ規定ニヨル損害賠償ノ請求ヲモナスコトヲ得ベク又運送人ハ荷送人ニ對シテ運送契約ニ關シテ有シタル抗辯ヲ以テ荷受人ニ對抗スルコトヲ得ベシ

三、荷受人ノ運送品引渡請求後ノ地位

荷受人ガ運送品到達ノ後其引渡ヲ請求シタルトキハ荷受人ノ權利ハ確定シ爾後荷受人獨リ運送人ニ對シテ運送品ノ處分ニツキ命令スルノ權利ヲ有ス從テ引渡ト共ニ荷送人ノ處分權ハ消滅ス（商第三四二條第二項）但シ荷受人ヲ確知スル能ハザルカ又ハ運送品ノ引渡ニ關シテ爭ヒアル場合ニ於テハ荷送人ノ指圖權尙存スルモノナルヲ以テ（商第三四五條、第三四六條)商第三四二條第二項ニ荷送人ノ權利消滅スト云フハ之ヲ絶對的ニ消滅スルノ意ニ解スルヲ得ザルベク唯運送人ハ荷送人ノ命令ニ從フベカラザルモノト解スベキカ

**第二** 荷受人ノ義務

荷受人ガ運送品ヲ受取リタルトキハ運送人ニ對シテ運送賃其他費用ヲ支拂フ義務ヲ負フ(商第三四三條第二項)此義務發生ノ性質ニ就テモ學者間ニ議論アレドモ我商法ニ於テハ法律ノ規定ニヨリテ發生スト解スルヲ正當ト信ズ而シテ運送人ハ其撰擇ニ從テ荷送人若クハ荷受人ニ對シテ運送賃其他ノ費用ノ請求權ヲ有スレドモ之ヲ二重ニ請求スルヲ得ザルハ勿論ナリ(靑木氏商行爲論第二七四頁第五款荷受人ノ地位ノ部引用)

# 第二章　船荷證券論

## 第一節　船荷證券ノ發行及其方式

船荷證劵ノ制度ハ既ニ中世地中海ニ於ケル海上運送ニ於テ行ハレタル者ニシテ其淵源古シ而シテ船荷證劵ハ陸上運送ニ於ケル貨物引換證ニ該當スルモノナレトモ其沿革ニ於テハ船荷劵先ツ發達シテ後貨物引換證ヲ生シ又貨物融通ノ目的ヲ有スル物權的證劵トシテ實用ノ上ヨリシテ見ルモ貨物引換證ハ遙カニ船荷證劵ノ下ニ在リ唯我商法ニ於テハ立法ノ順序トシテ貨物引換證ノ規定ヲ先ニシタル爲メ其規定ヲ船荷證劵ニ準用スルニ至リシナリ(商

第六二九條)

第一　發行者及發行ノ時期

船荷證劵(Konnossement)ノ作成ハ海上運送契約成立ノ要件ニアラザルコトハ貨物引換證ノ場合ト同ジ即チ運送契約ノ成立後ニ於テ傭船者又ハ荷送人ノ請求ニ由テ發行スベキモノナリ而シテ船荷證劵ヲ發行スベキ者ハ原則トシテ船長ナリ(商第六二〇條)然レトモ船舶所有者ハ自カラ船荷證劵ヲ發行シ得ルノミナラズ船長以外ノ者ニ其發行ヲ委任スルコトヲ得而モ此場

合ニ於テハ其發行ハ船長ニ代リテ之ヲ爲スモノトス(商第六二一條)又船長自身ハ船荷證券ノ發行ヲ他人ニ委任スル權限ヲ有セザルコト勿論ナリ
次ニ發行ノ時期ニ於テハ運送品ノ船積ノ後遲滯ナク之ヲ交付スルコトヲ要ス(商第六二〇條)運送品ノ船積前ニ於ケル發行ハ效力ヲ生セズ又法文ニ遲滯ナクトアルヲ以テ船積後ト雖モ成ルベク速ニ發行スルヲ要ス

## 第二　記載事項

是レ商法第六二二ノ定ムル所ナリ即チ船荷證券ニハ左ノ事項ヲ記載シ船長又ハ之ニ代ハル者署名スルコトヲ要ス

一、船舶ノ名稱及ヒ國籍
二、船長ガ船荷證券ヲ作ラザルトキハ船長ノ氏名
三、運送品ノ種類重量若クハ容積及ビ其荷造ノ種類、個數並ニ記號
四、傭船者又ハ荷送人ノ氏名若クハ商號
五、荷受人ノ氏名若クハ商號

六、船積港

七、陸揚港但發航後傭船者又ハ荷送人ガ陸揚港ヲ指定スベキトキハ其之ヲ指定スベキ港

八、運送賃

九、數通ノ船荷證券ヲ作リタルトキハ其員數

十、船荷證券ノ作成地及其作成ノ年月日

以上列記ノ事項ハ船荷證券ニ記載スベキ要件トシテ法律ガ定メタルモノニシテ船荷證券ハ此方式ニ因リテ發行セザルベカラズ尙船荷證券ガ此記載事項ノ一或ハ二ヲ缺キシ場合ハ如何又此記載事項以外ノ記載ヲナシ得ザルヤ否ヤ等ニ就テハ貨物引換證ノ處ニ於テ詳說セシヲ以テ茲ニ再ビ之ヲ說カズ唯注意スベキハ船荷證券ハ記名式、指圖式、無記名式ニテ之ヲ發行スルコトヲ得又タトヘ記名式ニテ發行セラレタルモノタリトモ裏書禁止ノ文句ナキ限リハ法律上當然裏書ニヨリテ移轉スルコトヲ得ル證券(法律

上當然ノ指圖證劵タルコトナリ。此等ノ點ニ付テハ商法第六二九條ヲ以テ貨物引換證ニ關スル規定ヲ準用シタルヲ以テ其說明ヲ省ク尙ホ舊規定ニ於テハ其第六二二條第五號後段ニ於テ無記名式發行ヲ許ス規定存シタルモ改正法ハ之ヲ削除シタルヲ以テ一ニ貨物引換證ニ關スル法理ニ從フ(第二八二條參照)

## 第三　員數

船荷證劵ハ貨物引換證ノ場合ト異ナリ傭船者又ハ荷送人ノ請求ニ從テ一通以上幾通ニテモ發行セラルベキモノナリ(商第六二〇條)又船舶所有者又ハ船長若クハ之ニ代ハル者ガ後日ノ證據ノ爲メニ船荷證劵ノ謄本ヲ保存シ置カントスルトキハ傭船者又ハ荷送人ニ請求シテ船荷證劵ノ謄本ニ署名シテ交付セシムルコトヲ得(商第六二三條)我商法ハ船荷證劵ノ發行ノ員數ヲ限定セザルヲ以テ幾通ニテモ請求者ノ希望ニヨリ發行スルコトヲ得サレド既ニ一通又ハ二通或ハ三通ヲ第三者ニ引渡シタル後ニ於テ更ニ員數ノ追加ヲ請求スルヲ得ズ何トナレバ商第六二二條第九號ヨリ船荷證劵

ノ各通ニハ其發行ノ員數ヲ記載スルコトヲ要スレハナリ

## 第二節　船荷證券ノ性質

船荷證券ハ海上運送契約ニ基キテ發生スルモノナレドモ海上運送契約ノ成立ハ敢テ證券ノ有無ニ關セズ即チ船荷證券ハ傭船契約ノ場合タルト個々ノ物品運送契約ノ場合タルトヲ問ハズ契約ノ成立シタル後傭船者又ハ荷送人ノ請求ニヨリテ發行セラル、者ナリ而シテ其法律上ノ性質ハ一ニハ委托サレタル貨物ヲ受取リタルコノ證券タリ二ニハ此證券ノ所持人ニ貨物ヲ引渡スコトノ義務負擔ヲ自認シタルノ證券タリ三ニハ此證券ノ作用ニヨリテ記載貨物ノ融通ヲ計ラントスル物權的證券タルコト貨物引換證ト異ル所ナシ而シテ更ニ進ンデ船荷證券ガ當然的指圖證券處分證券タルコト證券的權利ヲ表スル證券タルコト受戻證券タルコト及ビ不要因的證券ニ非ザルコトハ商第六二九條、第三三四條、三三四條ノ二、第三三四條ノ三、第三三五條乃至第三四四條ノ規定ニヨリテ之ヲ論定スルコトヲ得ベシ此等ノ法文ノ意義ニ就テハ貨物引換證ノ性質トシテ前章第三節ニ詳述セル處ナルヲ以テ茲ニ再説セズ今觀察點ヲ異ニシテ船荷證券ノ效力ヲ述ブ可シ

第一　運送契約ノ當事者間ニ於ケル船荷證券ノ效力

海上運送物品契約ノ當事者ハ船舶所有者ト傭船者又ハ荷送人トナリ船荷證券ノ發行ハ契約ノ成立ノ要件ニアラズ又我商法ハ海上運送ニ當ツテモ其發行ヲ强テ必要トセザルヲ以テ(商第六二〇條)船舶所有者ト傭船者又ハ荷送人トノ間ノ法律關係ハ一ニ運送契約ニヨリテ決定セザルベカラズ然レトモ若シ其間ニ船荷證券ヲ作成シタルトキハ畢竟運送契約ニ定メタル事項ヲ證券ニ表彰シタルモノニシテ契約當事者間ニ於テモ船荷證券ハ最モ有力ナル證據力ヲ有シ且法定ノ效力ヲ發揮スルコト勿論ナリ然レドモ契約ノ當事者間ノ法律關係ハ運送契約ヲ基礎トスルモノナルヲ以テ若シ船荷證券ニ記載セル事項ト運送契約ノ約款トノ間ニ相違アル場合ニ於テハ船舶所有者ト傭船

者又ハ荷送人トノ間ノ權利義務ハ運送契約ノ約款ニヨリテ決定セラルルナリ

**第二**　傭船者又ハ荷送人ト船荷證券所持人トノ間ノ法律關係

船荷證券ハ傭船者又ハ荷送人ノ請求ニヨリテ船舶所有者、船長又ハ之ニ代ハル者ノ發行スルモノナルヲ以テ傭船者又ハ荷送人ト證券ノ所持人トノ間ハ他ノ原因ニヨリテ特種ノ法律關係存セザル限リハ船荷證券ノ效力トシテ直接法律關係ニ立ツモノニアラズ最モ傭船者又ハ荷送人ガ船長又ハ船舶所有者ト共謀シテ證券ノ所持人ヲ害スルノ目的ヲ以テ不正ノ證券ヲ發行シタル場合ニ於テハ證券ノ所持人ハ傭船者又ハ荷送人ニ對シテモ民事上幷ニ刑事上ノ訴ヲ起スコトヲ得ルハ勿論也

**第三**　船舶所有者ト證券所持人トノ間ニ於ケル船荷證券ノ效力

法律ハ裏書ニヨリテ船荷證券ヲ引渡シタルトキハ運送品ノ引渡ト同一ノ效力ヲ生ズルコトヲ定ム（商第六二九條、第三三五條）是レ船荷證券カ物權的證券

タルコトヲ定メタルモノニシテ物權的證券ノ意義效力ニ就テハ本篇緒論ニ詳述セシ所ナリ而シテ船荷證券ノ物權的效力ヲ益々發揮セシメンガ爲メニ證券ノ所持人ト船舶所有者トノ間ニ於テハ運送ニ關スル事項ハ船荷證券ノ定ムル所ニヨルト規定ス(商第六二九條、第三三四條)故ニ船荷證券ハ物權的證券タルト同時ニ證券的權利ヲ表彰スルモノニシテ抗辯ノ制限ヲ認メラレ(第一編第四章參照)タトヘ運送契約、當事者間ニハ契約アルモ之ヲ證券ニ記載セザル限リハ證券所持人ハ毫モ其拘束ヲ受クルモノニアラズ然リト雖モ船荷證券ハ手形ノ如クニ不要因的債務ヲ表スル證券ニアラズ(商第四三五條、第六一九條、第三三六條、第三四〇條、第三四一條參照)是ヲ以テ船舶所有者ハ船荷證券ヲ發行シタルノ故ヲ以テ證券ニ記載セル貨物ヲ絕對的ニ(不要因的ニ)引渡サヾルベカラザルノ義務ヲ負フ者ニアラズ若シ運送品ガ不可抗力又ハ船舶所有者(運送人タル)ノ責ニ歸スベカラザル事由ニヨリテ滅失又ハ毀損シタルトキハ船舶所有者ハ證券面ノ物品ヲ自カラ調達シテ引渡ヲナスノ責任ナキ

ナリ故ニ運送人タル船舶所有者ハ證券所持人ニ對シテモ尙ホ運送人タル資格ニ於テ其責任ヲ負擔スルモノト云ハザルベカラズ

要之船荷證券ハ物權的證券ナルヲ以テ裏書讓渡ニヨル證券ノ所持人ハ其證券ニ記載セル運送品ノ所有權者ナルニヨリテ船舶所有者又ハ船長ニ對シテ其運送品ノ引渡ヲ請求シ其他運送品ニ對スル處分ヲナスコトヲ得又船荷證券ハ證券的權利ヲ表スルモノナルガ故ニタトヘ運送契約ノ當事者間ニ如何ナル特約アリトモ之ヲ證券ニ記載セザル以上ハ證券ノ所持人ハ其證券ノ文言ニ從フテ權利ヲ主張スルコトヲ得

然レドモ船荷證券ハ不要因的證券ニアラザルヲ以テ運送人タル船舶所有者ノ證券所持人ニ對スル責任ハ運送人タル資格ノ範圍ヲ超越セザルナリ又船荷證券ハ受戾證券ナルヲ以テ船長ハ證券ト引換ニアラザレバ運送人ノ引渡ヲナスコトヲ要セザルナリ（商第六二九條、第三四四條）而シテ證券ノ所持人ガ證券記載ノ貨物ト相違シタルモノヲ引渡サレタル場合ニ於ケル船舶所有者

ト證券所持人トノ間ノ法律關係ニ就テハ前章第四節ニ貨物引換證ノ所持人ニ對スル運送人ノ責任トシテ評論セル所ヲ見ルベシ

終リニ一言スベキハ船荷證券ハ法律上當然ノ指圖證券タルコト是レナリ即チ記名式ニテ發行セラレタル場合ト雖ドモ發行者ガ裏書ヲ禁止スル旨ヲ記載セザル限リハ裏書ニヨリテ當然之ヲ讓渡スコトヲ得(商第六二九條第三三四條ノ二)又船荷證券ヲ無記名式ニテ發行シ得ルヤ否ヤハ商第六二二條第五號後段ヲ削除シタルガ故ニ一ニ貨物引換證ト同一ノ法理ニヨリ積極ニ決ス

## 第三節　數通ノ船荷證券

船荷證券ハ傭船者又ハ荷送人ノ希望ニヨリ一通又ハ數通ヲ發行シ得ルコト及數通ノ船荷證券ヲ作成シタルトキハ其員數ヲ各通ニ必ズ記載セザルベカラザルコトハ既ニ第一節ニ述ベタル所ナリ(商第六二〇條第六二二條)而シテ數通ノ船荷證券ヲ發行シタル場合ニ於テハ其各證券ハ獨立シテ船荷證券タ

ル效力ヲ有スルモノナルガ故ニ數通ノ船荷證券ガ同一人ノ手ニアラズシテ各々所持人ヲ異ニセル場合ニハ複雜ナル法律關係ヲ生ズ

**第一**　船長ト各所持人トノ關係

一、陸揚港ニ於テハ一通ノ所持人ガ運送品ノ引渡ヲ請求シタル𪜈ト雖モ船長ハ其引渡ヲ拒ムヿヲ得ズ(商第六二四條)是レ各證券ハ獨立シテ完全ナル效力ヲ有シ且ツ運送品ハ陸揚港ニ於テ引渡スベキヿヲ約サレタル者ナレバナリ尤モ運送品ヲ引渡スニ當リテハ證券ト交換的ニ之ヲナシ又其引渡ヲ證スル爲メニ受領人ヲシテ其旨ヲ記載シ署名セシムルヲ得ルハ船荷證券カ受戻證券タル當然ノ結果ナリ(商第六二九條、第四八三條)而シテ陸揚港ニ於テ一通ノ所持人ニ運送品ヲ引渡シタル𪜈ハ船舶所有者ハ其義務ヲ果シタル者ニシテ後ニ至リ他ノ所持人來テ運送品ノ引渡ヲ請求スルモ之ニ應ズルノ義務ナシ即チ二人以上ノ船荷證券所持人アル場合ニ於テ其一人ガ他ノ所持人ニ先チテ船長ヨリ運送品ノ引渡ヲ受ケ

タルトキハ他ノ所持人ノ有スル船荷證券ハ其效力ヲ失フ(商第六二七條)
二、陸揚港外ニ於テハ船長ハ船荷證券ノ各通ノ返還ヲ受クルニアラサレハ運送品ヲ引渡スコトヲ得ス(商第六二五條)是レ運送品ノ引渡ハ陸揚港外ニ於テナスヲ得サルモノナルヲ以テ陸揚港外ニ於ケル運送品ノ引渡ニ關スル詐害行爲ヲ豫防スル爲メニ此ノ如ク規定セシモノナリ

## 第二　各所持人間ノ關係

陸揚港外ニ於テハ船荷證券ノ各通ノ返還ト共ニ運送品ノ引渡アルヲ以テ各所持人間ノ法律關係ヲ論スル要ナシ然レトモ陸揚港内ニアリテハ一通ノ所持人ニ對シテモ運送品ノ引渡アルヘキヲ以テ若シ二人以上ノモノカ運送品ノ引渡ヲ請求シタルトキハ茲ニ始メテ問題ヲ生ス
一、未タ何人ニモ運送品ノ引渡ナキ場合ニ於テ若シ二人以上ノ所持人カ同時ニ引渡ヲ請求スルカ又ハ一人カ請求シ來リタルモ未タ其引渡ヲナササル間ニ他ノ所持人カ引渡ヲ請求シ來リタルトキハ如何此場合ニ於テ

ハ船長ハ何人カ優先權者ナルカヲ容易ニ知ルヲ得サルカ故ニ遲滯ナク運送品ヲ供託スルノ義務アリ而シテ供託シタル旨ヲ引渡ヲ請求シタル各所持人ニ通知セサルヘカラス又船長カ商第六二四條ノ規定ニ基キテ運送品ノ一部ヲ引渡シタル後ニ他ノ所持人來テ運送人ノ引渡ヲ請求シタル場合ニ於テモ其殘部ニ付テハ之ヲ供託シ請求シタル各所持人ニ對シテ其通知ヲ發スルコトヲ要ス(商第六二六條)運送品カ此ノ如クシテ供託セラレタル場合ニ於テハ運送品ノ引渡ヲ請求シタル各所持人ハ其相互ノ間ニ於テ裁判上又ハ裁判外ノ方法ニヨリテ其權利ヲ爭フヘク其權利者確定セハ運送品ハ直チニ引渡サルヘシ而シテ此場合ニ於テ法律カ各所持人ニ就テ優先權者ヲ定ムル立法例二アリ即チ

占有主義及發送主義是レナリ占有主義トハ證券ヲ最先ニ占有シタル者ヲ優先權者トナス者ニシテ英國ハ此主義ニヨレリ發送主義トハ最先ニ證券ヲ發送セラレタル者(發送名宛人)ヲ優先權者トナス者ニシテ獨逸ノ

採用セル所ナリ我商法ニ於テハ此二主義ヲ調和シ原所持人カ最先ニ發送シ又ハ引渡シタル證券所持人ヲ優先權利者トセリ(商第六二八條)即チ最先ノ發送名宛人又ハ最先ノ占有者ハ他ノ所持人ニ對シテ優先權ヲ有ス法文ニ原所持人ト云フハ多クノ場合ニ於テ荷送人ナリサレト若シ荷送人カ三通ノ船荷證券ヲ有シ其內二通ヲ一括シテ甲ニ發送シ後ニ殘リノ一通ヲ乙ニ發送シ又甲ハ其有スル二通ヲ丙及ヒ丁ニ發送シタリトセンニ甲及ヒ乙ヨリ見レハ荷送人ノミ原所持人タルモ丙及丁ヨリ見レハ甲モ亦原所持人タリ故ニ法文ハ廣ク原所持人ノ文字ヲ用ヒタルナリ尙運送品ニ付キ質權ヲ設定シタル場合ニ於テモ此商第六二八條ニ基キテ證券所持人ノ優先權ヲ決定スヘキモノナリト信ス

二、既ニ運送品ノ引渡アリタル場合ニ於テハタトヘ證券取得ノ日ヨリ云ヘハ最先ナル證券ヲ有スル所持人タリトモ運送品ノ引渡請求ノ權利ヲ失フモノナリ(商第六二七條)何トナレハ前述セルカ如ク陸揚港內ニ於テハ一通ノ所持人ニ對スル運送品ノ引渡ハ有效ナルヲ以テナリ尤モ此場合ニ於テモ船長カ惡意又ハ重大ナル過失ニヨリテ引渡ヲ爲シタルモノナルトキハ其行爲ハ無效ナルヲ以テ眞ノ權利者タル所持人ハ運送品ノ引渡及ヒ損害賠償ノ請求權ヲ有スルコト勿論ナリ

## 第四節　船荷證券ニ關スル法律關係

### 第一款　海上ノ運送契約

船荷證券上ノ法律關係ヲ明カニセントセハ先ツ物品運送ニ關スル海上運送契約ノ意義及性質ヲ論セサルヘカラス抑モ運送トハ物品又ハ旅客ヲ一所ヨリ他所ニ輸送スルコトヲ云ヒ我國ニ於テハ之ヲ陸上運送ト海上運送トニ分チ前者ハ陸上又ハ湖川港灣ニ於ケル運送ヲ云ヒ後者ハ專ラ海上ニ於ケル船舶ニヨル運送ヲ云フモノナルコトハ既ニ前章ニ於テ述ヘタル所ナリ海上運送ト陸上運送トハ運送ト云フ點ニ於テハ異ル處ナキモ其路筋カ一ハ陸上タ

ルト一ハ海上タルトノ差異ヨリシテ兩者ノ發達ニ著シキ影響ヲ與ヘ別種ノ法律規定ヲ生スルニ至レリ而シテ其法律規定ヲ異ニスル根本的ノ理由ハ海上運送ニテハ其運送具トシテ必ス船舶ニヨリ啻ニ其執行ニ於テ多大ノ資本ヲ要スルノミナラス特種ノ危險ヲ有スルヲ以テナリ

海商法(商法第五編)ノ適用ヲ受クル船舶ノ範圍ハ商第五三八條ニヨリテ定マル即チ商行爲ヲナス目的ヲ以テ航海ノ用ニ供スルモノノ中端舟其他櫓櫂ノミヲ以テ運轉シ又ハ主トシテ櫓櫂ヲ以テ運轉スル舟ヲ除外シタルモノ是レナリ又海商法ノ準用ヲ受クル船舶ノ範圍ハ船舶法附則第三十五條ノ規定スル所ナリ商行爲ヲナス目的ヲ以テセサルモ航海ノ用ニ供スル船舶ハ官廳又ハ公署ノ所有ニ屬スルモノヲ除キテハ商法第五編ノ規定準用セラル尙外國船舶ニ就テハ其如何ナル種類ノモノカ日本ノ法律ノ適用ヲ受クヘキカハ國際私法ニヨリテ決定セサルヘカラス

物品ノ運送ニ關スル海上運送契約ハ之ヲ二種ニ分ツコトヲ得

一、個々ノ物品運送契約

二、傭船契約

傭船契約ハ更ニ之ヲ船舶全部ノ傭船契約ト一部ノ傭船契約トノ二種ニ分ツコトヲ得前者ハ當事者ノ一方カ船舶ノ全部ヲ貸シ切リ後者ハ船舶ノ一部ヲ貸シ之レニ船積シタル物品又ハ乘リ込ミタル旅客ヲ運送スルコトヲ約シ相手方カ之レニ報酬即チ運送賃ヲ支拂フコトヲ約スル運送契約ナリ我商法ノ解釋上個々ノ物品運送契約カ請負契約ノ一種ナルコトハ疑ヲ容レス反之傭船契約ノ性質ニ就テハ之ヲ賃貸借契約ト主張スルモノナリサレト是レ往時商人カ積荷ヲ指揮スル爲メ船舶ニ伴乘シタル舊思想ニ基クモノニシテ積荷ノ運送ニ就テハ運送人タル船舶所有者カ一切ノ責任ヲ負フテ其ノ仕事ノ完成ヲ期スル今日ニアリテハ傭船契約モ亦運送契約トシテ請負契約ノ一種タルコト他ノ運送契約ト異ラスト解セサルヘカラス尤モ船舶ニ就テハ賃貸借契約ヲ締結シ得ルコトハ勿論ノコトニシテ此場合

ニ於テハ傭船契約トハ法律上ノ效果ヲ異ニシ特ニ商第五五六條、第五五七條等ノ規定アリ
海上運送契約ハ傭船契約タルト個々ノ物品運送契約タルトヲ問ハス諾成契約ナリ契約ノ成立ニハ何等ノ方式ヲ要セス而シテ傭船契約ニアリテハ後日ノ證據ノ爲メニ各當事者ハ傭船契約書ノ交付ヲ請求スルコトヲ得(商第五九〇條)然レトモ此傭船契約書ノ作成ハ當事者ノ自由意思ニヨルモノニシテ法律ハ之ヲ強制セス其記載事項ニ就テモ法律上何等ノ規定ナシ
又個々ノ物品運送契約ニアリテハ各當事者ハ別ニ運送契約書ノ交付ヲ請求スルコトヲ得ス又陸上運送ニ於ケルカ如ク運送狀ヲ作成スル慣習ナク船長ヨリ船荷證券ヲ發行スルヲ例トス船荷證券ニ就テハ傭船契約書ノ存スル場合ニ於テモ傭船者ノ請求アレハ船長之ヲ交付セサルヘカラサルモノニシテ(商第六二〇條)船長ハ又傭船者若クハ荷送人ニ對シテ船荷證券ノ謄本ヲ請求スルコトヲ得(商第六二三條)

物品運送契約ノ當事者ハ傭船契約ノ場合ニハ船舶所有者ト傭船者トノ二人ナリ個々ノ物品運送契約ノ場合ニハ船舶所有者ト荷送人トナリ傭船者又ハ荷送人ハ荷主タルコトアリ運送取扱人タルコトアルハ陸上運送ニ就テ述ヘタル所ト同シ而シテ荷受人ハ運送品ニ就テハ運送人ニ對シテ權利義務ヲ有スレトモ之レ法律カ特ニ其萬能力ヲ以テ賦與シタル效果ニヨリテ然ルモノニシテ運送契約ノ當事者ニアラス又船長ハ事實上運送ノ執行ヲナスモノナレ共船舶所有者ノ代理人タル資格ニヨリ又ハ特ニ法律ノ規定ニヨリテ運送人ニ對シテ責任ヲ有スルモノタルニ過キス

物品運送契約ノ終了ニ就テハ當事者ノ解除ニ因ルモノト法定ノ原因ニヨルモノトノ二種アリ

第一、解除ニヨル終了

債務不履行ニヨル民法一般ノ規定ニ基ク解除ノ外ニ尚二種アリ一ハ傭船者又ハ荷送人ノ任意ニテ解除スル場合ト他ノ一ハ不可抗力ニ基キテ各當

事者カ解除スル場合也

一、傭船者又ハ荷送人ノ任意ニ解除スル場合

我商法ハ商業ノ自由ヲ保護スル爲メ傭船者又ハ荷送人ノ爲メニ船舶所有者ニ法定ノ損害賠償ヲナサシメ以テ任意ニ運送契約ヲ解除スル權利ヲ認メタリ而シテ其解除ノ效力ハ發航前ノ解除ト發航後ノ解除トニ依テ差異アリ(商第五九八條、第五九九條、第六〇〇條、第六〇一條、第六〇三條)

二、不可抗力ニ基キ傭船者又ハ荷送人及ヒ船舶所有者カ解除スル場合

航海又ハ運送カ法令ニ反スルニ至リタルトキ其他不可抗力ニヨリテ契約ヲ爲シタル目的ヲ達スルコト能ハサルニ至リタルトキハ各當事者ハ契約ノ解除ヲ爲スヿヲ得此場合ニ於ケル解除權發生ノ原因タルヤ毫モ當事者ノ故意又ハ過失ニ基カサルモノナルカ故ニ雙方ノ間ニ損害賠償ノ請求ヲ爲スコトヲ得ス尤モ發航後ニ於テハ既ニ幾分ノ運送ヲ成シ其結果ヲ生シ居ルヲ以テ其割合ニ應シテ運送賃ヲ支拂ハサルヘカラス(商

第六一四條、第六一六條)尙發航ノ前後ヲ問ハス運送品ノ一部ニ關シ不可抗力ノ原因發生シタル場合ノ解除權及ヒ救濟方法ニ就テハ商第六一五條及第六一六條第二項ニ規定アリ

第二、左ノ場合ニハ法定ノ原因ニヨリテ契約ハ當然終了ス

イ、船舶カ沈沒シタルコト

ロ、船舶カ修繕スルコト能ハサルニ至リタルコト

ハ、船舶カ捕獲セラレタルコト

ニ、運送品カ不可抗力ニ因リテ滅失シタルコト

(商第六一三條第六一六條第一項第五七一條參照)

以上海上運送契約ノ性質成立及其終了ヲ說明セリ是レヨリ進ンテ此契約ノ效力トシテ船舶所有者ノ權利義務荷受人ノ地位並ニ船長ノ責任ヲ論セントスサレト本章ノ目的トスル所ハ船荷證劵ヲ基礎トシテ之レニ關スル法律關係ヲ明カニスルヲ以テ常ニ此點ニ著眼シテ記述ヲ取捨スヘシ則チ船荷證劵

ニ關係薄キ事項ハ勢ヒ之ヲ簡單ニ叙スルコトトセリ

## 第二款　船舶所有者ノ權利義務

船舶所有者ハ運送契約ノ當事者ナルヲ以テ運送契約ノ趣旨ニ從ヒ傭船者又ハ荷送人ニ對シテ權利義務ヲ有ス

### 第一　航海堪能ノ擔保義務

海上運送契約ニ於テハ傭船契約タルト個々ノ運送契約タルトヲ問ハス運送ニ供セラルル船舶ハ明示又ハ默示ニ特定セラレ居ルヲ通例トス特定ノ船舶カ契約ニヨリテ定マレル時ハ必ス之ニ從フヘクタトヘ契約ニ何等ノ定メナキトキト雖トモ船舶所有者ハ尙該運送ニ相當スル船舶ヲ用フヘキハ當然ノ義務ナリ而シテ運送ニ從事セシムヘキ船舶ニ就テハ船舶所有者ハ發航ノ當時安全ニ航海ヲ爲スニ堪フルコトヲ擔保セサルヘカラス（商第五九一條）

一、船舶カ安全ニ航海ニ堪フルトハ敢テ船舶自體ニ損傷ナキノミナラス其

屬具艤装等整備シ乘組員ノ技能員數等モ當該航海ヲ完了スルニ安全ナルヘキコトヲ云フ

二、此擔保義務ハ唯發航ノ當時ニ就テ云フノミ何トナレハ航海中終始航海ノ堪能ナルコトヲ擔保スルハ船舶所有者ニ取リテハ不可能ノコトニ屬スレハナリ

固ヨリ船舶所有者ハ運送ノ途中ニ於テ船舶カ航海ニ堪ヘサルニ至レハ其場合ノ狀況ニ從ヒ或ハ之ヲ修繕シ或ハ代船ヲ使用シ以テ運送ヲ完了スルノ義務ヲ負フモノナレトモ此ノ義務ハ運送契約上ヨリ發生スルモノニシテ商第五九一條ノ規定ヨリ生スルモノニアラス

三、本條ノ擔保義務ハ公益上ノ理由ニ基ク命令的ノモノナルヲ以テ特約ニヨリテ免カル・ルヲ得サルナリ

**第二**　船積ニ關スル權利義務

船積ニ就テハ船舶所有者ハ先ツ其準備ヲ整フルコトヲ要シ其準備整ヒタ

ルトキハ傭船者ニ對シテ遲滯ナク其通知ヲ發セサルヘカラス(商第五九四條、第六〇一條)又個々ノ物品運送契約ノ場合ニハ船長ハ船積ニ關スル指圖ヲ與フルコトヲ要ス(商第六〇二條第一項)

又契約ノ趣旨ニ從ヒテ船積ヲ受クルコトハ船舶所有者ノ方面ヨリ云ヘハ權利ナリ故ニ傭船者又ハ荷受人カ法令ニ違反シ又ハ契約ニヨラスシテ船積シタル運送品ハ船長ニ於テ何時ニテモ之ヲ陸揚シ若シ船舶又ハ積荷ニ危害ヲ及ホス虞アルトキハ之ヲ放棄スルコトヲ得但シ船長カ之ヲ運送スルトキハ其船積ノ地及ヒ時ニ於ケル同種ノ運送品ノ最高ノ運送賃ヲ請求スルコトヲ得併セテ船舶所有者其他ノ利害關係人カ損害賠償ノ請求ヲ爲スヲ妨ケサルナリ(商第五九三條)而シテ船積ノ期間ニ就テハ我商法ニハ特別ノ規定ナキヲ以テ契約或ハ慣習ニヨリテ定ムルノ外ナシ若シ船積期間ノ定メアリタルトキハ傭船契約ノ場合ニハ其期間ハ船積ノ準備ノ整頓セルコトノ通知ヲ發シタル翌日ヨリ之ヲ起算シ(商第五九四條第二項)個々ノ

物品運送契約ノ場合ニハ特約又ハ慣習ノ存セサル限リハ荷送人ハ船長ノ指圖ヲ受ケタル當日ヨリ早速船積ニ著手セサルヘカラス(商第六〇二條第二項)船積期間經過ノ後ハ船舶所有者ノ都合ニヨリ未タ運送品ノ全部ヲ積ミ了ラサルトキト雖モ船長ハ發航ヲ爲スコトヲ得(商第五九七條第一項)又傭船者カ船積期間內ニ毫モ船積ヲ爲サヽリシ時ハ契約ノ解除ヲ爲シタルモノト看做サル(商第五九八條第四項)其他船積ニ關スル法律關係ハ商第五六二條、第五九三條乃至第五九七條、第五九八條第二項、第三項、第六〇一條第二項、第六〇二條及第六〇四條等ニ規定セラル

**第三**　發航ニ關スル權利義務

商第五九六條、第五九七條、第六〇一條第三項、第六〇二條第二項ニ規定スル所ナリ

**第四**　陸揚ニ關スル權利義務

船積ニ關スル權利義務ト同一ノ原則ニ從フ(商第六〇五條)

第五　損害賠償ノ責任

船舶所有者ノ船員ノ行爲ニ對スル責任ニ就テハ有限責任ヲ認ムルコト各國立法例ノ其軌ヲ一ニスル所ナリ是レ船舶カ航海中ニアルトキハ船舶所有者ハ最早船員等ノ行爲ヲ指揮監督スルコトヲ得ス又航海中ハ船長ノ權限ヲ擴大ナラシメ船舶所有者ノ指揮命令ヲ俟タスシテ重大ナル行爲ヲ行ハシムルニアラサレハ機宜ノ處置ヲナス能ハス又船員ハ普通ノ勞働者ト異リ一定ノ試驗ヲ經テ技術ニ堪能ナルコトノ公證ヲ有スルモノナレハ船舶所有者ニシテ適法ナル選任ヲ爲シタル以上ハ船員ノ技術上ノ過失ヨリ生シタル損害ニ對シテ其責ニ任セシムルハ甚タ酷ナリト云ハサルヘカラス且ツ航海ノ事業ハ甚タ危險ニ富ムモノナルヲ以テ若シ船舶所有者ニシテ船員ノ行爲ニ對シ常ニ無限責任ヲ負ハシムルトキハ航海業ニ從事スルモノ減少シ海運ノ發達ヲ妨クルコト大ナルヘキヲ以テナリ是ヲ以テ我商法ニ於テモ船舶所有者ノ船員ノ行爲ニ對スル責任ニ就テハ有限責任ヲ認

メ佛法系ニ傚ヒテ委付主義ヲ採用セリ即チ船舶所有者ハ船長カ其法定ノ權限內ニ於テ爲シタル行爲又ハ船長其他ノ船員カ其職務ヲ行フニ當リ他人ニ加ヘタル損害ニ付テハ航海ノ終リニ於テ船舶運送賃及ヒ船舶所有者カ其船舶ニツキ有スル損害賠償又ハ報酬ノ請求權ヲ債權者ニ委付シテ其責ヲ免カルルコトヲ得但シ船舶所有者ニ過失アリタルトキ又ハ船舶所有者カ債權者ノ同意ヲ得スシテ更ニ航海ヲ爲サシメタルトキハ此限ニアラス(商第五四四條第一項、第五五五條)故ニ船舶所有者ハ自己ニ過失ナク且ツ債權者ノ同意ヲ得スシテ更ラニ航海ヲ爲サシメサル限リハ

一、船長カ其法定權限內ニ於テ爲シタル行爲ヨリ生スル債務

二、船長其他ノ船員カ其職務ヲ行フニ當リ他人ニ損害ヲ加ヘタルヨリ生スル債務

(船舶航海ノ終リニ於ケル運送賃、船舶所有者カ其船舶ニツキ有ヌル損害賠償及其船舶ニ付キ有スル報酬ノ請求權)

ニ就テハ責任財産トシテ定メタル海產ヲ債權者ニ委付シテ其責ヲ免カルルコトヲ得玆ニ船長ノ法定權限トハ商第五六六條以下三ケ條ニ規定スル所ニシテ船長其他ノ船員トハ船長、運轉士、機關士ヨリ火夫、水夫ニ至ルマテ總テノ船員ヲ包含シ其職務トハ船員等カ船舶所有者ノ使用人トシテ負擔スル所ノ事務ノ範圍ト解セサルヘカラス

而シテ委付ハ單獨行爲ニシテ相手方ノ承諾ヲ待タスシテ其效力ヲ生ス又之ヲ爲スニハ書面ニヨルト口頭ヲ以テスルトヲ問ハス其效力發生ノ時期ハ單獨行爲ニ關スル民法ノ一般ノ原則ニ從フヘク尙登記シタル船舶ノ委付ハ登記ヲ爲スニ依リテ其效ヲ生ス又委付權ノ行使ハ現ニ發生セル優先權ヲ害スルモノニアラス故ニ此等ノ海產ニ就テ優先權ヲ有スル者ハ船舶所有者カ委付ヲ爲スト否トニ拘ラス其權利ヲ行使スルコトヲ得

抑モ船舶所有者ト船長其他ノ船員トノ關係ハ使用人ト被使用人トノ關係ナルヲ以テ被使用人ノ權限內ノ行爲及ヒ其職務ノ執行ニヨリ他人ニ損害

ヲ及ホシタルトキハ使用人其責ニ任スルハ當然ノコトニ屬ス唯法律ハ航海業ノ危險ニ富ミ且ツ船員ハ普通ノ被使用人ト同一視スヘカラサルヨリシテ船舶所有者ヲ保護シ法定ノ海產ヲ委付シテ其責ヲ免カルルコトヲ認メタリサレト船舶所有者及ヒ船員ノ惡意又ハ過失ニツキテハ毫モ之ヲ保護スルノ必要ナク却テ近時ノ趨勢ニ於テ之ヲ見レハ海上運送ハ大會社カ資力ヲ集中シテ獨占的ニ營業スルノ傾向ヲ生シ最モ自己ニ便宜ナル條項ヲ以テ運送契約ヲ締結セントスルノ風アルニ至レルヲ以テ一千八百八十八年ブルッセル國際商法會議ニ於テ一、船舶ノ航海堪能ノ擔保義務二、積荷ノ保管引渡ニ關スル義務三、船員其他ノ使用人ノ重大ナル過失ノ責任ニ就テハ特約ニヨルモ其責ヲ免カルルコトヲ得サルモノト議決シタリ

我商法ニ於テモ此議決ノ主意ニ則リ商第五九二條ノ規定ヲ設ケタリ曰ク船舶所有者ハ特約ヲナシタルトキト雖モ自己ノ過失船員其他ノ使用人ノ惡意若クハ重大ナル過失又ハ船舶カ航海ニ堪ヘサルニ因リテ生シタ

ル損害ヲ賠償スル責ヲ免カルルコトヲ得ス
ト之レ明カニ特約ニヨル免責事項ノ範圍ヲ制限シタルモノナリ
本條ノ規定ニ就テ注意スヘキコト二アリ
一、本條ニハ船員其他ノ使用人ノ惡意又ハ重大ナル過失ト規定セラルルヲ以テ輕過失ヨリ生スル損害ニ付テハ特約ニヨリ免カルルコトヲ得
二、又單ニ「船舶カ航海ニ堪ヘサルニヨリテ生シタル損害」トアルヲ以テ發航ノ當時ニノミ關スルヤ發航ノ前後ヲ問ハサルヤ議論アル所ナリサレト本條ハ商第五九一條ト同一視スヘキモノニアラスシテ發航ノ當時ナル文字ナキハ畢竟法カ發航ノ前後ヲ問ハサルノ主義ニテ規定セシモノト解セサルヘカラス若シ之ヲ發航ノ當時ノ意味ニ限局スルトキハ船舶所有者ハ船舶修繕ノ義務、代船使用ノ義務等ノ免除ヲ發航前ニ特約シテ種種ノ弊害ヲ生スルニ至ルヘシ
尙船舶所有者ノ損害賠償ノ責任ニ關スル注意義務擧證ノ責任損害賠償ノ

金額惡意又ハ重大ナル過失ニ因ル責任及ヒ責任消滅ノ時期ニ就テハ陸上運送ニ關スル商第三三七條乃至第三四一條及第三四八條ノ規定準用(商第六一九條參照)セラル此等ノ規定ニ就テハ既ニ前章ニ詳述セシ所ナレハ重ネテ之ヲ記述セス

## 第六　運送賃請求權

船舶所有者カ傭船者又ハ荷送人ニ對シテ運送賃ノ請求ヲナシ得ルコトハ運送契約カ請負契約ノ一種タル性質ヨリ當然生スルモノニシテ陸上運送タルト海上運送タルトニ於テ異ルトコロナシ又運送品ヲ荷受人ニ引渡ストキハ同時ニ荷受人ニ對シテモ運送賃ノ支拂ヲ請求シ得ルコトハ之レ亦陸上運送ノ場合ト同シ(商第六〇六條參照)

運送賃ヲ定ムルニハ運送品ノ重量又ハ容積ニヨリテ之ヲ定ムルコトアリ此場合ニ於テハ反對ノ特約ナキ限リハ其額ハ運送品引渡ノ當時ニ於ケル重量又ハ容積ニヨリテ之ヲ定ム(商第六〇八條)又或ハ航海ノ期間ヲ以テ定

ムルコトアリ此場合ニ於テハ我商法ニ於テハ船積著手ノ日ヨリ起算シ陸揚終了ノ日マテヲ計算スルコトトナセリ(商第六〇九條)但シ次ノ例外アリ
イ、船舶カ不可抗力ニ因リ發航港若クハ航海ノ途中ニ於テ碇泊ヲ爲スヘキトキ又ハ航海ノ途中ニ於テ船舶ヲ修繕スヘキトキハ此期間ヲ算入セス
ロ、商第五九四條第二項ノ場合即チ傭船者カ運送品ヲ船積スヘキ期間ノ定メアル場合ニ於テ其期間經過ノ後運送品ノ船積ヲナシタル日數ハ之ヲ算入セス
ハ、商第六〇五條第二項ノ場合即チ運送品ヲ陸揚スヘキ期間ノ定メアル場合ニ於テ其期日經過後ノ運送品ノ陸揚ヲ爲シタル日數ハ之ヲ算入セス
運送賃ハ運送ノ成果ヲ完了シテ後ニ請求シ得ルヲ原則トスサレト次ノ場合ニハ運送ノ目的ヲ達スルコトナクシテ而カモ尚運送賃ノ金額ヲ請求スルコトヲ得(商第六一七條)
一、船長カ船舶ノ修繕、救援又ハ救助ノ費用其他航海ヲ繼續スルニ必要ナル

費用ヲ支辨スル爲メニ(商第五六八條第一項ノ規定ニ從ヒ)積荷ヲ賣却又ハ質入シタルトキ

二、船長カ航海ヲ繼續スル必要上(商第五七二條ノ規定ニ從ヒテ)積荷ヲ航海ノ用ニ供シタルトキ

三、船長カ船積及ヒ積荷ヲシテ共同ノ危險ヲ免レシムル爲メ(商第六四一條ノ規定ニ從ヒテ)積荷ヲ處分シタルトキ

右一及ヒ二ノ場合ハ船長カ船舶所有者ノ利益ノ爲メニ積荷ヲ處分シタル場合ニシテ船舶所有者ヨリ其積荷ニ對スル損害ノ賠償ヲ爲サヽル可ラス而シテ其損害賠償ノ額ハ其積荷ノ到達スヘカリシ時ニ於ケル陸揚港ノ價格ニ依リテ之ヲ定ム(商第五六八條第二項、第五七二條)ルヲ以テ傭船者又ハ荷送人ヲシテ運送賃ノ全額ヲ支拂ハシムルモノトス又第三ノ場合ハ共同海損ニシテ其損害ノ額ハ商第六四七條ニヨリテ定マリ運送賃モ亦其中ニ包含セラルルヲ以テナリ

又運送品ノ全部又ハ一部カ不可抗力ニ因リテ滅失シタルトキハ船舶所有者ハ其運送賃ヲ請求スルコトヲ得ス若シ既ニ其運送賃ノ全部又ハ一部ヲ受取リタルトキハ之ヲ返還セサル可ラス反之運送品ノ全部又ハ一部カ其性質若クハ瑕疵又ハ傭船者若クハ荷送人ノ過失ニヨリテ滅失シタルトキハ船舶所有者ハ運送賃ノ全額ヲ請求スルヿヲ得(商第六一九條、第三三六條)尙運送契約終了ノ場合ニ於ケル運送賃ノ請求權ニ就テハ商第五九八條、第六〇〇條、第六〇一條第一項第二項、第六〇二條第二項、第六〇三條、第六一三條第二項、第六一四條第二項、第六一五條第二項、第六一六條ニ規定アリ

## 第七　運送品ノ供託權及競賣權

船舶所有者ハ運送品ヲ荷受人ニ引渡スヘキ義務ヲ負擔ス而シテ荷受人カ運送品ヲ受取ルコトヲ怠リタルトキハ船長ハ之ヲ供託スルコトヲ得此場合ニ於テハ遲滯ナク荷受人ニ對シテ其通知ヲ發セサルヘカラス(商第六〇七條第一項)又荷受人ヲ確知スルコト能ハサルトキ又ハ荷受人カ運送品ヲ

受取ルコトヲ拒ミタルトキハ船長ハ運送品ヲ供託スルコトヲ要ス此場合ニ於テハ遲滯ナク傭船者又荷送人ニ對シテ其通知ヲ發スルコトヲ要ス(同條第二項)

船舶所有者ハ運送品ヲ荷受人ニ引渡スノ義務アルト共ニ荷受人ニ對シテ運送契約又ハ船荷證劵ノ趣旨ニ從ヒ運送賃附隨ノ費用立替金及ヒ運送品ノ價格ニ應シ共同海損、淀泊料及救助ノ爲メ負擔スヘキ金額ヲ請求スルノ權利ヲ有シ船長ハ此金額ノ支拂ト引換ニ非ラサレハ運送品ヲ引渡スコトヲ要セス(商第六〇六條)而シテ船舶所有者ハ此金額ノ支拂ヲ受クル爲メ裁判所ノ許可ヲ得テ運送品ヲ競賣スルコトヲ得(商第六一〇條第一項)此競賣權ハ船長カ荷受人ニ運送品ヲ引渡シタル後ト雖モ之ヲ行使スルヲ得尤モ引渡ノ日ヨリ二週間ヲ經過シタルトキ又ハ第三者カ其運送品ニツキ占有ヲ取得シタルトキハ此限リニアラス(同條第二項)

船舶所有者カ上記ノ競賣權ヲ行使スルハ啻ニ自己ノ爲メノミナラス又實

ニ傭船者又ハ荷送人ノ利益ノ爲メニ行フヘキモノナリ故ニ船舶所有者カ此權利ヲ行ハサルトキハ傭船者又ハ荷送人ニ對スル請求權ヲ失フモノトス但此ノ場合ニ於テハ傭船者又ハ荷送人ハ其受ケタル利益ノ限度ニ於テ償還ヲナサヽルヘカラス(商第六一一條)

船舶所有者カ上記ノ競賣權ヲ行使シタルニ拘ラス運送賃ノ全額ノ辨濟ヲ受クルコト能ハサリシトキハ其殘額ニ付テハ傭船者又ハ荷送人ニ對シテ請求スルコトヲ得是レ運送契約ノ效果トシテ當然ノコトナリ尙船舶所有者ハ運送品カ手中ニ存スル間ハ其運送品ニ付民法上ノ留置權及ヒ先取特權ヲ有ス(民第二九五條、第三一八條)

## 第八　時效

船舶所有者ノ傭船者、荷送人又ハ荷受人ニ對スル債權ハ一年ヲ經過シタルトキハ時效ニ因テ消滅ス(商第六一八條)

船舶所有者ノ責任ハ荷受人カ運送品ヲ受取リタル日ヨリ一年ヲ經過シタ

ルトキハ時效ニヨリテ消滅ス
運送品ノ全部滅失ノ場合ニ於テハ其引渡アルヘカリシ日ヨリ一年ヲ經過シタルトキハ時效ニヨリ消滅ス
尤モ船舶所有者ニ惡意アリタル場合ニハ此短期時效ノ適用ナク普通ノ十年ノ時效トス(商第六一九條、第三二八條)

第三款　船長ノ積荷ノ利害關係人ニ對スル責任

船長ハ運送契約ノ當事者ニアラスサレト海上運送ハ專ラ船舶ニヨリテ行ハルルモノニシテ船舶所有者ハ航海中ニ於ケル船員ヲ監督指揮スル能ハサル爲メ皆之レヲ船長ニ一任セリ故ニ航海ノ安全ヲ計ラントセハ一方ニ於テ船長ノ權限ヲ廣大ナラシムルト共ニ其責任ヲ重大ナラシメサルヘカラス是ヲ以テ各國ノ法律皆船長ノ權限及責任ニ就テ特ニ規定ヲ設ク
抑船長ト船舶所有者トノ關係ハ使用者ト被使用者トノ關係ナリサレト單ニ之ヲ雇傭契約關係ノミト云フヲ得ス何トナレハ船長ハ船舶所有者ニ對シテ

一定ノ範圍ニ於テ代理權ヲ有スレハナリ(商第五六六條以下三條)故ニ我法律ニ於テハ船長ハ船舶所有者ニ對シテ雇傭ト委任トノ二ノ契約關係ニ立ツモノニシテ即チ被使用者タルト共ニ委任代理人ナリト云ハサルヘカラス是ヲ以テ積荷ノ利害關係人ニ對スル關係ニ於テモ船長カ船舶所有者ノ委任代理人トシテ其權限内ニテナセシ行爲ノ成果ハ皆船舶所有者ニ歸屬スヘキモノニシテ船長ハ其責ニ任セス而モ之レト同時ニ其代理權限外ノ所爲並ニ法律カ特ニ船長タル資格ニ著眼シテ規定シタル船長ノ義務ニ就テハ船長ハ自カラ其責ニ任セサルヘカラサル也

**第一　船長ノ船舶所有者ニ對スル代理權限ノ範圍**

船長ハ船舶所有者ニ對シテ雇傭契約ニヨリ常務ニ服スルノ外委任契約ニヨリ代理權限ヲ有スルモノナルコトハ上述セシ所ナリ

船長ノ代理權限ノ範圍ヲ定ムル立法例ハ一樣ナラス佛國主義ニアリテハ船舶所有者ノ所在ノ地ヲ標準トシ英國主義ハ行爲ノ種類ヲ標準トシテ其

權限ヲ規定セリサレト我商法ニアリテハ獨逸主義ニ則リ船籍港ニ於ケル行爲タルト否トニヨリテ之ヲ區別セリ是レ最モ船舶ノ性質及ヒ船長ト船舶所有者トノ間ノ法律關係ヨリ觀察シテ穩當ナル立法例ナルヲ以テ也(商第五六六條以下三條)

甲　船籍港外ニ於ケル船長ノ代理權限

(イ)　通則

船籍港外ニ於テハ船長ハ航海ノ爲メニ必要ナル一切ノ裁判上又ハ裁判外ノ行爲ヲナス權限ヲ有ス(商第五六六條第一項)蓋シ船籍港外ニ於テハ船舶ハ船舶所有者ノ手ヲ離レ一ニ船長ノ指揮ニヨラサルヘカラサルモノナルヲ以テ航海ノ爲メ必要ナル一切ノ行爲ハスヘテ船長ヲシテ代理セシムルコト至當ナリト云フヘシ但シ船長ノ權限ハ自己ノ乘込ミタル特定ノ船舶ニツキ當該特定ノ航海ニツキテ有スルモノナルコトハ多言ヲ要セサルヘシ

又航海ノ爲メニ必要ナル一切ノ裁判上又ハ裁判外ノ行爲ト云フヲ以テ荷モ當該航海ノ爲メ必要ナル以上ハ其行爲カ私法上ノ行爲タルト公法上ノ行爲タルトヲ問ハス代理權ヲ有スト云ハサルヘカラス反之保險契約ノ締結ハ航海ノ爲メニ必要ナル行爲ト云フヲ得サルヲ以テ特ニ委任アルノ外ハ權限外ノコトニ屬スト云フヘキ也

(ロ) 通則ニ對スル制限

船長ハ船舶ノ修繕、費用及ヒ救助ノ費用其他航海ヲ繼續スルニ必要ナル費用ヲ支辨スル爲メニアラサレハ左ニ掲クル行爲ヲナスコトヲ得ス(商第五六八條第一項)

一、船舶ヲ抵當トナスコト

二、借財ヲナスコト

三、積荷ノ全部又ハ一部ヲ賣却又ハ質入スルコト但シ第五六五條第一項ノ場合ハ此限ニアラス是レ方ニ上述セシ商第五六六條第一項ニ對スル制限ナリ抑船長ハ航海ノ爲メニ必要ナル一切行爲ヲナシ得ルヲ原則トスサレト上記ノ第一號ヨリ第三號迄ノ行爲ノ如キハ事態甚タ重大ニシテ且ツ其結果ニ於テ船舶所有者又ハ積荷ノ利害關係人ニ大ナル煩累ヲ及ホスコト稀ナラス故ニ法律ハ非常ノ場合ニ於テノミ船長ニ此等ノ行爲ヲナスノ權限ヲ與フルコトトセリ即チ此等ノ行爲ハ單ニ航海ノ爲メニ必要ナル一條件ノミヲ以テ之レヲ爲スコトヲ許サヽル也

船長カ右ノ第一號乃至第三號ノ行爲(學者之ヲ信用契約ト云フ)ヲナシ得ルノ條件ハ航海ヲ繼續スル爲メニ必要ナル費用ヲ支辨スル爲メ已ムヲ得サル場合ニアリ而シテ航海ヲ繼續スル爲メニ必要ナル費用トハ本條ニ例示セル船舶ノ修繕、救援、救助ノ費用其他船舶債權者ノ爲メニ船舶カ差押ヘラレシトキニ當リ其債務ノ辨濟ヲナス爲メニ要スル費用ノ如キモノヲ云フ又救援、救助ノ語ハ我商法ニ屢々見ル所ニシテ是レ獨逸語ノ

「ヒユルフエライスツング」(Hulfeleistung)ト「ベルグング」(Bergung)トニ該當スルモノナリ即チ救援ハ海難ニ際シ船舶又ハ積荷カ未タ船長以下乘組員ノ手ヲ離レサル間ニ第三者來テ之ニ應援シ其危難ヨリ救ヒ出シタル場合ヲ云フ(船員法第二一條參照)救助トハ既ニ船舶若クハ積荷ノ全部又ハ一部カ船長以下乘組員ノ手ヲ離レタルニ當リ第三者來テ之ヲ救ヒ出シタル場合ヲ云フ(商第六四九條參照)而シテ救援、救助ノ費ニツキテ債權ヲ有スルモノハ船舶債權者トシテ船舶、其屬具及ヒ未タ受取ラサル運送賃ノ上ニ先取權ヲ有スルコトハ商第六八〇條ノ規定スル處也

信用契約中第一號及第二號ノ行爲ニツキテハ特ニ説明スヘキ要ナシ反之第三號ノ行爲即チ積荷ノ全部又ハ一部ノ賣却又ハ質入ニ就テハ聊カ解説セサルヘカラス抑モ積荷ノ運送ニ就テハ船長ハ相當ノ注意ヲ以テ其目的ノ遂行ヲ計ラサルヘカラサルモノニシテ妄リニ其處分ヲ許スヘキモノニアラスサレト本條ノ場合ニ於テハ航海繼續ノ必要上特ニ船舶

所有者ノ利益ノ爲メニ船長ヲシテ其權限ヲ認メタルモノ也故ニ此積荷ノ處分ハ船長カ船舶所有者ノ代理人トシテ船舶所有者ノ爲メニ爲シタル行爲ニシテ其行爲ノ結果タル積荷ノ賣却又ハ質入ヨリ生スル權利義務ハ船舶所有者ニ歸屬スヘキコトハ言ヲ俟タス從テ船長カ本條ノ規定ニ基キ積荷ヲ賣却シ又ハ質入シタルトキハ船舶所有者ハ積荷ノ所有者ニ對シテ賠償ノ責任アリ其賠償額ノ算定ニ就テハ本條第二項ノ規定ニ從ヒ其積荷ノ到達スヘカリシ時ニ於ケル陸揚港ノ價格ニヨリテ之ヲ定ム但シ其價格中ヨリ支拂フコトヲ要セサリシ費用ヲ控除セサルヘカラス(商第五六八條第二項)

本條ノ規定ニ基キ注意スヘキコトアリ

一、航海繼續ノ爲メ已ムヲ得スシテ船長カ積荷ヲ賣却セル場合ニアリテハ通常其價格ハ非常ニ低廉ナリ故ニ實際ノ賣却價格ヲ以テ賠償額トナスハ積荷所有者ノ爲メニ不利益ナルヲ慮リ且ツ積荷ハ契約ニヨリテ定マリタル陸揚港ニ送達セラルヘキモノタルニヨリ法律カ賠償額ハ其積荷ノ到著スヘカリシ時ニ於ケル陸揚港ノ價格ニヨリ定ムトナシタル所以也然ルニ陸揚港ニ於ケル該荷物ノ價格非常ニ下落シ中途ニ於ケル賣却價格ノ方却テ高カリシ時ハ如何此場合ニ於テハ積荷所有者ハ實際ノ賣却價格ヲ請求シ得ルモノト云ハサルヘカラス何トナレハ積荷ノ處分ニヨリテ船舶カ航海ヲ繼續シ得タリトセハ是レ船舶所有者ハ他人ノ財產ニヨリ利益ヲ受ケ之レカ爲メニ他人ニ損失ヲ及ホシタルモノニシテ民第七〇三條ノ規定ニ基キ積荷ノ所有者ニ對シテ途中ニ於ケル積荷賣却價格ノ全部ヲ返還スルノ義務ヲ負フモノナレハナリ元來商第五六八條第二項ハ決シテ民第七〇三條ニヨル不當利得返還ノ請求權ヲ杜絕スルモノニアラス却テ此場合ニ於ケル積荷ノ所有者ヲ保護スルノ意ニ出テタル規定ナリト云ハサルヘカラス是ヲ以テ船長カ本條ノ規定ニ基キ積荷ヲ賣却セシ時ニハ船舶所有者ノ積荷ノ所有者ニ對シテ負フ所ノ損

害賠償ノ額ハ若シ實際ノ賣却價格カ陸揚港ニ於ケル價格ヨリモ高キトキハ實際ノ賣却價格ヲ返還スヘク又實際ノ賣却價格カ陸揚港ニ於ケル價格ヨリモ低キトキハ商第五六八條第二項ノ規定ニヨリテ陸揚港ニ於ケル價格ヲ以テ賠償セサルヘカラス

二、本條第二項但書ニ「其價格中ヨリ支拂フコトヲ要セサリシ費用ヲ控除スルコトヲ要ス」トアリ是レ陸上運送ニ就テモ述ヘシ如ク貨物ノ價格ハ發送地ニ於ケルヨリモ到達地ニ於ケル方遙カニ高キモノナリ何トナレハ後者ハ前者ノ價格ニ運送賃、關稅其他ノ費用ヲ附加シタルモノナルヲ以テナリ海上運送ニ於テモ積荷ノ陸揚港ニ於ケル價格ナルモノハ通常ハ其原價、運送賃、船積、陸揚費用、關稅、普通ノ利益、歩合等ヨリ合成セルモノナリ故ニ若シ航海ノ途中ニ於テ積荷ヲ賣却又ハ質入スルトキハ其後ノ運送賃、關稅、陸揚費用等ハ積荷所有者ニ於テ支拂フコトヲ要セサルモノナルコト明白ナルヲ以テ此積荷ノ處分ニツキ船舶所有者カ賠償ヲ爲ス

ニ當リテハ此等ノ費用ヲ控除スルコトヲ要シ以テ賠償ノ衡平ヲ保タシムル者ナリ

三、本條ノ規定ニ基キテ積荷ニ就キテ爲シタル處分行爲ハ船長カ船舶所有者ノ代理人トナリ其利益ノ爲メニナシタルモノニシテ商第五六五條第一項ノ場合ニ於ケル如ク船長カ積荷ノ利害關係人ノ法定代理人トシテ荷物ヲ處分セシモノニアラス(商第五六五條ニ就テハ後ニ詳説ス)是ヲ以テ本條ノ規定ニ基ク積荷ノ賣却又ハ質入ニ就テハ船舶所有者ハ積荷ノ所有者ニ對シテ賠償ノ責ニ任スヘキナリ商第五六五條ノ場合ニ於ケル船長ノ積荷ノ處分行爲ニツキテハ毫モ船舶所有者ノ關與スル處ニアラス從テ本條第一項第三號ニ但書ヲ附シ第五六五條第一項ノ場合ハ此限リニアラスト定メタル所也

商第五六六條第一項ノ船籍港外ニ於ケル船長ノ代理權限ノ原則ニ對スル制限ハ上述セル第五六八條ノ外ニ尙商第五七〇條ノ規定アリ曰ク船籍港

外ニ於テ船舶カ修繕スルコト能ハサルニ至リタルトキハ船長ハ管海官廳ノ認可ヲ得スシテ競賣スルコトヲ得ト而シテ船舶カ修繕スルコト能ハサルニ至リタルヤ否ヤハ事實問題ニシテ各場合ニツキ之レヲ定メサルヘカラサルモ左ノ場合ニ於テハ商第五七一條ニヨリ船舶ハ修繕スルコト能ハサルニ至リタルモノト看做サル

イ、船舶カ其所在地ニ於テ修繕ヲ受クルコト能ハス且ツ其修繕ヲ爲スヘキ地ニ至ルコト能ハサルトキ

ロ、修繕費カ船舶ノ價格ノ四分ノ三ヲ超ユルトキ前項(ロ)ノ價額ハ船舶カ航海中毀損シタル場合ニ於テハ其發航ノ時ニ於ケル價額トシ其他ノ場合ニ於テハ其毀損前ニ有セシ價額トス

又商第五七〇條ニ所謂管海官廳トハ明治三十二年六月勅令第二六三號第一條、船員法第九條、明治三十二年六月十二日遞信省令第二六號等ヲ見ルヘシ

乙　船籍港内ニ於ケル代理權

船籍港内ニ於テハ船舶所有者ハ多ク其地ニアリ通常本店又ハ支店ノ設ケアルヲ以テ船長ニ廣キ權限ヲ委スルノ必要ナシ是ヲ以テ船長ハ特ニ委任ヲ受ケタル場合ヲ除ク外船員ノ雇入及雇止ノミヲ爲ス權限ヲ有スルノミ(商第五六六條第二項)

以上ハ船長ノ船籍港ノ内外ニ於テ有スル代理權ノ範圍ナリ而シテ此代理權ノ範圍タルヤ船長ト船舶所有者トノ間ニ在リテハ特約ニヨリ之ヲ制限シ又ハ擴張スルコトヲ得ルモ船舶所有者ト第三者トノ關係ニ於テハ船長ノ代理權ニ對スル制限ニ就テハ船舶所有者ハ善意ノ第三者ニ對抗スルコトヲ得ス(商第五六七條)是レ船長ト取引スル第三者保護ノ精神ニ出ツルモノニシテ此規定ナクンハ何人モ安全ニ船長ト取引スルモノナキニ至ルヘシ故ニ代理權制限ニ關スル船長ト船舶所有者トノ間ノ特約ハ當事者間ニハ有效ニシテ互ニ拘束ヲ受クヘキモノナレ共此特約ハ以テ善意ノ第三者ニ對抗スルヲ得サ

ルナリ尤モ此場合ニ於テモ船長ト船舶所有者トノ內部關係ニ於テ後者カ前者ニ對シテ求償權ヲ有スルコトハ勿論ナリ

第二　積荷ノ利害關係人ニ對スル船長ノ關係

船長ハ其職ヲ行フニツキ注意ヲ怠ラサリシコトヲ證明スルニアラサレハ船舶所有者、傭船者、荷送人其他ノ利害關係人ニ對シテ損害賠償ノ責ヲ免カルヽヲ得ス（商第五五八條第一項）是レ船長ノ一般利害關係人ニ對スル職務上注意ノ責任ヲ規定セルモノナリ茲ニ其職務ト云ヘルハ其範圍極メテ廣ク公法上ニ屬スルモノタルト私法上ニ屬スルモノト法律規定ニヨリテ直接ニ生スルモノタルト契約ニヨリ生スルモノタルトヲ問ハス船長ノ有スル總テノ職務ト解セサルヘカラス又注意ノ程度ニ就テハ法律ニ何等ノ規定ナキヲ以テ船長トシテノ普通一般ノ相當ノ注意ト解セサルヘカラス相當ノ注意トハ實際ニ起リタル各場合ニツキ海員社會ノ慣習ニヨリテ決定スヘキモノニシテ客觀的ノ標準ナキハ勿論ナリ而シテ船舶所有者カ若シ船長ニ指圖ヲ與ヘ船長カ其指圖ニ從テ職務ヲ行ヒタル場合ト雖モ船舶所有者以外ノ第三者ニ對シテハ船長ハ其責ヲ免ル丶コトヲ得ス(同條第二項)又船長タルモノハ自己ニ隷屬セル海員カ其職務ヲ行フニ當リ他人ニ損害ヲ加ヘタル場合ニ於テハ其監督ヲ怠ラサリシコトヲ證明スルニアラサレハ其責ヲ免カル丶コトヲ得サル也(商第五五九條)

船長カ職務ノ執行ニ當リ一般ノ利害關係人ニ對シテ負フ所ノ注意義務ハ上述ノ如シ而シテ更ニ進ンテ船長ノ積荷ノ利害關係ニ對スル關係ニ就テハ商第五六五條ニ特ニ規定スルトコロアリ曰ク

船長ハ航海中最モ利害關係人ノ利益ニ適スヘキ方法ヲ以テ積荷ノ處分ヲ爲スコトヲ要ス

利害關係人ハ船長ノ行爲ニヨリ其積荷ニ付テ生シタル債權ノ爲メ之ヲ債權者ニ委付シテ其責任ヲ免カル丶コトヲ得但シ利害關係人ニ過失アリタルトキハ此限ニアラス

ト是レ明カニ船長タルモノ、航海中ニ於ケル積荷處分ハ一方ニ於テ法定權限タルト同時ニ他方ニ於テハ義務タルコトヲ定メタルモノナリ抑運送契約ノ效力トシテ當事者ノ一方タル船舶所有者ハ勿論其使用人タル船長及ヒ船員ハ運送品ノ引渡、保管、運送ニ關シ傭船者又ハ荷送ニ對シテ相當ノ注意ヲ盡サヽルヘカラサルコトハ言フ迄モナキコトニシテ(商第六一九條、第三三七條)モシ之レヲ怠ルトキハ契約上當然其ノ責ニ任スヘキモノニシテ重チテ之レヲ規定スルノ要ナシ從テ商第五六五條ニ定メタル積荷ノ利害關係人ニ對スル船長ノ責任ハ運送契約ノ效力トシテ當然發生セルモノニアラスシテ船舶所有者カ運送契約上負擔スル所ノ責任ノ範圍外ニ於テ積荷ノ處分ニツキ特ニ法律カ船長ヲシテ責任ヲ負ハシメタルモノト解スヘキナリ而シテ此場合ニ於ケル船長ノ資格ハ上述セル商第五六八條第一項第三號及第五七二條ノ場合ト異リ船舶所有者ノ代理人又ハ使用人トシテ船舶所有者ノ爲メニ積荷ノ處分ヲナスニアラス全ク積荷ノ利害關係人ノ爲メニ其代理人トシテ之レヲ行フモノナリ換言スレハ此場合ノ行爲ニツキテハ法律ノ規定上船長ハ積荷ノ利害關係人ノ法定代理人トシテ之ヲナスモノト云フヘシ

故ニ商第五六八條第一項第三號及ヒ第五七二條ニヨル積荷ノ處分ニ就テハ其積荷ノ利害關係人ニ對シテ賠償ノ問題ヲ生スト雖トモ反之本條ノ場合ニハ積荷ノ利害關係人ニ對シテ賠償ノ問題ヲ生セサルハ勿論ニシテ船長ノ行爲ノ成果ハ直接ニ積荷ノ利害關係人ニ歸著ス換言スレハ船長カ航海中最モ利害關係人ノ利益ニ適スト信スル方法ニヨリテ積荷ノ處分行爲ヲナシタルトキハ是レ法律ノ附與シタル代理權限ニ基ク行爲ナルヲ以テ其行爲ノ法律上ノ效果ハ直ニ本人ニ歸著シ積荷ノ利害關係人ハ船長ノ此行爲ニ就テ責任ヲ負ハサルヘカラス然レトモ此場合ニ於ケル積荷ノ利害關係人ノ責任ヲ無限ノモノトスルハ甚タ苛酷ナリト云ハサルヘカラス何トナレハ元來法律カ本條ヲ設ケタル所以ハ積荷ノ賣却其他ノ處分ニヨリ

テ成ル可ク利害關係人ヲシテ損害ヲ小ナラシメントスルノ精神ニ出テタルモノナルコト疑ナク從テモシ積荷ニ關スル船長ノ處分ノ爲メニ其積荷ノ價格以上ノ損失ヲ生シタル場合ニ於テモ無限ニ利害關係人ハ尙其責任ニ任セサル可カラストナスハ甚不當ナレハ也故ニ此場合ニ於ケル利害關係人ノ責任ニ就テハ恰モ船舶所有者カ船長ノ法定權限內ニ於テ爲シタル行爲ニツキ海產ヲ委付シテ其責ヲ免レ得ルト同シク積荷ヲ債權者ニ委付シテ以テ船長ノ處分行爲ニ關スル責任ヲ免レ得ルコトトナセリ尤モ利害關係人ニ於テ過失アリタル場合ニハ之ヲ保護スル必要ナキヲ以テ無限責任ヲ規定セリ(本條第二項)

次ニ說明スヘキハ本條ト商第五七二條トノ關係是レナリ商第五七二條ハ規定シテ曰ク船長ハ航海ヲ繼續スルタメ必要ナルトキハ積荷ヲ航海ノ用ニ供スルコトヲ得此場合ニ於テハ第五六八條第二項ノ規定ヲ準用スト是レ航海ヲ繼續スルタメ已ムヲ得サルニ當ツテハ船長ハ積荷ヲ航海ノ用ニ

供シ得ルコトヲ定メタルモノニシテ例ヘハ航海中石炭缺乏シ而モ目下之レヲ買入ルルノ途ナキニ際シテモシ積荷中ニ石炭アレハ直ニ之レヲ使用シ得ルカ如シ故ニ商第五七二條ノ規定タルヤ決シテ法律行爲ノ代理權限ヲ定メタルモノニアラス航海繼續ノ爲メニ船長ニ積荷ノ事實上ノ處分ヲ許シタルモノタルニ過キスサレハ此場合ニ於ケル積荷ノ處分ハ船舶所有者ニ於テ積荷ノ所有者ニ對シテ賠償ヲ爲スノ義務アルコト勿論ナリ而シテ其賠償額算定ノ方法ニ就テハ商第五六八第第二項ノ規定ヲ準用セラル是レ商第五六八條第一項第三號ノ船長ノ代理權限内ニ於ケル法律行爲ニヨリテ積荷ノ所有者ニ損害ヲ及ホシタル場合ト上述セル第五七二條ノ船長ノ積荷處分トハ其性質ニ於テハ全然相異ルト雖トモ其積荷ノ所有者ヲ害シタル態樣全然同一ナルヲ以テ也

要之

(一)船長カ船舶所有者ノ代理人トシテ商第五六六條以下三條ニ基キ其權限

內ニ於テナシタル行爲ニ就テハ船舶所有者其責ニ任セサルヘカラス最モ對內關係ニ於テハ船舶所有者ニ對シテ求償權ヲ有スルコト云フ迄モナシ

(二)船長カ船舶所有者ノ代理人タル權限外ノ行爲ニヨリテ第三者ニ損害ヲ與ヘタルトキハ一般ノ無權代理ニ關スル民法ノ規定ニ從テ船長自カラ其責ニ任セサル可ラス

(三)船長カ船舶所有者ノ使用人トシテ其職務ヲ行フニ當リ他人ニ損害ヲ與ヘタル場合ニ於テハ船舶所有者ハ商第三三七條、第五九二條ノ規定ニヨリ又船長ハ商第五五八條ノ規定ニヨリ相當ノ注意ヲ怠ラサリシコトヲ證明スルニアラサレハ共ニ其責ヲ免カルルヲ得ス

(四)船長カ商第五六五條ノ規定ニ基キ航海中最モ利害關係人ノ利益ニ適スト信スル方法ニヨル積荷ノ處分行爲ニ就テハ船舶所有者並ニ船長ト其積荷ノ利害關係人ニ對シテ賠償ノ責ナシ但利害關係人ハ自己ニ過失ナ

キ限リ船長ノ行爲ニ因リ其積荷ニ付テ生シタル債權ノ爲メ其積荷ヲ債權者ニ委付シテ其責ヲ免カルルコトヲ得

(五)船長カ商第五七二條ニ基キ航海繼續ノ必要上積荷ヲ航海ノ用ニ供シタルトキハ船舶所有者ハ其積荷ノ所有者ニ對シテ賠償ノ責ニ任セサルヘカラス此場合ニ於テモ船長ハ商第五五八條ノ注意義務ヲ盡スヘキコトハ言フヲ俟タス

(六)船長ハ其部下ノ船員カ其職務ヲ行フニ當リ他人ニ及ホシタル損害ニ就テモ監督ヲ怠ラサリシコトヲ證明スルニアラサレハ損害賠償ノ責ニ任セサルヘカラス(商第五五九條)

(七)船長カ不法行爲ニヨリテ他人ニ損害ヲ與ヘタルトキハ不法行爲ニ關スル一般ノ原則ニ從ヒ其責ニ任セサルヘカラサルコト勿論ナリ

## 第四款　荷受人ノ地位

荷受人ハ運送契約ノ當事者ニ非スサレト船舶所有者ハ運送契約ニ基キ傭船

者又ハ荷送人ニ對シテ荷受人ニ運送品ヲ引渡スヘキ義務ヲ負フモノナリ而シテ之レト共ニ荷受人カ運送品ヲ受取リタルトキハ船舶所有者又ハ其代理人タル船長ハ運送契約又ハ船荷證劵ノ趣旨ニ從ヒ荷受人ニ對シテ運送賃附隨ノ費用立替金淀泊料及運送品ノ價格ニ應シ共同海損、又ハ救助ノ爲メ負擔スヘキ金額ヲ請求スルコトヲ得(商第六〇六條)故ニ船長ハ荷受人ノ人物、資產ヲ信用スレハ直ニ運送品ノ引渡ヲナスモ差支ナキモ若シ之ヲ信用スル能ハザル場合ニハ此等ノ金額ノ支拂ト引換ニアラサレハ運送品ヲ引渡スコトヲ要セサルナリ(同條第二項)

荷受人カ此ノ如キ法律上ノ地位ニアルハ運送契約ノ效力ニ基クニアラス全ク法律ノ特別ナル規定ニヨリテ然ルモノナルコトハ陸上運送ノ章ニ於テ詳論セシ所ナリ

荷受人カ運送品ヲ受取ルコトヲ怠リタル場合並ニ荷受人ヲ確知スルコトヲ得サル場合ニ於ケル運送品ノ供託及競賣ニ就テハ既ニ船舶所有者ノ權利義

務ヲ論シタル款ニ於テ記述セリ又運送賃ノ請求權ニ就テモ同處ニ詳論セリ又前掲救助ノ意義ニ就テハ前款ニ於テ述ヘタル所ナレハ再說セス共同海損ニ就テハ後款ニ述フヘシ

其他荷受人ノ地位ニ關スル法律關係ニ就テハ陸上運送ニ於ケル荷受人ノ處ニ於テ述ヘタル所ヲ參照スヘキナリ

## 第五款　海損

凡ソ航海事業ニ於ケル損害ハ直接ニ船舶又ハ積荷其モノノ滅失又ハ毀損ヨリ生スルモノナルト又ハ過多ノ費用ノ支出ヨリ生スルモノタルトヲ問ハス之レヲ大別シテ航海上通常生スヘキ損害ト非常ノ原因ニヨリテ生シタル損害トノ二種ニ分ツコトヲ得航海上通常生スヘキ損害トハ航海事業ノ實行ニ際シ普通ニ免ルルヲ得サル損害ニシテ船舶所有者カ運送賃ヲ取得スル以上ハ自カラ之ヲ負擔セサルヘカラサルモノナリ例ヘハ船舶ノ自然ノ消耗、航海ノ爲メニ要シタル實費、挽船料、水先案內料等ヲ云フ故ニ此種ノ損害ニ就テハ海損トシテ毫モ錯雜ナル法律關係ヲ生セス反之航海上非常ノ原因ニヨリテ船舶又ハ積荷ニツキテ生シタル損害ニ就テハ法律上其損害ノ負擔者ヲ定ムル必要アリ茲ニ始メテ法律上海損ノ問題ヲ生ス而シテ海損ニ於テモ二種アリ船長ノ故意ノ處分ニ基カスシテ非常原因ニ因リテ船舶又ハ積荷カ損害ヲ被リタル場合ニシテ之ヲ單獨海損ト云ヒ船長カ船舶及ヒ積荷ヲシテ共同ノ危險ヲ免レシムル爲メ故意ニ船舶又ハ積荷ニツキ爲シタル處分ニ因リテ損害カ生シタル場合ニシテ之ヲ共同海損ト云フ

單獨海損ハ多クハ不可抗力又ハ第三者ノ不法行爲ニヨリテ生スル損害ナリ若シ船舶又ハ積荷カ天災ニヨリテ損害ヲ被リタルトキハ「物ハ所有者ノ爲メニ亡フ」ト云フ原則ニ從ヒ船舶又ハ積荷ノ所有者自カラ其損害ヲ甘受セサルヘカラス又第三者ノ不法行爲ニ因リテ生シタル損害ニ就テハ民第七〇九條以下ノ不法行爲ノ原則ニヨリテ賠償ノ方法ヲ定ムヘシ若シ又船舶又ハ積荷ノ所有者ノ過失ニヨリテ其損害ヲ起シタルトキハ所有者自身其責ヲ負ハサ

ルヘカラサルハ當然ノコトニ屬ス此ノ如ク單獨海損ニ就テハ損害負擔ノ問題ハ一般民法ノ規定ニヨリ單純ニ決定セラルルヲ以テ特ニ商法ニ何等ノ規定ヲ設クルノ必要ナシ唯單獨海損ノ一種タル船舶ノ衝突ニ就テハ特種ノ法律關係ヲ生スルヲ以テ商第六五〇條ニ之ヲ規定セルノミ

### 第一項　船舶ノ衝突

船舶ノ衝突トハ船舶ト船舶トノ衝突ヲ指示スルモノニシテ船舶ト浮標、棧橋等トノ衝突ヲ包含セス又商法ニ規定セル船舶衝突ノ場合ハ商第五三八條ノ規定ニヨリ商行爲ヲ爲ス目的ヲ以テ航海ノ用ニ供スル船舶ニ就テノミ適用スヘキモノナレトモ船舶法第三五條カ商法第五篇ノ規定ヲ「商行爲ヲナス目的ヲ以テセサルモ航海ノ用ニ供スル船舶ニ之ヲ準用ス」ト規定シタル結果所謂商船ニアラサルモ航海ノ用ニ供スル私有ノ船舶ニハ總テ商法ノ規定ヲ準用スルコトトナレリ但同條但書ニヨリ官廳又ハ公署ノ所有ニ屬スル船舶ハ其準用ヲ受ケサルナリ而シテ我商法ハ船舶衝突ニ關シテハ唯第六五〇條ノ一條ヲ設ケタルノミナルニヨリ其他ノ場合ハ民法其他ノ法令ニヨリ判斷セサルヘカラス今船舶衝突ノ原因ニヨリ各場合ヲ分析スレハ次ノ如シ

一、船舶カ不可抗力ニヨリテ衝突シタルトキ

何人ニ對シテモ其責任ヲ歸セシムヘカラス故ニ各當事者ハ其損害ヲ自カラ負擔スルノ外ナシ

二、一方ノ過失ノ爲メニ衝突シタルトキ

其過失者カ衝突ノ責ニ任セサルヘカラス故ニ相手方ハ過失者ニ對シテ民法不法行爲ノ規定ニヨリ損害ノ賠償ヲ請求スルコトヲ得但此場合ニ於テモ船舶所有者ハ委付權ヲ行使スルヲ妨ケス(商第五四四條)

三、衝突ノ原因カ雙方ノ過失ニ基キタル場合

(イ)雙方ノ過失ノ輕重ヲ知リ得ヘキトキハ雙方ノ損害ヲ合シテ一團トシ過失ノ輕重ニ比例シテ各自ノ負擔額ヲ定ムヘシ

(ロ)雙方ノ過失ノ輕重ヲ知ルコト能ハサルトキハ各船舶所有者平分シテ其

損害ヲ負擔ス(商第六五〇條)

今例示スレハ甲船ニ生シタル損害五萬圓トシテ乙船ニ生シタル損害二萬圓ナリトセンニ甲乙兩船ノ總損害ハ七萬圓トナル

(イ)ノ場合ニ於テ甲船ノ過失四分ニシテ乙船ノ過失六分ナリトセンニ甲船ノ負擔額ハ二萬八千圓ニシテ乙船ノ負擔額ハ四萬二千圓ナリ故ニ甲船所有者ハ乙船所有者ニ對シテ二萬二千圓ヲ請求スルコトヲ得

(ロ)ノ場合ニ於テハ甲乙兩船其損害ヲ平分スルヲ以テ各三萬五千圓ヲ負擔ス而シテ甲船ノ損害ハ五萬圓ナルヲ以テ甲船所有者ハ乙船所有者ニ對シテ一萬五千圓ヲ請求スルコトヲ得

次ニ船舶衝突ノ場合ニ於ケル過失トハ船長又ハ船員カ航海上一般ノ相當ナル注意ヲ怠リシコトヲ云フ其注意ノ程度ニ就テハ海上ニ於ケル技術的慣習ニヨリテ定ムルモノニシテ實際ニ起リタル各場合ニツキ一々之ヲ決定スル外ナシ又不法行爲ヲ原因トシテ損害賠償ノ請求ヲ爲サントセハ請

求者ニ於テ相手方ノ過失ノ證明ヲ爲スヲ原則トス
四、故意ニ因ル船舶ノ衝突ハ嚴正ノ意味ニ於ケル船舶ノ衝突ニアラス船長又ハ船員カ故意ニ他ノ船舶ニ衝突シタルトキハ其船長ハ民事上ノ責任ヲ負擔スルノミナラス尙刑事上ノ責任ヲ以テ論セラルヘシ
五、衝突ノ原因不明ノ場合ハ之ヲ如何ニ決定スヘキカ此ノ場合ニ於テハ不可抗力ニヨル衝突ノ場合ト同シク各自其被リタル損害ヲ負擔スルノ外途ナカルヘシ
終ニ船舶衝突ノ場合ニ於ケル積荷ノ損害ニ付キテ一言スヘシ船舶衝突ノ爲メニ其積荷カ滅失又ハ毀損シタルトキハ其積荷ノ所有者ハ特約ナキ限リハ其衝突ノ原因カ不可抗力ニ基ク場合ノ外ハ損害賠償ヲ受クルノ權利ヲ有ス而シテ其賠償ノ義務者タル者ハ衝突ニ付キ責任ヲ負擔スヘキ上述ノ故意又ハ過失アリシ者ナラサルヘカラサルコト論ナシ
尙船舶衝突ニ因テ生シタル債權ハ一年ヲ經過シタルトキハ時效ニヨリテ消

滅ス(商第六五一條第一項)

### 第二項　共同海損

共同海損ノ制度ハ何レノ國ニ於テモ古キ時代ヨリ行ハレタルモノナリ而シテ共同海損ノ分擔ノ法理ヲ統一シ航海事業ヲ發達セシムルノ目的ヲ以テ各國ノ學者及ヒ實際家相會シテ一ノ共通條規ヲ作リ國法ノ如何ニ關セス之ヲ遵奉スヘキコトヲ定メタリ名ケテヨークアントウエルプノ規則ト云フ現今ノモノハ一千八百九十年ノ規則ナリ是レ船荷證劵又ハ海上保險證劵ニ「共同海損ハ一千八百九十年ヨークアントウエルプノ規則ニヨリ處理ス」云々ノ旨ヲ記載スル所以ナリ

#### 第一　意義

共同海損トハ船長カ船舶及積荷ヲシテ共同ノ危險ヲ免レシムル爲メ船舶又ハ積荷ニ付キ爲シタル處分ニ因リテ生シタル損害及費用ヲ謂フ(商第六四一條第一項)今之ヲ分析シテ說明スレハ左ノ如シ

一、共同海損タル損害ハ實物損害ト金錢損害トヲ包含ス法文ニ「損害及費用ヲ謂フ」トアルハ此意義ナリ沿革ニヨレハ其初メハ共同海損ノ目的トナリタルモノハ船舶積荷ノ滅失、毀損ニヨリ生スル實物損害ニノミ限ラレシカ後ニ至リ共同ノ爲メニ船舶積荷ノ處分ニヨリテ支出シタル費用ヲモ共同ニ分擔スルヲ至當トナスニ至リ金錢損害モ此目的トナレリ

二、船長ノ故意ノ處分ニ因リテ生シタル損害及費用タルコト是レ單獨海損ト異ル要點トスタトヘ船舶及積荷ニツキテ共同ノ危險存シタリトモ船長ノ故意ニ基ク處分ニヨラスシテ生シタル損害及費用ハ之ヲ共同海損ト云フヲ得ス而シテ船舶及積荷ニツキ共同ノ危險現出シタルトキハ船長ハ自己ノ判斷ニヨリテ其船舶又ハ積荷ヲ處分スルノ權限ヲ有ストモ雖モ此場合ニ於テモ船長ハ商第五五八條及第五五九條ノ規定ニヨリ其職務ヲ行フニ付キ相當ノ注意ヲナスノ責任アリ殊ニ積荷ノ利害關係人ニ

對シテハ第五六五條ノ規定ニヨリ航海中其利益ニ最モ適シタル方法ニヨリテ積荷ノ處分ヲナスヲ要スルコトヲ忘ルヘカラス若シ妄リニ船長カ不當ノ處分ヲナセハ之レカ爲メニ自カラ損害賠償ノ責ニ任セサルヘカラサルニ至ルヘシ

共同海損タル處分ヲナスノ權限ハ船長獨リ之ヲ有ス船長以外ノ船員又ハ旅客カ船舶又ハ積荷ニ就キ共同危險ヲ免レシメンカ爲メニナシタル行爲ハタトヘ其行爲カ目的ヲ達シタリトスルモ之ヲ共同海損トシテ論スヘキモノニアラス

三、其處分ハ船舶及積荷ノ全部ニ對スル共同ノ危險ヲ免レシムルタメナルコト

共同海損タル處分ハ必ス船舶及積荷ノ兩者ニ對スル共同ノ危險ノ存スルトキナラサルヘカラス積荷ノ一部ニ對スル危險ハ勿論積荷ノミニ對スル危險又ハ船舶ノミニ對スル危險ニツキテ爲シタル處分ハ共同海損トナラ

ス之レ法文ニ船舶及ヒ積荷ト云ヒタル所以ナリ
又其危險ハ必ス現實ノモノタラサルヘカラス將來起ルヘキカノ豫想ニ基ク危險ニテハ不可ナリ
然レトモ其危險ノ生スル原因ハ敢テ問フ所ニアラス故ニ不可抗力ニヨル危險ニテモ過失ニヨル危險ニテモ可ナリ而シテ危險カ過失ニヨリテ生シタル場合ニ於テハ利害關係人ハ過失者ニ對シテ求償ヲ求ムルコトヲ妨ケサルナリ(商第六四一條第二項)

四、其處分ハ船舶又ハ積荷ニ就テナシタルモノナルコト
共同海損タルヘキ危險ハ船舶及ヒ積荷ノ兩者ニ共同ナル危險ナラサルヘカラサルモ此共同危險現存スルトキハ之ヲ免レシムル爲メニスル處分ニアリテハ船舶又ハ積荷ニ就テ之ヲ爲スヘキモノナリ故ニ船舶積荷ノ二者ニ就テ處分スルモ又其一方ノミニ就テ處分スルモ可ナリ是レ法文カ船舶又ハ積荷ト規定セル所以ナリ

五、其處分ノ結果船舶又ハ積荷ノ全部若クハ一部カ保存セラレタル場合ニアラサレハ共同海損分擔ノ問題ヲ生セス

我商第六四一條第一項ノ共同海損ノ定義トシテハ船長ノ處分ノ結果船舶又ハ積荷ノ全部若クハ一部ノ殘存スルコトヲ要件トセス然レ共第六四二條ノ規定ヲ見レハ共同海損ハ之ニ因リテ保存スルコトヲ得タル船舶及積荷ノ價格ト運送賃ノ半額ト共同海損タル損害ノ額ト割合ニヨリテ各利害關係人之ヲ分擔ストアリサレハ船長ノ處分ノ結果若シ船舶及積荷ノ全部カ喪失シタルトキハ分擔義務ヲ決定スルニ由ナク其損害カ共同海損タルヤ否ヤハ之ヲ調査スルノ實益ナシ

故ニ我商法ノ解釋トシテハ共同海損タルニハ處分ノ結果如何ヲ問ハスト云フヲ得ヘキモ實際上共同海損タルヤ否ヤヲ論定スルノ必要ハ處分ノ結果カ少クトモ一部ハ成功シ船舶又ハ積荷ノ全部若クハ一部カ保存セラレタル場合ニ於テ存スルモノナリ又商第六四二條ハ之ニ因リテ保存スルコ

トヲ得タルト明言セルヲ以テ我國ニ於テハ船舶又ハ積荷ノ保存セラレタルコトト船長ノ處分トノ間ニ必ス因果ノ關係アルコトヲ要スト解セサルヘカラス然レトモ獨逸商法ニ於ケルカ如ク船舶ト積荷ノ全部若クハ一部ノ二者ヲ必ス併セ保存シ得タルコトヲ要セサルナリ(獨商第七〇三條參照)

第二　共同海損ノ債權者及債權額

共同海損ノ債權者トハ共同海損ニヨリ賠償請求ノ債權ヲ有スルモノニシテ共同海損ニヨル被害者又ハ費用ノ支出者ヲ云フ而シテ其債權額トハ共同海損タル損害ノ額ヲ指示ス

凡ソ共同海損タル損害及費用ハ總テ賠償ヲ受クルヲ原則トス(尤モ共同海損ノ損害者自身モ亦共同海損分擔ノ義務ヲ負フコトハ後ニ述フヘシ)而シテ其債權額ノ算定ニ付テハ商第六四七條ノ規定スル所ナリ

イ、船舶ニアリテハ到達地及時ニ於ケル價格ニヨリテ之ヲ定ム是レ船舶ハ航海ニヨリテ多少其價格ヲ減スルモノナルカ故ナリロ、積荷ニ就テハ陸揚ノ地及時ニ於ケル價格ニ依リテ之ヲ定ム但其滅失毀損ノ爲メ支拂フコトヲ要セサリシ一切ノ費用ヲ控除スルコトヲ要ス尤モ運送賃ハ此場合ニ於テモ商第六一七條第三號ノ規定ニヨリ之ヲ控除セス

以上ハ共同海損ノ債權者及債權額ニ就テノ原則ナリ然ルニ之ニ對シテ例外アリ即チ實際損害アリタリトスルモ之ニ對シテ賠償スルコトヲ要セサルモノアリ

一、船荷證券其他積荷ノ價格ヲ評定スルニ足ルヘキ書類ナクシテ船積シタル荷物ニ加ヘタル損害(商第六四六條第一項)

二、屬具目錄ニ記載セサル屬具ニ加ヘタル損害(商第六四六條第一項)

三、甲板ニ積込ミタル荷物ニ加ヘタル損害但沿岸ノ小航海ニ在リテハ此限リニアラス

沿岸小航海ノ範圍ハ明治三十二年五月遞信省令第二十號ヲ以テ定メラ

ル(商第六四六條第二項)

以上三種ノ物ニ加ヘタル損害ハ之ヲ賠償スルノ義務ナシト雖トモ此等ノ物カ若シ保存セラレタルトキハ其利害關係人ハ共同海損ヲ分擔スル責ヲ免ルルコトヲ得ス換言スレハ此等ノ物ノ利害關係人ハ共同海損ノ分擔義務者タルコトアルモ債權者タルコトナシ(商第六四六條第三項)

四、種類及價格ヲ明告セサリシ貨幣、有價證券其他ノ高價品ニ對スル損害ニ就テハ全然之ニ對シテ賠償ノ義務ナシ(商第六四七條第二項、第三三八條)

五、船荷證券其他積荷ノ價格ヲ評定スルニ足ルヘキ書類ニ積荷ノ實價ヨリ低キ價額ヲ記載シタルトキハ其積荷ニ加ヘタル損害ノ額ハ實價ニヨラスシテ其記載シタル低キ價額ニ依ルモノトス(商第六四八條第一項)積荷ノ價格ニ影響ヲ及ホスヘキ事項ニ付虛僞ノ記載ヲ爲シタル場合亦同シ(同條第三項)(青木氏海商法論第二二九頁第四章中ヨリ引用)

終リニ時效ニ就テ一言スヘシ共同海損ニ因リテ生シタル債權ハ一年ヲ經

過シタルトキハ時效ニ因リテ消滅ス(商第六五一條第一項)此期間ハ共同海損ノ計算終了ノ時ヨリ之ヲ起算ス(同條第二項)

## 第三　共同海損ノ債務者及賠償額

共同海損ノ債權者ノ意義ハ上述セシカ如シ共同海損ノ債務者トハ共同海損ノ債權者ニ對シテ一定ノ賠償ヲナスヘキモノヲ云フ即チ共同海損ノ分擔義務者ヲ指示ス他ノ方面ヨリ云ヘハ共同海損タル處分ニヨリテ保存セラレタル船舶又ハ積荷及運送賃ノ利害關係人ヲ云フ(商第六四二條)

抑モ共同海損ハ船舶及積荷ノ共同危險ヲ免カレシムルカ爲メニ不當ニ他人ノ所有セル物ヲ處分スルニヨリテ生スル損害及費用ナルヲ以テ之ニ因リテ利益ヲ得タルモノハ其損害ヲ分擔スヘキハ當然ノコトナリ而シテ此分擔義務發生ノ法理ハ我法律ニ於テハ之ヲ不當利得ノ原則ニ基クモノト解スルヲ穩當ナリト信ス

共同海損ノ債務者ハ共同海損ノ分擔義務ヲ有スルモノニシテ船舶又ハ積

荷及運送賃ノ利害關係人ナルコト上述ノ如シ然レトモ利害關係人ノ語ハ極メテ廣ク利害關係人ノ利害ヲ被リタル額ヲ確定スルコトハ極メテ困難ナリ故ニ法律ハ寧ロ利害關係ヲ有スル物ノ方面ヨリ著眼シ物自身カ恰カモ共同海損ノ債務ヲ負擔スルカ如クニ其規定ヲ設ケタリ而シテ我商法ニ於テハ共同海損ノ分擔額ハ共同海損タル處分ニヨリテ保存スルコトヲ得タル船舶又ハ積荷ノ價格ト運送賃ノ半額ト實際ノ損害額(共同海損タル損害ノ額)トノ割合ニ應シテ之ヲ定ムルヲ原則トス(商第六四二條)今之ヲ左ニ說明スヘシ

一、船舶

共同海損ノ分擔額ニ付テハ船舶ノ價格ハ到達ノ地及ヒ時ニ於ケル價格トス(商第六四三條)

二、積荷ノ價格ハ共同海損ノ分擔額ニ就テハ陸揚ノ地及時ニ於ケル價格トス但積荷ニ就テハ其價格中ヨリ滅失ノ場合ニ於テ支拂フコトヲ要セサル運送賃其他ノ費用ヲ控除スルコトヲ要ス(同條)此但書ノ存スル理由ハ陸揚港ニ於ケル積荷ノ價格ナルモノハ通常船積港ニ於ケル積荷ノ原價、船積費用、運送賃、陸揚費用、關稅等ヲ合算シタルモノヨリ成立スルモノナルヲ以テナリ

船荷證劵其他積荷ノ價格ヲ評定スルニ足ルヘキ書類ニ積荷ノ實價ヨリモ高キ價額ヲ記載シタルトキハ其積荷ノ利害關係人ハ其記載シタル高キ價額ニ應シテ共同海損ヲ分擔ス(商第六四八條第二項)又積荷ノ價格ニ影響ヲ及ホスヘキ事項ニ付キ虛僞ノ記載ヲ爲シタル場合モ之ニ同シ(同條第三項)

三、運送賃

運送賃ハ其半額ヲ以テ共同海損ヲ負擔ス(商第六四二條)

四、共同海損タル損害ノ額

共同海損タル實際ノ損害者自身モ亦共同海損ノ分擔額ヲ決定スルニ付テハ其割合ニ應シテ海損ヲ負擔セサルヘカラス(商第六四二條)何トナレハ共同海損ノ目的トナリシモノモ等シク共同ノ危險ニ際シタルモノニシテ共同海損ニ付キテ他ノ利害關係人ト同シク其割合ニ應シテ分擔セサルヘカラサルモノナルヲ以テナリ而シテ共同海損タル損害ノ額ハ之ヲ權利ノ方面ヨリ見レハ即チ共同海損ノ債權額ニシテ前項ニ於テ說明セシ所ナリ(商第六四七條)

今上述ノ法理ヲ例示スレハ左ノ如シ

或船舶カ横濱ヲ發シ門司ニ向テ航行スル途中ニ於テ共同海損タル處分ニヨリテ積荷ノ一部ヲ失ヒ門司ニ着シタリトセンニ其失ヒタル積荷ノ價格ヲ商第六四七條ノ規定ニヨリテ見積リ五千圓トセハ是レ即チ共同海損タル損害ノ額ニシテ其積荷ノ所有者カ船舶、保存セラレタル積荷、運送賃ノ利害關係人ニ對シテ賠償ヲ請求シ得ル額ナリ而シテ商第六四三條ノ規定ニヨリテ船舶及ヒ保存セラレタル積荷ノ價格ヲ評定シ船舶ハ一萬圓保存セラレタル積荷ノ價格ハ四千圓トシ運送賃ノ半額ヲ千圓ト假定セヨ然ル時ハ上記ノ損害ノ額五千圓ヲ二萬圓(船一萬圓、荷四千圓、運送賃千圓、損害額五千圓)ニテ分擔スルコトトナリ其分擔ノ割合ハ一萬圓、四千圓、千圓、五千圓ニ比例スヘキヲ以テ船舶所有者ハ二千五百圓、保存セラレタル積荷ノ所有者ハ千圓、運送賃請求ノ權利者ハ二百五十圓共同海損ノ被害者ハ千二百五十圓ヲ分擔スルコトトナル故ニ被害者ハ五千圓ノ債權額ヲ請求シ得ルモ自カラ千二百五十圓ヲ負擔セサルヘカラサルヲ以テ結局三千七百五十圓ノ賠償ヲ受クルコトヲ得ルモノナリ

共同海損ノ分擔ノ義務ノ原則此ノ如シ然ルニ此原則ニ對シテ一例外アリ即チ商第六四五條ニ規定セル所ニシテ曰ク船舶ニ備付ケタル武器、船員ノ給料、船員及旅客ノ食料、並ニ衣食類ハ共同海損ノ分擔ニ付キ其價格ヲ算入セス但此等ノ物ニ加ヘラレタル損害ハ他ノ利害關係人之ヲ分擔

スト
故ニ此等ノ物ハタトヘ共同海損ニ因リテ保存セラレタルトキト雖トモ海損ヲ分擔セサルノミナラス同條但書ニ他ノ利害關係人之ヲ分擔スト明言スルニヨリ此等ノ物カ共同海損タル損害ヲ被リタル場合ニ於テ其共同海損カ賠償セラルルニ至リタルトキニ於テモ此等ノ物ニ加ヘタル損害ハ所謂共同海損タル損害（商第六四二條參照）トシテ共同海損ヲ分擔スル額ニ算入セラレサルナリ（青木氏海商法論第三〇七頁第五章ヨリ引用）
共同海損分擔ノ義務ハ法定ノ標準ニ應シテ各自之ヲ分擔スルモノナルコト商第六四二條ノ法文ヲ讀下セハ明瞭ナリ而シテ此責任ハ海產有限ノ範圍ニ限定セラルルハ商第六四四條ノ規定スル所ナリ即チ共同海損ヲ分擔スヘキモノハ船舶ノ到達積荷ノ引渡ノ時ニ於テ現存スル價額ノ限度ニ於テノミ其責ニ任ス故ニタトヘ共同海損ニヨリ一旦保存セラレタル船舶又ハ積荷ニテモ其後單獨海損ニヨリ滅失シタルトキハ共同海

損ヲ負擔スルノ義務ナシ夫レ共同海損分擔ノ義務ヲ海産有限ノ責任トセシハ航海事業ニ於ケル船舶並ニ積荷ノ利害關係人ノ立場ヨリ見テ至當ノコトト云ハサルヘカラス何トナレハ若シ船舶ノ到達又ハ積荷ノ引渡ノ時ニ於ケル現存價額以上ニ尙陸産ヲ以テ其責任ヲ負ハサルヘカラサルモノトセハ當事者ニ取リテハ寧ロ船長カ共同海損タル處分ヲ爲ササリシヲ利益トスルヲ以テナリ（青木氏海商法論第三〇七頁第五章中ヨリ引用）

**第四**　損害物ノ復歸

商第六四二條ノ規定ニヨリ利害關係人カ共同海損ヲ分擔シタル後船舶、其屬具若クハ積荷ノ全部又ハ一部カ其所有者ニ復歸シタルトキハ其所有者ハ既ニ受領シタル賠償金中ヨリ救助費用及ヒ一部滅失又ハ毀損ニ依リテ生シタル損害ノ額ヲ控除シ其殘額ヲ返還セサルヘカラス（商第六四九條）

**第五**　船舶カ不可抗力ニヨリ發航港又ハ航海ノ途中ニ於テ碇泊ヲナス爲メニ要スル費用ハ之ヲ共同海損ト云フヲ得スサレト此費用ハ當事者ノ何レ

ニモ過失ナクシテ發生シタルモノナルヲ以テ獨リ船舶所有者ノミノ負擔ニ歸セシムルハ不當ナリ寧ロ之ヲ利害關係人ニ於テ分擔セシムルヲ當然トス故ニ此費用ニ就テハ共同海損ニ關スル規定準用セラル(商第六五二條)而シテ船舶カ不可抗力ニヨリテ發航港又ハ航海ノ途中ニ於テ碇泊ヲ爲ス場合トハ例ヘハ船舶カ船積ヲ了リ發航ノ準備ヲ整ヘタルニ暴風ノ爲メニ發航スル能ハス又ハ封鎖、檢疫等ノ爲メニ碇泊スルノ已ムヲ得サルニ至リタルカ如キヲ云フ

# 第三章　倉庫證券論

## 第一節　倉庫證券ノ發行

倉庫寄託契約ハ踐成契約ニシテ其成立ニ物ノ引渡ヲ要スレトモ書面ノ作成ハ契約成立ノ要件ニアラス然レトモ物品カ倉庫ニ在ル間ニ於テモ寄託者ヲシテ自由ニ之ヲ利用セシムルカ爲メニ寄託者ノ希望ニヨリテ其物品ニ對ス

ル證券ヲ發行スルコト各國ノ法律ノ認ムル所ナリ此ノ證券ヲ倉庫證券(Lagerschein ünd Lagerpfandschein)ト云

### 第一　發行ニ關スル主義

倉庫證券ノ立法主義ニ三アリ一券制度ト二券制度及ヒ混用制度

#### 甲　一券制度

是レ倉庫證券トシテ唯一通ノ證券ヲ發行スルノ制度ニシテ寄託物ノ所有權ノ移轉並ニ質權ノ設定ノ作用ヲ此一通ノ證券ニヨリテナサシムルモノナリ獨、西、蘭等此主義ヲ採用ス

此制度ハ一見甚簡明ニシテ便利ナルカ如キモ一旦證券ニ質入裏書ヲナシテ寄託物ニツキ質權ヲ設定シタルトキハ其質入ノ間ハ證券ノ占有ハ質權者ノ手ニアルヲ以テ寄託者ハ質權者以外ノ人ニ對シテ證券ノ裏書ニヨル寄託物ノ讓渡ヲナスヲ得サルノ大ナル不便アリ

#### 乙　二券制度

倉庫證劵トシテ預證劵及ヒ質入證劵ノ二劵ヲ必ス發行セシムルノ制度ニシテ佛、伊、墺、白、匈等之ニ則ル我商法舊規定ハ此主義ヲ採用シタリ
此制度タルヤ上述セル一劵制度ノ缺點ヲ補フモノニシテ質入證劵ヲ以テ寄託品ノ質入ヲ爲セル間ニ於テモ預證劵ニヨリテ寄託物ヲ讓渡シ又ハ賣却スルノ自由アリ故ニ此制度ハ商人カ其商品ヲ倉庫ニ寄託セル場合ニ於テ之ヲ金融其他ノ目的ノ爲ニ利用スルニ最モ便宜ニシテ且ツ最モ進歩セル制度ト云ハサルヘカラス佛、白、墺國ノ如キ其初メハ一劵制度ナリシモ後改メテ此二劵制度ヲ採用スルニ至レリ

丙　一劵二劵混用主義

此主義ハ露國商法(第七八五節以下)ニ先例アルノミニシテ徒ニ法律關係ヲ錯雜ナラシメ却テ實際ニ不便ナルニモ拘ハラス我商法改正規定ハ此主義ヲ採用スルニ至レリ即第三八三條ノ二第一項ヲ以テ「倉庫證劵ハ寄託者ノ請求アルトキハ預證劵及ヒ質入證劵ニ代ヘテ倉荷證劵ヲ交付スルコトヲ要ス」ト定メ其第

二項ヲ以テ倉荷證券ニハ預證券ニ關スル規定ヲ準用スト定ム預證券ニ關スル規定ニシテ倉荷證券ニ準用セラルヽモノハ第三五九條乃至第三六四條第一項第三六五條第三六六條第三七五條第三七九條第三八一條及ヒ第三八三條ナリ第三六七條ノ二ハ質入證券ノ存在ヲ前提トスル規定ナルカ故ニ準用スルヲ得ス從テ倉荷證券ノ質入ニ付テハ貨物引換證船荷證券ト同一ニ取扱フヘキモノトス以下説明スル預證券ニ關スル理論ハ又之ヲ倉荷證券ニ援用スルコトヲ得ルカ故ニ倉荷證券ニ付テノ説明ハ之ヲ省略ス只タ茲ニ注意スヘキハ「倉荷證券ノ性質」ナリ我商法ハ預證券ニ關スル規定ヲ準用スト云フモ其性質ニ至ッテハ全然預證券ト同一ナリ故ニ此點亦説明ヲ省ク

## 第二　發行者及方式

倉庫證券(預證券及ヒ質入證券)ハ寄託者ノ請求ニ因リ寄託物ニ對シテ倉庫營業者之ヲ發行ス而シテ其作成ハ倉庫寄託契約成立ノ要件ニアラサルモ寄託者ノ請求アル時ハ倉庫營業者ハ必ス之ヲ交付セサルヘカラス(商第三五八條)

又倉庫證劵ハ必スシモ寄託物ノ全部ニ對シテノミ發行シ得ルモノニアラス寄託者ハ寄託物ノ一部ニ對シ之ヲ請求スルコトヲ妨ケス然レトモ我商法ハ一劵二劵混用制度ヲ採用スルヲ以テ預證劵ト質入證劵トニ代ヘテ倉荷證劵ヲ發行スルコトヲ得ルコトハ既述ノ如シ

預證劵及ヒ質入證劵ニハ左ノ事項及ヒ番號ヲ記載シ倉庫營業者之ニ署名スルコトヲ要ス(商法第三五九條)倉荷證劵亦然リ(商三八三條ノ三第二項)

一、受寄物ノ種類、品質、數量及ヒ其荷造ノ種類、個數並ニ記號

二、寄託者ノ氏名又ハ商號

三、保管ノ場所

四、保管料

五、保管ノ期間ヲ定メタルトキハ其期間

六、受寄物ヲ保險ニ付シタルトキハ保險金額、保險期間及ヒ保險者ノ氏名又ハ商號

七、證券ノ作成地及ヒ其作成ノ年月日

附言倉庫營業者カ受寄物ヲ保險ニ付スルコトハ倉庫寄託契約ヨリ生スル當然ノ義務ニアラスサレト寄託者ノ委任アルカ又ハ委任ナキ場合ニ於テモ事務管理トシテ保險ニ付スルコトヲ得又倉庫營業者ハ自己カ支拂フコトアルヘキ損害賠償ノ爲メニ寄託物ヲ保險ニ付スルヲ妨ケス（商第四〇一條、第四〇二條、第四二一條）何レノ場合タルヲ問ハス受寄物ヲ保險ニ付シタルトキハ之レヲ記載セサルヘカラス

以上ノ記載事項ハ法定ノ方式ナルヲ以テ其一ヲ缺クトキハ倉庫證券トシテ成立セサルナリ（三十七年三月二十五日大審院判決）然レトモ手形ニ於ケルカ如ク要件以外ノ事項ノ記載ハ證券ヲ無效タラシムルモノニアラス即チ倉庫證券タル本質及ヒ法ノ强行的規定ニ反セサル限リハ如何ナル事項ヲ記載スルモ倉庫證券タルコトヲ害セサルナリ故ニ上記ノ記載事項以外ニ尙契約ノ

重要ナル事項ハ之レヲ記載スルヲ便トス（青木氏商行爲論第三一四頁第十二行目以下引用）
倉庫營業者ハ商人ナルヲ以テ商業帳簿ヲ備フヘキハ勿論ナリ而シテ倉庫營業者カ預證券及ヒ質入證券ヲ寄託者ニ交付シタルトキハ其帳簿ニ左ノ事項ヲ記載スルコトヲ要ス（商第三六〇條）

一、上記ノ記載事項中ノ第一號、第二號及第四號乃至第六號ノ事項

二、證券ノ番號及ヒ其作成ノ年月日

終ニ述フヘキハ預證券及質入證券ノ所持人ハ倉庫營業者ニ對シ寄託物ヲ分割シ且其各部ニ對スル預證券及質入證券ノ交付ヲ請求シ得ルコト是レナリ（商第三六一條第一項）是レ倉庫證券ニ獨特ノ規定ト云ハサルヘカラス而シテ此場合ニ於ケル所持人ハ前ノ預證券及ヒ質入證券ヲ返還シ（商第三六一條第一項）且ツ寄託物ノ分割及ヒ新證券ノ交付ニ關スル費用ヲ支拂ハサルヘカラス（同條第二項）（前掲第三一六頁十行目以下引用）

## 第二節　倉庫證券ノ性質

倉庫證券ハ寄託契約成立ノ形式ニアラサルコト前述ノ如シ故ニ倉庫證券ハ所謂設權證券ニアラス(商第三五八條)而シテ倉庫證券ノ法律上ノ性質ハ一ニハ寄託サレタル貨物ヲ受取リタルコトノ證券ニシテ二ニハ此證券ノ所持人ニ貨物ヲ引渡スコトノ義務負擔ヲ自認シタル證券ニシテ三ニハ此證券ノ法律上ノ作用ニヨリテ記載貨物ノ融通ヲ計ラントスル物權的證券ナリ故ニ倉庫證券ハ貨物引換證及ヒ船荷證券ト同シク證券上ニ債權的效力ト物權的效力トヲ併有ス

元來寄託者ハ倉庫證券ノ作成ナキ場合ト雖モ倉庫寄託契約ニ基キ倉庫營業者ニ對シテ寄託物ノ返還ヲ求ムル債權ヲ有シ又此債權ヲ讓渡スルコトヲ得サレト倉庫證券ノ發行ナキ場合ニ於テ此債權ヲ讓渡セントセハ民第四六七條以下ノ規定ニ因ラサルヘカラスシテ其手續甚面倒ナルノミナラス讓渡人ニ對スル抗辯ハ總テ之ヲ讓受人ニ對抗スルコトヲ得ルノ結果ヲ免カレサルナリ

又寄託物ノ讓渡及質入ニ就テモ委託者ハ倉庫證券ニヨラスシテ之ヲ爲スコトヲ得サルニアラスサレト其不便大ニシテ到底商業取引ノ用ニ適スル能ハサルナリ故ニ倉庫證券ノ發行ニヨリテ一方ニ於テハ寄託物返還ニ關スル債權的效力ヲ定メ以テ抗辯ノ制限ヲ認メ他方ニ於テハ寄託物融通ニ關スル物權的效力ヲ定メ證券ノ處分ニヨリテ寄託物ノ處分ヲ爲シ得ルコトヽナレリ

**第一　倉庫證券ノ物權的性質**

倉庫證券ヲ作リタルトキハ寄託物ニ關スル處分ハ倉庫證券ヲ以テスルニ非ラサレハ之ヲ爲スコトヲ得ス　倉庫證券ニ依リ寄託物ヲ受取ルコトヲ得ヘキ者ニ倉庫證券ヲ引渡シタルトキハ其引渡ハ寄託物上ニ行使スル權利ノ取得ニ付キ寄託物ノ引渡ト同一ノ效力ヲ有スルモノナリ之レ我改正商法カ其第三六五條ヲ以テ第三三四條ノ二及ヒ第三三五條ノ規定ヲ預證券及ヒ質入證券ニ準用シタル結果ナリ從テ倉庫證券カ物權的證券タルコトハ貨物引換證カ物權證券タルト同一ナリ。

詳述スヘシ）
倉庫證券ハ寄託物上ノ物權ヲ代表シ證券ノ處分ヲ以テ寄託物其モノヽ處分ト同一效力ヲ有セシムルモノナリ故ニ寄託物ニ對シテ倉庫證券ヲ發行シタル場合ニハ寄託物ニ關スル處分ハ其證券ヲ以テスルニアラサレハ之ヲ爲スヲ得ス商第三六五條第三三四條ノ二
尚倉庫證券ノ物權的效力ニ就テハ貨物引換證及船荷證券ノ性質ニ就テ論シタル處ヲ參照スヘシ

## 第二　倉庫證券ノ債權的性質

倉庫營業者ハ寄託契約ニ基キテ寄託物保管ノ義務ヲ有シ又寄託物返還ノ義務ヲ有ス而シテ倉庫營業者カ倉庫證券ヲ發行シタルトキハ寄託契約ニ基ク寄託物返還ノ義務ハ證券上ノ義務トナリ倉庫證券ノ取得者ハ倉庫營業者ニ對シテ寄託物引渡ノ請求權ヲ有スルニ至ル而シテ一旦倉庫證券ヲ發行シタルトキハ寄託ニ關スル事項ハ倉庫營業者ト所持人トノ間ニ於テ

ハ其證劵ノ定ムル所ニ依テ決定セサルヘカラス是レ商第三六二條ノ規定スル所ナリ

夫レ商第三六二條カ倉庫證劵ノ證劵的權利ヲ表スモノナルコトヲ定メタルモノナルコトハ明白ナリ即チ證劵所持人ト倉庫營業者トノ間ノ權利義務ハ一々證劵記載ノ文言ニヨリテ決定セラルヘキモノニシテタトヘ寄託契約ノ當事者間ニ於テ何等ノ特約アルモ之ヲ證劵ニ記載セサル以上ハ所持人ニ對抗スルヲ得サルモノナリ（商第三三四條）

然レトモ本條ハ寄託ニ關スル事項云々ト云フヲ以テ所持人ト倉庫營業者トノ間ノ法律關係モ寄託ヲ前提トスルモノト解セサルヘカラス故ニ倉庫證劵ハ不要因的證劵ニアラスト云ハサルヘカラス是レ本條ハ貨物引換證ニ關スル商第三三四條ト規定ノ趣旨ヲ同クスルモノニシテ手形ニ關スル商第四三五條ト同一視スルヲ得サル所以ナリ

是ヲ以テ倉庫營業者ハ倉庫證劵ヲ發行シタルトキハ其所持人ニ對シテハ

其證券ノ文言ニ從テ受寄物引渡ノ義務ヲ負フモノナリ即チ受寄物ノ種類、品質、數量等ノ如キ保管料ノ如キ保管ノ場所保管期間ノ如キ皆證券ノ定ムル所ニヨリテ決定セラル何々ノ事項ハ寄託契約ニヨルノ旨ヲ證券ニ明記セサル限リハ假令當事者間ニ如何ナル特約アルモ善意ノ所持人ヲ拘束スルヲ得サルナリサレト倉庫營業者ハ證券ノ發行ニヨリテ不要因的債務ヲ負フモノニアラサルヲ以テ所持人ニ對スル義務ニ就テモ寄託行爲ヲ根據トス換言スレハ倉庫營業者カ所持人ニ對シテ受寄物引渡ノ義務ヲ負フハ證券ノ發行ニ根據スルニアラスシテ寄託契約ニアリ唯倉庫營業者ハ眞實ナル倉庫證券ヲ交付セサルヘカラサルモノナルヲ以テ其證券カ眞實ナラサリシ場合ニハ之ニ對シテ不法行爲上ノ責任ヲ負ハサルヘカラス此點ヨリシテ倉庫證券ハ所謂受領ノ承認ヲ包含スルモ給付ノ約束ヲ包含スルモノニアラスト云フヘシ

要之倉庫營業者ハ證券所持人ニ對シテ其記載ノ事項ニ從テ受寄物引渡ノ

義務ヲ有スルモノナレトモ此義務ハ不要因的ノモノニアラス故ニ寄託契約ニシテ無效ナルトキハ證券モ亦無效タルヲ免レス又受寄物カ不可抗力ニヨリテ滅失又ハ毀損シタル場合ニ於テハ其責ヲ負フコトナシ但如何ナル場合ニ於テモ倉庫營業者トシテ自己ノ故意過失ニ因リテ生シタル結果ニ就テハ必ス其責ニ任セサルヘカサルコトヲ忘ルヘカラサルナリ(本篇第一章第三節參照)

倉庫證券カ物權的證券ニシテ又證券的權利ヲ表スル證券タルコト上述ノ如シ故ニ之ト引換ニアラサレハ寄託物ノ引渡ヲ請求スルコトヲ得サルナリ(商第三七九條)而シテ證券喪失ノ場合ニハ公示催告ニヨル除權判決ヲ受クルカ又ハ商第二八一條ノ手續ニヨルニアラサレハ其權利ヲ行使スル能ハサルコト他ノ流通證券ト同シサレト法律ハ實際上ノ便益ヲ圖リ倉庫證券ニ限リ一ノ特例ヲ設ケ預證券又ハ質入證券カ滅失シタルトキハ其所持人ハ相當ノ擔保ヲ供シテ更ニ其證券ノ交付ヲ請求スルコトヲ許セリ(商第

三六六條)但此場合ニハ倉庫營業者ハ其旨ヲ帳簿ニ記載スルコトヲ要ス(同條但書)

次ニ倉庫證券ハ手形及船荷證券ト同シク法律上當然ノ指圖證券ナリ故ニ指圖式ニテ發行セラレタルモノハ勿論タトヘ記名式ノモノト云ヘトモ裏書ニヨリテ當然讓渡又ハ質入スルコトヲ得但裏書禁止ノ旨ヲ記載シタル證券ハ此限リニアラス(商第三六四條第一項)是ヲ以テ預證券モ質入證券モ共ニ裏書禁止ノ記載ナキ限リハ記名式ノモノト雖トモ裏書ニヨリテ流通スルコトヲ得但シ寄託物ニツキ質權ノ設定ナキ間ハ此二證券ハ之レヲ併セテ讓渡スコトヲ得レトモ各別ニ讓渡スコトヲ得ス(同條第二項)是レ質入前ニ預證券又ハ質入證券ノ讓渡ヲ許セハ證券カ法律ノ豫期セル效力ヲ發揮スルヲ得サルヲ以テナリ又倉庫證券ニ就テハ無記名式ノ發行ヲ認メス之レ手形及船荷證券ト異ル處ナリ然レトモ學者間議論アルモ商第二八二條改正ノ結果甲又ハ持參人ナル形式ニ於テ發行スルコトヲ得ヘシ(商第二八二條第四四九二ノ一項)

## 第三節　倉庫證券ノ效力

倉庫證券ハ物權的證券ニシテ同時ニ法律上當然ノ指圖證券ナリ故ニ記名式ナルトキト雖モ證券ニ裏書禁止ノ記載ナキ限リハ當然裏書ニヨリテ之ヲ輾轉スルコトヲ得ルモノニシテ又裏書ニヨル證券ノ讓渡ハ其證券ニ記載セル寄託物ノ讓渡ト同一ノ效力ヲ有ス而シテ預證券及ヒ質入證券ノ作用ニ就テハ次ノ效果アリ倉荷證券ハ預證券ト同一ノ效果ヲ有ス

一、預證券ハ寄託物ノ所有權移轉ノ用ニ供セラルヽモノニシテ質入證券ハ質權ノ設定又ハ移轉ノ用ニ供セラルヽモノナリ是ヲ以テ質入證券ノ裏書ニヨリテ質權ヲ設定又ハ移轉セル間ニ於テモ預證券ノ裏書ニヨリテ寄託物ノ讓渡ヲナシ得ルモノナレトモ質入證券ニヨリテ寄託物ノ所有權ヲ移轉スル能ハサルハ二券制度ノ當然ノ結果ニシテ多言ヲ要セサルヘシ

二、預證券ハ寄託物ノ所有權移轉ノ用ニ供セラルルモノナリト雖モ寄託物ニ對シテ完全ナル處分權ヲ取得セントセハ預證券ト質入證券トノ二者ヲ併

セテ取得セサル可カラス何トナレハ寄託物ニ對スル質權ノ設定ハ其寄託物ノ所有權ヲ制限スルモノニシテ質入證券ヲ以テ寄託物ヲ質入シタル場合ニ於ケル預證券所持人ノ寄託物ニ對スル權利ハ質權負擔付ノ所有權ナレハナリ故ニ寄託者タルト其他ノ證券取得者タルトヲ問ハス此二證券ト引換ニアラサレハ倉庫營業者ニ對シテ寄託物ノ返還ヲ請求スルヲ得ス(商第三七九條)若シ預證券ノミノ所持人ニ對シテ寄託物ノ完全ナル處分ヲ許サンカ質入證券所持人ハ之レカ爲メニ其權利ヲ害セラルルコト明カナリ

三、預證券及質入證券ノ所持人ハ寄託物ニツキ質權設定ノ後ニアラサレハ預證券又ハ質入證券ヲ各別ニ讓渡スコトヲ得ス(商第三六四條第二項)何トナレハ未タ寄託物ヲ質入セサル間ニ預證券及質入證券ノ所持人カ預證券ヲ他人ニ讓渡シタルトキハ其者ハモハヤ寄託物ノ上ニ權利ヲ有セサルヲ以テ質權ヲ設定スルニ由ナク從テ質入證券ハ其作用ヲナス能ハサルニ至レハナリ又質入證券ハ寄託物ニツキ質權ノ設定セラレサル間ハ其固有ノ效

力ヲ發揮スルヲ得サルモノナルヲ以テ此間ハ預證券ニ附隨シ之レト共ニ讓渡セラルヘキ性質ヲ有スルコト明カナリ

故ニ預證券及質入證券ノ所持人ハ寄託物ヲ質入シタル後ハ此兩證券ヲ隨意ニ各別ニ讓渡スルコトヲ得レトモ未タ寄託物ニツキテ質權設定ナキ間ハ兩證券ヲ併セテ之ヲ同一ノ人ニ讓渡スカ又ハ先ツ質入證券ヲ以テ質入ヲナシ然ル後ニ預證券ヲ讓渡スカ孰レカ其一ニ從ハサルヘカラス換言スレハ質入證券ノ質入裏書ハ預證券ノ裏書ト同時ナルカ又ハ其レヨリ前ナラサルヘカラサルナリ（靑木氏商行爲論第三二四頁第一目兩證券同時讓渡ノ原則ノ部引用）

四、質入證券ニ第一ノ質入裏書ヲ爲スニハ債權額、其利息及ヒ辨濟期ヲ記載スルコトヲ要ス（商第三六七條）是レ第一ノ質入裏書ノ要件ヲ定メタルモノナリ質入證券ノ第一ノ質入裏書ハ質權設定ノ效力ヲ有スルモノニシテ其質權ノ範圍ヲ明確ニスルヲ要スレハナリ然レトモ質入證券ノミニ此等ノ記載ヲ爲スモ預證券ノ讓受人ハ此事實ヲ知ルニ由ナク意外ノ損害ヲ蒙ルコトアルヘシ故ニ第一ノ質權者ハ同ノ一事項ヲ預證券ニモ記載シテ之ニ署名ヲ爲スニアラサレハ其質權ヲ以テ第三者ニ對抗スルヲ得ス(商第三六七條第二項)法文ニ第三者ト云ヘルヲ以テ倉庫營業者ニ對シテモ對抗スルヲ得サルコトト知ルヘシ而シテ質入證券ヲ以テ設定スル質權ハ權利質ニアラスシテ動產質ナリトス

五、質入證券ノ第一ノ質入裏書ハ質權ノ設定ノ效力ヲ有スルモノナレトモ第二以下ノ質入裏書ハ其質權移轉ノ效力ヲ有ストハ云ハサルヘカラス而シテ此場合ニ於テ被裏書人ハ質權ト共ニ其證券ニ記載セル債權ヲモ取得スルヤ否ヤニ就テハ議論アル處ナリ然レトモ元來質權ハ主タル債權ヲ擔保スル爲メ之ニ從トシテ存スルモノニシテ主タル債權ヲ離レテ質權ノミノ移轉スルコトハ殆ント意味ヲナサス又我商法第三七二條ニ裏書人ニ對シテ不足額ヲ請求云々ト規定セルヨリシテ質入證券ノ所持人ハ證券上ノ債務者ニ對シテ質金額ノ債權ヲ有スト解セサルヘカラス故ニ質入證券ノ所持人ハ倉庫中ニアル貨物ノ上ニ質權ヲ取得シ且ツ證券上ノ債務者ニ對シテ其證券ニ記載セル債權(質債權)ヲ取得スト解セサルヘカラス而シテ我商法ニ於テ何人カ質入證券ノ債務者ナルヤニ付テハ從來二說アリキ第一ハ質入證券ノ第一裏書人ナリトスル說ニシテ第二ハ預證券ノ所持人ナリトスルノ說ナリキ然ルニ改正法ハ第三六七條ノ二ヲ以テ預證券ノ所持人ハ寄託物ヲ以テ預證券ニ記載シタル債權額及ヒ利息ヲ辨濟スル義務ヲ負フ」トノ規定シ以テ第二說ヲ採用シタリ即チ同條ハ預證券ノ讓渡人ト讓受人トノ關係ヲ規定シタルモノニ非スシテ預證券所持人ノ質入證券所持人ニ對スル物的責任ヲ定メタルモノナリ故ニ質入證券ノ所持人ハ質權實行前ニ於テモ預證券所持人ニ對シ債務ノ履行ヲ請求スルコトヲ得然レ共質入證券ノ所持人ハ預證券ノ所持人ヲ知ルニ由ナク從ツテ證券ヲ呈示シテ辨濟ヲ請求スヘキ場所ヲ知ルコト能ハサルカ故ニ改正法ハ該證券所持人ノ債權ノ辨濟ハ倉庫營業者ノ營業所ニ於テ之ヲ爲スコトヲ要スト規定ス(商第三

六七條ノ三)若シ預證劵所持人カ任意ニ辨濟ヲ爲サヽルトキハ質權ノ實行ニ因リテ其返濟ヲ受クルノ外ナク而シテ此場合ニハ拒絶證書ノ作成ヲ要ス(商第三六八條)

質入證劵ニ裏書人アリタル場合ニハ質入證劵ノ所持人ハ先ツ寄託物ニ付キ返濟ヲ受ケ尚ホ不足アルトキハ其裏書人ニ對シテ不足額ヲ請求スルコトヲ得(商第三七二條第一項)其請求ニ關シテハ手形ノ償還請求ノ通知償還金額及ヒ引換償還ニ關スル規定ヲ準用セリ之レ改正法ガ舊規定ノ缺點ヲ補正シタル點ナリ(商第三七二條第二項)

六、質入證劵ノ所持人カ其債權ノ辨濟期ニ至リ支拂ヲ受ケサルトキハ手形ニ關スル規定ニ從ヒテ拒絶證書ヲ作成セシムルヲ要シ拒絶證書以外ノ方法ヲ以テ支拂ヲ得サルコトヲ證スルヲ得ス此拒絶證書ハ債務者ノ營業所又ハ住所ニ於テ之ヲ作成スヘク其作成ハ滿期日及其後ノ二日內ニ之ヲナスヲ要ス(商第四七條)其他作成ノ方式ハ手形ニ關スル規定ニヨルヘシ拒絶證書作成後一週間ヲ經過スルトキハ所持人ハ寄託物ノ競賣ヲナスコトヲ得(商第三六九條)一週間ノ期間ノ經過ヲ必要トスルハ此間ニ於テ預證券ノ所持人ニシテ其債務ヲ辨濟シテ競賣ヲ免カルルコトヲ得セシムルノ餘裕ヲ與ヘンカ爲メナリ

寄託物ノ競賣アリタルトキハ倉庫營業者ハ競賣ノ代金中ヨリ競賣ニ關スル費用、受寄物ニ課スヘキ租税、保管料、其他保管ニ關スル費用及ヒ立替金ヲ控除シ其殘額ヲ質入證券ト引換ニ其所持人ニ支拂フコトヲ要ス(商第三七〇條第一項)而シテ尚剩餘アルトキハ倉庫營業者ハ預證券ト引換ニ之ヲ所持人ニ支拂フコトヲ要ス(同條第二項)

七、質入證券ノ所持人カ以上述ヘタル競賣ヲ爲スモ其競賣代金ヲ以テ債權全部ノ辨濟ヲ受クルコトヲ得サリシ場合ニ於テハ債務者(預證券ノ所持人)其他質入證券ノ各裏書人ニ對シテ其不足額ヲ請求スル權利ヲ有ス(商第三七二條第一項)是レ明ニ質入證券ノ裏書ニ擔保力ヲ認メタルモノニシテ各裏書人ハ手形ノ場合ト同シク裏書ノ前後ヲ問ハス等シク償還ノ義務ヲ負フモノナリ而シテ競賣代金ヲ以テ質入證券ニ記載シタル債權ノ全部ヲ辨濟スルコト能ハサルトキハ倉庫營業者ハ支拂ヒタル金額ヲ質入證券ニ記載シテ其證券ヲ返還シ且其旨ヲ帳簿ニ記載スルコトヲ要ス（商第三七一條）是レ質入證券ノ所持人ノ行ヒ得ヘキ遡求權ノ範圍ヲ明カニスルカ爲メナリ質入證券ノ所持人ハ商第三七二條ノ規定ニヨリテ各裏書人ニ對シテ遡求權ヲ有スルコト上述ノ如シサレト次ノ場合ニ於テハ所持人ハ遡求權ヲ失フモノトス（商第三七三條）

（一）所持人カ辨濟期ニ至リテ支拂ヲ受ケサリシ場合ニ於テ拒絕證書ヲ作ラサリシトキ

（二）又ハ拒絕證書作成ノ日ヨリ二週間內ニ寄託物ノ競賣ヲ請求セサリシトキ尤モ右ノ場合ニ於テモ預證券ノ所持人ニ對シテハ所持人ハ其權利ヲ失フモノニアラス何トナレハ之レ證券上ノ主タル債務者ナレハナリ

又質入證券ノ裏書人カ債務ヲ辨濟シタルトキニ於ケル預證券ノ所持人ニ對スル法律關係如何特ニ其求償權如何

此等ニ就テハ商法ニ規定ナキヲ以テ民法上ノ代位ノ原則(民第六九六條第五〇四條)ニ從ヒ之ヲ決定セサルヘカラサルモノト信ス

而シテ質入證券所持人ノ預證券所持人ニ對スル請求權ハ辨濟期ヨリ一年質入證券ノ裏書人ニ對スル請求權ハ寄託物ニ付キ辨濟ヲ受ケタル日ヨリ六ケ月質入裏書人ノ其前者ニ對スル請求權ハ償還シタル日ヨリ六ケ月ヲ經過シタルトキハ時效ニ因リテ消滅スト改正シタリ(商第三七四條)思フニ手形ノ償還義務ノ時効期間ヲ一年ニ伸長セルニ拘ハラス質入證券ノ擔保義務ノ時效期間ヲ六ケ月ニ短縮シタル理由ハ之ヲ發見スルニ苦シム

八、預證券及質入證券ヲ併有スルニアラサレハ寄託物ニ對シテ完全ナル處分權ヲ有セス從テ此二證券ト引換ニアラサレハ寄託物ノ返還ヲ請求スルコトヲ得サルコトハ前ニ述ヘシ所ナリ(商第三七九條)然レトモ是レ預證券ノ所持人ニ取リテハ實ニ不便尠ナカラスト云フ可シ何トナレハ質入證券モ亦流通スルモノナルヲ以テ何人カ質入證券ノ所持人ナルカヲ知ルニ甚困難ナレハナリ而シテ商第三七九條ノ規定ハ質入證券ノ所持人ヲ保護スルノ趣旨ニ出テタルモノナルヲ以テ質入證券ノ所持人ヲ害セサル以上ハ寄託物ノ處分ヲ得セシムルモ敢テ不當ニアラス故ニ法律ハ預證券ノ所持人カ質入證券ニ記載シタル債權ノ全額及辨濟期迄ノ利息ヲ倉庫營業者ニ供託シタルトキハ質入證券ニ記載シタル債務ノ辨濟期前ト雖モ寄託物ノ返還ヲ請求スルコトヲ得ルコトトセリ(商第三八〇條第一項)

然ラハ預證券ノ所持人ハ質入證券ニ記載シタル債權ノ一部ニ當ルヘキ金額ヲ供託シテ寄託物ノ一部ノ返還ヲ請求スルコトヲ得ルヤ

此點ニ關シテハ法律ニ何等ノ規定ナカリシヲ以テ通說ハ特約アルカ又ハ質入證券所持人ノ承諾アルニ非スンハ一部返還ノ請求權ナシト論シタリ

キ然ルニ改正法ハ此點ニ付テ規定シテ曰ク「寄託物カ同種類ニシテ同一ノ品質ヲ有シ且分割スルコトヲ得ヘキ物ナルトキハ預證劵ノ所持人ハ債權額ノ一部及ヒ其辨濟期マデノ利息ヲ供託シ其割合ニ應シテ寄託物ノ一部ノ返還ヲ請求スルコトヲ得、此場合ニ於テ倉庫營業者ハ供託ヲ受ケタル金額及ヒ返還シタル寄託物ノ數量ヲ預證劵ニ記載シ且其旨ヲ帳簿ニ記載スルコトヲ要ス(商第三八〇條ノ二)尤モ此場合ニ於ケル寄託物ノ一部出庫ニ關スル費用ハ所持人之ヲ負擔セサル可カラス(同條第二項)

上述ノ如ク預證劵ノ所持人カ法律所定ノ金額ヲ供託シテ寄託物ノ出庫ヲ請求シタルトキハ倉庫營業者ハ其請求ニ應シ全部若シクハ一部ノ出庫ヲ爲サザル可カラス然ルニ質入證劵ノ所持人ハ寄託物上ニ質權ヲ有スル者ナルカ故ニ此ノ場合ニハ出庫セル寄託物ノ對價タルヘキ供託金ノ上ニ權利ヲ有スルニ非ラスンハ不測ノ損害ヲ蒙ラサル可カラス於此乎改正商法ハ其第三八〇條ノ三ニ規定シテ曰ク「前二條ノ場合(全部ノ出庫及ヒ一部出

庫ノ場合)ニ於テ質入證券ノ所持人ノ權利ハ供託金ノ上ニ存在ス」トシ「債權額ノ一部ニ該當スル供託金ヲ以テ債權ノ一部辨濟ヲ爲シタル場合ニ質入證券ニ其支拂タル金額ヲ記載スルニ付テハ第三七一條ヲ準用ス」ヘキモノトス

尚倉荷證券ヲ以テ質權ノ目的ト爲シタル場合ニハ質權者ノ承諾アルトキハ寄託者ハ辨濟期前ト雖モ寄託物ノ一部返還ヲ請求スルコトヲ得此場合ニハ倉庫營業者ハ其返還セル寄託物ノ種類、品質及ヒ數量ヲ倉荷證券ニ記載シ且其旨ヲ帳簿ニ記載スルヲ要ス(商第三八三條ノ三)

## 第四節　寄託ニ關スル効力

倉庫證券ハ倉庫寄託契約ニ基キテ發行セラルルモノナルヲ以テ證券ノ發行及證券所持人ト發行者タル倉庫營業者トノ間ノ法律關係モ亦寄託ノ效力ニ外ナラスサレト此等ニ就テハ既ニ述ヘタルヲ以テ茲ニハ倉庫營業者ノ意義

及ヒ倉庫營業者ノ寄託契約ヨリ生スル權利義務ニ就テ我商法ニ規定セル大要ヲ述フヘシ

第一　倉庫營業者

倉庫營業者トハ他人ノ爲メニ物品ヲ倉庫ニ保管スルヲ業トスルモノヲ謂フ(商第三五七條)

故ニ

一、倉庫營業者ハ他人ノ爲メニ物品ヲ保管スルモノナリ即チ寄託ノ引受ヲ爲ス者ナリ故ニ

(イ)物品ノ保管ヲ引受クルモノニシテ之カ處分ヲナス權限ヲ有セス所謂不規則寄託ノ(民第六六六條)引受ハ倉庫營業者ト性質上相容レス

(ロ)他人ノ爲メニ保管スルコトヲ要スサレト必スシモ寄託者ノ所有物タルヲ要セス

二、倉庫營業者ハ他人ノ爲メニ物品ヲ倉庫ニ保管スル者ナリ

(イ)倉庫ニ保管スルモノナルカ故ニ其目的物タルモノハ動産ナラサルヘカラス

(ロ)倉庫ニ保管スルモノナルノ結果多少繼續シテ保管スルコトヲ要ス旅客ノ手荷物ヲ一時預ルカ如キヲ包含セス

(ハ)倉庫トハ法律上一定ノ意義ヲ有セスト雖モ必スシモ特ニ之レカ爲メニ建設セラレタル工作物タルコトヲ要セス又必スシモ自己ノ所有ニ屬スルモノタルコトヲ要セス

三、倉庫營業者ハ他人ノ爲メ物品ヲ倉庫ニ保管スルコトヲ業トスル者ナリ他ノ營業者カ其營業ノ爲メニ事實上物品ノ保管ヲナスモ之ヲ倉庫營業者ト云フヲ得スサレト倉庫營業者ハ他ノ營業ヲ兼營スルヲ妨ケス而シテ之ヲ業トスルヲ以テ倉庫營業者ハ常ニ商人ナリ寄託者ハ商人タルコトヲ要セサルハ云フ迄モナシ

倉庫營業者ノ意義右ノ如シ而シテ我商法ハ倉庫營業ヲ自由營業ノ一トナス

故ニ倉庫營業者トナルニハ別ニ何等ノ免許又ハ其他ノ手續ヲ要セス是レ英、白ト同一ノ主義ヲ採レルモノナリ

保稅倉庫トハ輸入手數料未濟ノ貨物ヲ藏置スル所ニシテ之ニ藏置セル貨物ハ其藏置中ハ之ヲ輸入シタルモノト見サルナリ(保稅倉庫法第一條、第二條)

保稅倉庫ニハ官設ト私設トアリ官設保稅倉庫ハ商法ノ適用ヲ受ケス私設保稅倉庫ニ就テハ特別規定ナキトキハ商法ノ規定ニ從フ又私設保稅倉庫ノ營業ハ大藏大臣ノ特許ヲ要ス其他保稅倉庫ニ就テハ左ノ法令ヲ參照スヘシ

(明治三十年三月法律第一五號保稅倉庫法同四十年三月法律第二十號ニテ改正同三十六年六月大藏省令第九號同三十二年六月省令第三十一號及ヒ同四十年六月省令第二十號ニテ改正同法施行細則)

## 第二　倉庫營業者ノ義務

一、寄託物ノ點檢及ヒ見本ノ摘出

寄託者又ハ預證劵ノ所持人ハ營業時間內何時ニテモ倉庫營業者ニ對シテ寄託物ノ點檢若クハ其見本ノ摘出ヲ求メ又其保存ニ必要ナル處分ヲ

爲スコトヲ得

質入證券ノ所持人ハ營業時間何時ニテモ倉庫營業者ニ對シテ寄託物ノ點檢ヲ求ムルコトヲ得（商第三七五條）

二、保管期間

當事者間ノ契約ニヨリテ定マル

契約ニ何等ノ定メナキトキハ倉庫營業者ハ受寄物入庫ノ日ヨリ六ヶ月ヲ經過シタル後ニ非レハ其返還ヲ爲スコトヲ得ス但已ムヲ得サル事由アルトキハ此限リニアラス（商第三七八條）

三、受寄物ノ返還

倉庫營業者ハ請求ニヨリ受寄物ノ全部又ハ一部ヲ返還スル義務ヲ有ス若シ倉庫營業者カ倉庫證券ヲ交付シタル場合ニ於テハ之レト引換ニアラサレハ受寄物ヲ返還スルコトヲ要セス（商第三七九條）

四、責任

倉庫營業者ハ善良ナル管理者ノ注意ヲ以テ受寄物ヲ保管セサルヘカラス（商第三五三條）而シテ倉庫營業者ハ自己又ハ其使用人カ受寄物ノ保管ニ關シ注意ヲ怠ラサリシコトヲ證明スルニ非レハ其滅失又ハ毀損ニ付キ損害賠償ノ責ヲ免カル丶コトヲ得ス（商第三七六條）是レ既ニ運送人ノ責任ニ就キ説明シタルト同一ノ規定ナルヲ以テ玆ニ再説セス

倉庫營業者ノ責任ハ寄託者カ寄託物ヲ受取リ且ツ保管料其他ノ費用ヲ支拂ヒタルトキハ消滅ス但寄託物ニ直ニ發見スルコト能ハサル所ノ毀損又ハ一部ノ滅失アリタル場合ニ於テ引渡ノ日ヨリ二週間内ニ寄託者カ其通知ヲ發シタルトキ及ヒ倉庫營業者ニ惡意アリタルトキハ此限リニアラス（商　三八二條、第三四八條）

寄託物ノ滅失又ハ毀損ニ因リテ生シタル倉庫營業者ノ責任ハ一年ノ短期時效ニ因リテ消滅ス但倉庫營業者ニ惡意アリタルトキハ此限リニアラス而シテ時效ノ起算點ハ一部ノ滅失又ハ毀損ノ場合ハ出庫ノ日ニシ

テ全部滅失ノ場合ハ倉庫營業者カ預證劵ノ所持人若シ其所持人知レサルトキハ寄託者ニ對シテ其滅失ノ通知ヲ發シタル日ナリトス(商第三八三條)

尙我商法ハ倉庫寄託强制ノ主義ヲ採ラス故ニ倉庫營業者カ倉庫寄託契約ヲ結フハ全ク其自由ニ屬ス又我商法ハ倉庫營業者ノ保險義務ヲモ認メサルナリ

## 第三　倉庫營業者ノ權利

一、倉庫營業者ハ其報酬タル保管料ヲ請求スル權利ヲ有ス然レ共之ヲ請求スルハ受託物ノ出庫ノ時以後ナラサルヘカラス尙一部出庫ノ場合ニハ其割合ニ應シテ保管料ヲ請求スルコトヲ得

又倉庫營業者ハ保險料、課稅、賣却ノ費用等ノ立替金其他受寄物ニ關スル費用ノ支拂ヲ請求スルヲ得尤モ之ヲ請求スルコトヲ得ヘキ時期ハ受寄物ノ出庫ノ時以後ナラサルヘカラス(商第三七七條)

二、倉庫營業者ハ以上ノ債權ニ關シテ留置權及先取特權ヲ有ス(民第二九五條、第三二一條)寄託物ノ競賣代金ニツキテモ先取特權ヲ有ス(商第三八一條第二項)

三、寄託物又ハ預證券ノ所持人カ寄託物ヲ受取ルコトヲ拒ミ又ハ受取ルコト能ハサリシトキハ倉庫營業者ハ寄託物ヲ供託シ又ハ相當ノ期間ヲ定メテ催告ヲ爲シタル後之ヲ競賣スルコトヲ得

此場合ニ於テハ遲滯ナク寄託者又ハ預證券ノ所持人ニ對シテ其通知ヲ發スルコトヲ要ス損敗シ易キ物ハ前項ノ催告ヲナサスシテ之ヲ競賣スルコトヲ得

而シテ倉庫營業者カ受寄物ヲ競賣シタルトキハ其代金ヲ供託スルコトヲ要ス尤モ其代金ノ全部又ハ一部ヲ保管料、立替金其他ノ費用ニ充當スルコトヲ得(商第三八一條第一項)

# 第四編　債權的有價證券論

債權的有價證券トハ債權ヲ表彰スル有價證券ニシテ有價證券ノ多數ハ之レニ屬ス今公債證券、社債券及ヒ手形ニツキ逐次其法理ヲ說明スヘシ尤モ債權的有價證券ナルモノハ此三者ニ限ルモノニアラサルハ言フ迄モナシ

## 第一章　公債證券論

### 第一節　公債ノ觀念

公債ハ公信用(Öffentlicher Kredit)ナリト說クヲ學者ノ定說トス而シテ公信用トハ國家又ハ公共團體ノ債權關係ナリト解スヘキモノナルヲ以テ公債ハ國家又ハ公共團體ノ債務ナリト云ハサル可カラス

抑公債ハ國家ノ觀念明カニナリタル後ニ於テ始メテ生シタルモノナリ昔時國家ト君主トヲ同一視シ又國庫ト君主ノ私有財產トヲ混同シタル時代ニ於

テハ今日ノ意義ニ於ケル公債ナルモノナク唯君主ノ私債アリシノミ然ルニ近代ニ至リ國家ノ觀念發達スルニ及ンテ國家ハ君主ト同一視スヘカラス又人民ノ集合必スシモ國家ニアラス國家ハ一ノ獨立セル人格者ナルコトヲ認メラレ從テ君主ノ財產ト離レテ債權債務ノ主體トナリ得ルニ至レリ是ニ於テ國債ヲ生セリ

又國家ノ發達ト共ニ都市ノ勢力勃興シ法律モ亦公共團體ナルモノヲ認メ一定ノ範圍內ニ於テ自治獨立ノ人格ヲ與フルニ至リ公共團體ハ亦權利義務ノ主體トナルコトヲ得ルノミナラス自カラ其財政ヲ整フルニ當リ其收入ノ不足ヲ補フカ爲メニ起債スルニ至レリ地方債玆ニ生ス

公債ハ國家及ヒ公共團體ノ債務ナルコト上述ノ如シ然ルニ此債務ハ公法上ノ債務ナリヤ將タ私法上ノ債務ナリヤ此點ニ就テハ學者ノ間ニ議論アリ元來此問題ハ單ニ立法上ニ於テ研究スル必要アルノミナラス公債ニ關スル法規適用上ニ於テ之ヲ決定セサル可カラサルモノナリ公債ニ關シテハ所謂公

債條例ナル特別法アリテ之レニ、ヨリテ法律關係ヲ定メラル、モノナリト雖モ公債條例ハ公債ニ關スルスヘテノ事項ヲ網羅セス且ツ現今公債證券ハ他ノ信用證券ト同シク經濟社會ニ流通スルモノナルヲ以テ其授受、移轉等ニ就キ法律上ノ爭ヲ生スルコトアルヘキハ免カレサル也此場合ニ於テ若シ公債條例ニ其規定ヲ缺クトキハ如何ナル法規ヲ之ニ適用スヘキヤ是レ公債カ公法上ノ債務ナルカ將タ私法上ノ債務ナルカヲ決セサルヘカラサル實益ノ存スル所也而シテ此問題ニ關シテハ公債ヲ以テ公法上ノ債務ナリト論スル學者ナキニアラスサレト國家カ公債ヲ起スハ敢テ權力關係ヲ以テ人民ニ臨ムモノニアラス公債ハ自由意思ニヨリテ發生スルヲ本則トス故ニ公債ノ本質ハ私法的關係ナリト云フヲ正當ナリトス即チ公債ハ私法ノ規定ニ從フヘキモノニシテ若シ公債條例ニ規定ナキ場合ニ於テハ商法、民法其他ノ私法的法規ニヨリテ其法律關係ヲ決定スヘキモノナリト云ハサルヘカラス但公債條例カ私法ノ特別法ナルヤ將タ公法ナルヤハ別問題ニ屬ス何トナレハ國家及ヒ公共團體ハ財政上其他ノ理由ニヨリ公債ニ就テモ純然タル私法上ノ關係ノミニ立ツヲ得サルコトアルヲ以テ公債條例中ニハ往々公法的規定ヲ包含セシムルモノナレハ也要之公債條例ハ公債ニ關スル特別法ナルヲ以テ公債ニ就テハ他ノ法令ニ先チテ適用セラルヘキモノナリサレト公債ハ私法上ノ債務ナルヲ本則トスルヲ以テ公債條例ニ規定ナキ場合ニ於テハ私法ノ原則ニ從テ其法律關係ヲ決定セサルヘカラス

公債ハ私法上ノ債務ナリ然ラハ私人ノ債務(私債)ト異ル所如何是レ債務者カ國家タルト私人タルトノ差異ヨリ生スル特質ニ在リ而シテ國家カ私人ト異ル所ハ最高權力ノ主體タルト其生命ノ無窮ナルトニ存ス最高權力ノ主體ナルカ故ニ一朝國難アルニ當リテハ其權力ニヨリテ債務ヲ取消スコトヲ得サルニアラス(此ノ如キハ大ニ國家ノ信用ヲ害スルヲ以テ極メテ稀ナルハ言フ迄モナシ)生命ノ無窮ナルカ故ニ私債ニ見ルヘカラサル其辨濟期限無期ニシテ債權者ニ償還請求權ヲ與ヘサル債務(所謂永遠公債)ノ成立ヲ妨ケサル也

公債ノ實質ハ債權債務ノ關係ナルコトハ疑ヲ容レス而シテ民法ニ云フ所ノ消費貸借ナリト說明スルヲ通例トス蓋シ消費貸借ノ意義ヲ嚴正ニ解スルトキハ公債ヲ以テ消費貸借ト云フハ不當ナリ何トナレハ債務者カ債權者ヨリ受領シタルト同數量ノモノヲ返還スルノ義務ヲ生スルコトカ消費貸借ノ本質ナルニ拘ラス公債ニアリテハ債務者ハ常ニ公債證券ニ記載セル金額ヲ支拂ハサルヘカラサル債務ヲ負擔スルモ其額ハ寧ロ債權者ヨリ受領セシ數量ニ異ルヲ通例トシ又債權者ハ始メヨリ債務者ノ返還スルモノト同一ノ金額ヲ支拂ヲノ意思ヲ有スルモノニアラサレハナリ故ニ公債ニヨリテ生シタル法律關　ハ純然タル消費貸借ト云フヲ得サレ共消費貸借ニ酷似スル一種ノ關係ナリト說明スルヲ穩當ナリトス

## 第二節　公債ノ種類及其特質

公債ハ觀察點ヲ異ニスルニヨリテ種々ニ區別スルコトヲ得今其極メテ必要

ナルモノヲ述フ可シ

第一　強制公債　任意公債

公債ハ當事者ノ自由意思ニヨリテ發生スルヲ原則トス從テ起債行爲ハ任意行爲ナルヲ通常トスサレト國家及公共團體カ其權力ニヨリテ貸借トシテ人民ノ資本ヲ強制的ニ移轉セシメ之ニ對シテ公債證劵ヲ與ヘ以テ自カラ債務ヲ負擔スルコトヲ爲シ得サルニアラス此場合ニ於ケル公債ハ之ヲ強制公債ト云フ固ヨリ一變例ニ屬スルモノニシテ此ノ如キ公債ハ國家又ハ公共團體ノ信認ヲ破壞シ人民ノ資本ヲ奪ヒ其經濟上政治上ニ及ホス害毒大ナルコト多言ヲ要セサル可シ故ニ現今文明諸國ハ殆ント此強制公債ヲ起スコトナシ

強制公債ニ對シテ通常ノ公債ヲ任意公債ト云フ

第二　利子付公債　無利子公債

是レ利子ノ有無ヲ標準トシテ區別セシモノナリ起債ニ際シ特殊ノ事情ア

ルトキハ無利子ニ公債ヲ發行スルコトナキニアラスサレト現今ノ公債ハ皆利子公債ナリト云フモ過言ニアラス苟モ資本ヲ利用スル以上ハ之ニ利子ヲ付スルハ當然ノコトニシテ公債ニ於テモ元本ニ對シテ利子ヲ拂フハ自然ノコトナリ而シテ公債ニ於ケル利子ノ割合ハ其國家ノ信認ノ厚薄、發行當時ノ市場ノ狀況ニヨリテ高低アルヲ免レサル也

公債ニ於ケル利子ノ支拂ハ國家又ハ公共團體ノ信認ニ關スルコト大ナルヲ以テ國家等ハ必ス之ヲ履行セサルヘカラス是レ大抵何レノ國ニ於テモ公債ノ利子支拂ニ要スル財源ハ之ヲ經常費ニ求ムル所以也又公債ノ利子支拂ノ時期如何ハ國庫及ヒ金融市場ニ至大ノ影響ヲ及ホスモノナリ故ニ支拂ノ時期ヲ定ムルニ當リテハ納税期商事會社等ノ決算期商人ノ原料仕入時期其他金融ノ情況ヲ酌量セサルヘカラス

公債ノ利子支拂ハ公債證券ヲ發行シタル場合ニハ利札ニヨル利札トハ公債證券ニ附屬セル紙片ニシテ一定ノ時期ニ於ケル利子ヲ代表スルモノナ

リ法律ニヨリテ定メタル利子支拂ノ時期到來シタルトキハ所持人ハ之レニヨリテ利子ヲ請求スルコトヲ得而シテ其初ニ當リテハ利子支拂ノ際支拂取扱者ニ於テ利札ヲ截取スルコトトナセシカ此ノ如クスルトキハ利子請求ノ都度必ス公債證券ヲ呈示セサルヘカラサルヲ以テ若シ公債證券ヲ質入シタルトキハ少ナカラサル手數ヲ要スル不便アリ是ヲ以テ其後之ヲ改メ所有者各自利札ヲ切斷シテ利子ノ請求ヲ爲スコトヲ許セリ(整理公債條例第一三條其後ノ公債條例皆之ヲ準用ス)

元來利子債務ハ元本債務ニ附隨スルモノナリ即チ利子債務ノ存在ハ元本債務ノ存立ヲ前提トス故ニ元本債務ノ存續スル限リハ利子債務モ亦存續スルト共ニ元本債務消滅スルトキハ利子債務モ之レニヨリテ消滅スルヲ原則トス是ヲ以テ一ノ注意スヘキコトアリ利札ヲ利子支拂期前ニ割引シテ遠隔ノ地ニ流通セシメタルトキ若シ元本債務カ抽籤償還等ニヨリテ俄然消滅シタルトキハ利札ノ所持人ハ其權利ヲ失フコトアルヘシ故ニ利札

ノ割引ニ就テハ此危險ニ警戒スル所ナカルヘカラス

## 第三　內債　外債

內債外債ノ區別ハ債權者ノ國籍ノ內外ニヨリテ之ヲ分類スルモノアリ又公債募集ノ地カ內國ナルカ外國ナルカニヨリテ類別スルモノアリ多クノ場合ニ於テハ此二者ハ相一致スヘキモ嚴正ニ解スルトキハ學理上ハ前說ヲ採ルヲ正當ナリトスサレト我國ニ於ケル外債ハ其公債ノ價額ヲ表記スルニ募集地ノ貨幣ヲ以テシ又其發行ノ方式ニ於テモ募集地ニ於ケル形式ニ從フヲ以テ寧ロ後說ヲ採レルカ如シ

內債カ其國民ニ如何ナル影響ヲ及ホスヘキカハ大抵人ノ知ル所ニシテ玆ニ說述スルノ要ナカルヘシ然レトモ外債ノ效果ニ至リテハ聊カ其大要ヲ敍セサルヘカラス是我國ニ於ケル財政ノ實際問題ニ於テ甚タ緊要ナル地步ヲ有スル者ナレハ也外債ノ效果ハ左ノ二項ニ分テ之ヲ論スルヲ得ヘシ

### 甲　外交上ニ及ホス影響

外債カ一國ノ外交上ニ及ホス弊害ハ外國干渉ノ端緒ヲ啓キ甚シキハ遂ニ其國ノ獨立ヲ失ハシムルニアリ抑モ外債ハ一國ノ債務ナレ共外國々家ニ對スルモノニアラスシテ其國民ノ或多數ニ對スルモノナリ故ニ債權者タル外國人ハ債務者タル國家カ期限ニ至リ債務ヲ履行セサレハトテ直ニ自國々家ニ向テ其履行ノ强制ヲ要求スルヲ得スト雖モ其國家ハ自國人民ノ權利保護ノ爲メニ之ヲ外交問題トシテ交渉スルニ至ルヘシ此事ハ既ニ國際法學者ノ承認スル所ニシテ又其ノ先例ニ乏シカラス而シテ其交渉ノ末遂ニ外交上ノ干渉トナリ遂ニ債務國ノ獨立權ヲ毀損スルコト埃及チユニスニ於テ適例ヲ見ル所也

然レ共外債ハ常ニ此ノ如キ惡結果ノミヲ惹起スルモノニアラス外債ノ爲メニ自國ノ獨立ヲ失フカ如キコトハ貧弱國ニ於テ生スル現象ナリ財政ノ基礎鞏固ナル强國ニ於テ理財ニ敏ナル政治家ノ手腕ヲ以テスレハ外債ハ却テ債權國トノ經濟關係ヲ密接シ國民ノ感情ヲ融和シ國運ノ興

隆ヲ企圖スル一大資料タルヲ得ヘシ蓋シ外債ニアリテハ其價格ノ下落ハ外國債權者ニ大打擊ヲ與フルモノナルカ故ニ外國債權者ハ債務國ヲシテ財政困難ニ陷レサラシメントテ勉ムルハ人情ノ常ナリ現ニ佛國カ露國ニ對スル關係ノ如キハ即チ此適例ニシテ之レカ爲メニ歐洲ノ平和ハ大ニ保障セラル丶モノナルコト識者ノ看破スル所也

乙　財政上ニ及ホス影響

外債ノ額大ナルトキハ年々ノ利子支拂モ亦巨額ニ上ルヘク從テ內國ノ資本ハ多ク外國ニ輸出セラルヘシ若シ財政ノ基礎宏大ニシテ國民亦豐富ナル國ニアリテハ內資ノ輸出ハ敢テ懼ルルニ足ラスト雖モ財政未タ小ニシテ國民經濟幼稚ナル國ニアリテハ內國資本ノ流出ハ大ニ警戒セサルヘカラサルモノナリ

此ノ如キ國ニアリテハ外國ノ利子支拂ノ爲メニ已ムヲ得ス內債又ハ增稅ヲ斷行セサルヘカラサルニ至リ國民ノ苦痛實ニ小少ニアラサルヘシ

故ニ生産事業ノ爲メニ外債ヲ利用スルハ敢テ咎ムヘカラサルモ軍事費其他消費的事業ノ爲メニ外債ヲ投スルハ其善後策ニ於テ大ニ考慮スル所ナカラサルヘカラサル也

## 第四　國債　地方債

債務ノ主體カ國家ナルト地方團體ナルトニアリ即チ國家ノ債務ハ之ヲ國債ト云ヒ地方團體ノ債務ハ之ヲ地方債ト云フ地方債中ニハ府縣債アリ郡債アリ市町村債アリ

地方團體ノ財政ト國家ノ財政トハ其密接ナル關係ヲ有スルヲ以テ國家ハ地方團體カ地方債ヲ濫用セサルカ爲メ法令ヲ設クル必要アリ我府縣制、郡制、市町村制ニ於テモ地方團體カ地方債ヲ起シ得ル場合ヲ制限セリ即チ「從前ノ負擔ヲ償還スル爲メ又ハ自治團體ノ永久ノ利益トナルヘキ支出又ハ天災事變等已ムヲ得サル支出ノ必要アル場合ニ限リ起債ヲナスコト」ヲ許セリ尚市町村ニアリテハ更ニ制限ヲ加ヘ「上述ノ目的ヲ達スルニ當リ通常ノ歳入ヲ增加スルトキハ其市町村ノ住民ノ負擔ニ堪ヘサル場合ニ限ル（府縣制第一一七條、郡制第九五條、市制第一〇六條町村制第一〇六條參照）其他起債ノ方法、利息ノ率及ヒ償還方法等ニツキテ規定ヲ設ケ重要ナル事項ハ內務大臣、大藏大臣ノ許可ヲ受クルコトヲ要ストナセリ其詳細ハ府縣制、郡制、市町村制等ニ讓ル

地方債ハ國債ニ比スルトキハ利子ノ率高キヲ通例トス是レ地方團體ハ國家ニ比スルトキハ遙カニ信認ノ度薄キニ基因ス

## 第五　特別擔保付公債　無擔保公債

此區別ハ公債ニ特別擔保ヲ附シタルヤ否ヤニヨリテ生ス夫レ公債ハ公ノ信認ニ基キテ成立スルモノナルヲ以テ信認ノ厚キ國家ニ於テ其起債ニ當リテ特別擔保ヲ公債ニ附與スル必要ナシサレト國家ノ信認薄弱ナル場合ニアリテハ租稅、關稅其他ノ收入財源ノ管理權ヲ債權者ニ與フルコトヲ約スルニアラサレハ所期ノ金額ヲ募集シ得サルコトアリ此ノ如キ實質的ノ

特別擔保ヲ附シタル公債ヲ特別擔保付公債ト云ヒ之ニ對シテ此種ノ擔保ヲ附セサル公債ヲ無擔保公債ト云フ

我國カ嚮年英米ノ市場ニ於テ公債ヲ募集スルヤ關稅ノ收入ヲ其擔保トナセリ是レ果シテ第一等國ノ地位ニ進ミタリト稱スル國ノ面目ト云フヘキカ我國民タルモノ大ニ奮起スル所ナカラサルヘケンヤ

第六　確定公債　流動公債

是レ公債制度上極メテ必要ナル分類ナリ而シテ此分類ニ關シ學說亦種種アリト雖モ未タ完全ナル意義ヲ示シタルモノナシ要スルニ流動公債トハ一時ノ國庫ノ不足ヲ塡補スル爲メノ公債ナリ確定公債トハ之ニ反シテ主トシテ非常費支辨ノ目的ヲ有スル公債ナリト云フヲ得ヘシ

甲　確定公債ハ大別シテ二トナス

一　有期公債

有期公債トハ一定ノ期限ニ於テ元金償還ノ義務履行ヲ約スル公債ナ

リ之ニ三種アリ

イ　有期一時拂公債

償還年限ヲ定メ其期限ニ至リ一時ニ償還金額ヲ支拂フヘキモノナリ

ロ　有期定額拂公債

一定期限中年々一定ノ金額ヲ償還シ滿期ニ及ンテ全債務ヲ償還シ了ルモノナリ

ハ　有期隨時拂公債

一定ノ償還期限ヲ定メ其期限内ニ於テ國家等ノ財政上ノ都合ニヨリ隨時ニ支拂ハルル公債也此公債ハ「アメリカ」式(American system)ト稱セラレ我國ノ公債モ多クハ之レニ屬ス

ニ　永遠公債

國家等カ毎年利子支拂義務ヲ負フニ止マリ元金ノ償還ハ無期限ニ

シテ發行者ノ隨意ニ任セ債權者ニ償還請求權ヲ與ヘサル公債ヲ云フ

乙　流動公債モ亦大別シテ二種トナス即チ財政公債及ヒ行政公債是レ也前者ハ財政其モノノ爲メニ生スルモノニシテ後者ハ行政上ノ目的ヲ達センカ爲メニ生スルモノナリ

一　財政公債ノ主ナルモノハ左ノ如シ

イ　大藏省證券

大藏省カ出納上一時ノ使用ノ爲メニ發行セル證券ニシテ其所持人ハ期限ノ來ルト共ニ證券ヲ呈示シテ國家ヨリ一定ノ金額ヲ受取ルヘキ權利ヲ有スルモノナリ大藏省證券ハ確定公債證券ト比較スルトキハ唯其償還期限短期ナルノ差異アルモ其法律上ノ性質ハ殆ント異ナル所ナシ而シテ大藏省證券モ一ノ有價證券ナリ

ロ　兌換紙幣

政府カ支出ノ必要アル際ニ發行スル證券大藏省條例第一條第二條)ニシテ所持人ノ要求ニ應シテ其表示セル金額ヲ正貨ヲ以テ支拂フコトヲ約スルモノナリ兌換紙幣ニ於ケル此兌換ノ請求權ハ私法上ノ權利ニアラスシテ公法上ノ請求權ナリト說明スルヲ學者ノ通說トス故ニ兌換紙幣ハ有價證券ナリト云フヲ得ス(第一篇第二章參照)

ハ　行政公債モ亦種々アリ預金(郵便貯金、預金局預金)保管金(二十三年保管金規則、二十六年保管物取扱規程參照)供託金(三十二年供託法)ノ債務ノ如キ皆之ニ屬ス

## 第七　登錄公債　證券公債

是レ公債證明ノ方式ヲ標準トシテ類別セシモノナリ登錄公債トハ國家等カ公債簿ナルモノヲ備ヘ之ニ債權者ノ氏名ヲ記入シ其正當ノ權利者タルコトヲ證明スルノ公債也故ニ此公債ノ移轉ヲ第三者ニ對抗セントセハ公債簿ニ其移轉ノ事實ト新債權者ノ氏名トヲ登記セサル可ラス此種ノ公債

ハ盗難紛失等ノ虞ナキモ流通力ヲ害スルコト大也是レ此種ノ公債カ現今殆ント行ハレサル所以ナリ

證券公債トハ國家等カ債權者ニ公債證券ヲ交付シ之ニヨリテ其ノ正當ノ權利者タルコトヲ證明スル公債也即チ公債證券ヲ發行スル公債ニシテ現行ノ公債ハ主トシテ證券公債ナリ而シテ其證券ノ記名式ナルト無記名式ナルトニヨリ證券公債ハ記名式公債及ヒ無記名式公債ニ分タル

本書ニ於テハ公債證券ヲ論述スルニアルヲ以テ證券公債ニ就テノミ說明スヘシ而シテ公債證券ト云フトキハ確定公債タルト流動公債タルトヲ問ハス公債ヲ證スルスヘテノ證券ヲ包含セサルヘカラサルモノナレ共實際ノ用語ノ慣例ニ於テハ公債證券トハ確定公債證券ノミヲ指示ス故ニ本書ニ於テモ此意義ヲ襲用シ以下確定公債ニ就テノミ說叙スヘシ

## 第三節　公債證券ノ性質

公債證券(Public bond)ノ有價證券ナルコトハ多言ヲ要セサルヘシ無記名式ノ公債證券ニアリテハ其占有者ニアラサレハ權利ノ行使ヲナスヲ得ス又記名式ノ公債證券ニアリテハ其讓渡ヲ第三者ニ對抗セントセハ當事者ハ雙方連署ノ名義書換請求書ヲ其證券ニ添ヘテ日本銀行本支店又ハ其代理店ニ提出スルヲ要スルヲ以テ證券ノ占有ヲ必要トスルコト明カナリ然レ共公債ノ成立ニハ公債證券ノ作成ヲ要件トセサルヲ以テ公債證券ハ所謂設權證券ニアラス又公債證券ハ社債券ト同シク不要因的證券ニアラサルコト疑ヲ容レサル也(第一篇第三節、第四節參照)

公債證券ノ表スル權利ノ內容ハ法令ノ定ムル所ナリサレト通例證券ニ關係法規ヲ記載ス我國ニ於テハ證券ニ其條例ノ全文ヲ記載スルヲ例トセシモ明治二十九年ニ公債證券ノ名稱方式ヲ統一スルノ必要ヲ認メ爾後公債證券ニハ金額、利率、据置及ヒ償還年期、利子支拂期限、時效、取扱店等ニ關スル要件ノミヲ摘載スルコトトナセリ而シテ券面ノ金額ハ內債ニアリテハ內國ノ本位貨幣ヲ以テ之ヲ表シ外債ニアリテハ外國ノ本位貨幣ヲ以テスルヲ通例トス乍併内債ニ於テモ亦外國貨幣ヲ添記スルコトアリ是レ公債證券ヲ國際間ニ流通セシメンカ爲メ也公債證券ハ社債券ト同シク其無記名式ノモノハ單ニ交付ノミニヨリテ流通セルモノナルヲ以テ流通證券ナルモ其記名式ノモノニアリテハ其移轉ハ法定ノ手續ヲ要シ從テ流通證券ニアラス而シテ無記名式ノ公債證券ト雖モ其喪失ニ當リテハ他ノ流通證券ノ如クニ一般ノ公示催告ノ手續ニヨラスシテ公債條例ニ特別規定アリ我國ニ於テ一般公債法ノ觀アル整理公債條例ニヨレハ無記名式ノ公債證券ノ紛失者ハ日本銀行ニ屆出テ日本銀行ハ直チニ其次第ヲ公告シ同時ニ之レニ關スル支拂ヲ停止ス而シテ該證券又ハ利札ヲ取扱店ニ持參セルモノアルトキハ其取扱店ハ之ヲ預リ置キ其旨ヲ屆出人ニ通知シ持參人ト屆出人ト相當ノ手續ヲ經テ所有權ヲ證明スルヲ俟テ始メテ處理ス若シ紛失セシ無記名證券カ其屆出ヨリ滿六年又其利札カ其支拂期限ヨリ滿四年ヲ過キ尚發見セラレサルトキハ屆出人ニ其代

リ證券ヲ交付シ又ハ利子ヲ支拂フコトトナシ既ニ此期間ヲ經過スルトキハ紛失ノ證券又ハ利札ヲ持參スルモノアルモ政府ハ之レニ對シテ義務ヲ負ハス唯其持參人ハ屆出人ニ對シテノミ訴權ヲ有スルモノトス記名公債證券喪失ノ場合ニモ屆出及ヒ公告ノ手續ヲナスコトハ無記名公債證券ノ場合ト同シキモ屆出後一回ノ利子支拂期ヲ經過シ尚發見セサルトキハ其代リ證券又ハ代リ利札ノ交付ヲ請求スルコトヲ得

## 第四節　公債證券ノ發行

公債ノ發生ニ當リ國家等カ公債證券ヲ發行スル場合ニ二アリ一ハ公債證券ノ單純授與ニシテ他ハ起債ノ契約ニ基ク公債證券ノ發行是レ也

### 甲　公債證券ノ單純授與

公債證券ノ單純授與トハ國家等カ私人ヨリ金錢資本ヲ受取ラスシテ唯之ニ公債證券ヲ付與スルヲ云フ是レ國家等カ既存ノ債務ノ辨濟又ハ經費ノ

支辨ノ爲メニ金錢ニ代ヘテ公債證券ヲ付與スルヨリ生スルモノナリ而シテ國家カ債務ノ辨濟又ハ經費ノ支辨ニ代ヘテ公債證券ヲ付與スルハ國家ノ信認ヲ墜落セシムルコト疑ヒナク固ヨリ國家ノ財政困難ノ場合ニ於ケル强制的ノ一窮策ナリト云フ可シ我國維新ノ際ニ於ケル財政ハ主トシテ此方策ニヨレリ

乙　起債契約ニ基ク公債證券ノ發行

國家等カ起債行爲ヲナスニ當リ私人ヨリ金錢資本ヲ得テ之ニ對シテ公債證券ヲ交付スルヲ云フ公債證券ノ發行ト云ヘハ通常此場合ノミヲ云フモノナリ

公債證券ノ發行方法ニ二種アリ直接發行及ヒ間接發行是レナリ

第一款　直接發行

直接發行トハ國家等カ債權者ト直接ニ契約ヲ締結スル方法ナリ募債ト賣債トノ二ツアリ

第一　募債

募債トハ國家等カ公債ノ總額、價格、利率、償還期限等スヘテ公債ノ條件ヲ公告シ其條件ニ從テ公衆カ金錢資本ヲ國家等ニ移スノ申出ヲ爲ストキ若シ應募額カ募集額ニ超ユルトキハ一定ノ方法ニヨリテ債權者ヲ確定シ之ニ拂込ヲ命シ公債證券ヲ交付スルヲ云フ故ニ募債ハ直接國民ニ向テ募ルモノニシテ中介者ヲ要セサルモノナリ其手續ハ各公債條例ヲ參照ス可シ

第二　賣債

賣債トハ國家等カ公債證券ヲ市場ニ賣出シ之レニヨリテ金錢資本ヲ得ルヲ云フ而シテ此賣出方法ニシテ宜シキヲ得レハ大ニ金融ヲ調和スルコトヲ得ルナリサレト多額ノ賣出ハ直ニ其公債證券ノ價ヲ下落セシムルト同時ニ金融市場ヲ攪亂スルヲ常トス

第二款　間接發行

間接發行トハ中介者ニヨリテ公債證券ヲ發行スルヲ云フ即チ國家等カ公債

證券ヲ中介者ニ交付シ而シテ中介者ハ一方ニ於テ其公債證券ヲ需要者ニ配分シ他方ニ於テ金錢資本ヲ國家等ニ移スモノナリ畢竟間接發行ハ中介者ニヨル賣債ト云フモ可也而シテ公債發行ノ中介者ハ銀行又ハ「シンヂケート」ノ組織ニヨルヲ通例トス

間接發行ニ二種アリ

第一　委任發行

國家等カ大銀行ニ委任シテ起債ニ應スル者ヲ集メ拂込ヲ受ケ其公債證券ヲ交付セシムルヲ云フ委任發行ニ於テハ中介者タル銀行ハ單ニ手數料ヲ得ルニ止マルモノナリ

第二　請負發行

國家等カ銀行又ハ「シンヂケート」ト約シテ公債證券ノ賣出ヲ完成セシメ其結果ニ對シテ報酬ヲ與フル方法也此方法ニ於テハ委任發行ノ場合ト異リ銀行ハ公債證券ノ總額ヲ引受ケ一切ノ責任ヲ負フモノナルヲ以テ其銀行

ハ企業者トシテ大ナル危險ヲ負擔スト云ハサルヘカラス從テ銀行ハ單ニ手數料ニ甘ンセス相當ノ報酬ヲ求ムヘシ是ヲ以テ請負發行ハ國家等ニ取リテハ極メテ容易ニ公債證券ノ賣出ヲナスコトヲ得レ共手取金ハ委任發行ニ比スレハ少ナキハ自然ノコト也

## 第五節　公債ノ讓渡及ヒ質入

公債ハ他ノ債權ト同シク讓渡シ又ハ質入スルコトヲ得ルハ多言ヲ要セス尤モ公債證券ヲ發行シタル場合ニ於テハ其權利ノ處分ニハ證券ノ交付ヲ要スルコト他ノ有價證券ト異ルコトナシ

無記名公債證券ハ民法上動產ト見做サルルヲ以テ一般動產ノ規定ニ從テ讓渡及ヒ質入ヲナスコトヲ得即チ證券ノ引渡ニヨリテ其效力ヲ生ス無記名式公債證券ノ質入ハ動產質ナルコト明カ也

記名公債證券ノ讓渡及ヒ質入ニ就テハ之ヲ國債局ニ登錄スルニアラサレハ

完全ナル效力ヲ生セス整理公債條例其他ノ公債條例ニヨルニ記名公債證券ノ賣買讓渡ヲ爲シタルモノハ當事者雙方連署ノ名義書換ノ請求書ニ證券ヲ添ヘ之ヲ日本銀行本支店又ハ代理店ニ提出シテ名義書換ヲナササルヘカラストセリ實際取引ニ於テハ記名公債證券ノ讓渡又ハ質入ニツキ記名株券ノ例ニ倣ヒ白紙委任狀ノ添付ニヨリテ授受ヲナスモ公債證券ニツキテハ此方法ハ權利移轉又ハ質入設定ノ效力ヲ生セサルモノト云ハサルヘカラス(第二篇株券論參照)尙公債證券ノ讓渡及ヒ質入ニ就テハ第一篇第九章及ヒ第十二章ヲ參照ス可シ

公債ノ移轉ハ讓渡及ヒ賣買ノ外贈與、交換及ヒ相續等ニヨルコト言フヲ俟タス相續其他家資分散ノ場合ニ於ケル公債ノ移轉ニツキテハ公債條例ニ規定スル所アリ就テ見ルヘシ唯茲ニ一言スヘキコトアリ國家カ所謂賣債ノ方法ニヨリテ公債證券ヲ市場ニ賣出スハ之ヲ公債證券ノ賣買取引ト云フヲ得サルハ勿論ナリサレト國家カ一旦發行シタル公債ヲ取得シ內外市場ノ情況ニ顧ミテ其公債ヲ取得スルハ是レ公債證券ノ賣買取引ト云フ可シ抑モ大藏省預金局カ公債證券ヲ取得スルハ是レ國家カ自己ノ債務ニ對シテ自カラ債權者タル地位ニ立ツモノニシテ理論上ヨリ言ヘハ混同ニヨリテ其公債證券ノ消滅ヲ來スヲ正當トスサレト我現行制度ニヨリテハ各國ノ立法例ニ倣ヒ便宜上大藏省預金局カ國債ノ權利者トナリ得ルコトヲ認メ又更ニ其公債ノ移轉ヲナシ得ルモノトナセリ

序ニ金錢ノ貸付ニ對スル擔保品トシテ公債證券、株券、社債券ノ三者ヲ比較ス可シ夫レ金錢貸付ノ擔保品タルニハ

一、其モノヲ金錢ニ換ユルコトノ容易ナルコト

二、市價ノ變動少ナキコト

三、讓渡ノ後煩累ヲ殘ササルコト

ノ三特質ヲ有スルモノヲ最モ適當ナルモノト云ハサルヘカラス此標準ヨリシテ云フトキハ公債證券ハ株券及ヒ社債券ニ比シテ擔保品トシテ優等ノ地

位ニアリト云フ可シ何トナレハ社債券ハ第二ノ標準ニ於テ又株券ハ第三ノ標準ニ於テ公債證券ニ劣ルモノナレハ也即チ社債券ニアリテハ株券ニ比スルトキハ市場ノ變動少ナキモ尚會社ノ營業ノ狀況ニヨリテ其價ノ高低常ナキヲ免カレス又株券ハ啻ニ市價ノ變動甚シキノミナラス株金全額ノ拂込ナキ株券ヲ質流レ等ニテ取得シタルトキハ其取得者ハ拂込ノ義務ヲ負擔シタトヘ之ヲ他人ニ讓渡スモ其後二年ハ此義務ヲ免カルルヲ得サルモノナレハナリ(商第一五二條乃至第一五四條)

## 第六節　公債ノ借換

公債ノ態樣ハ起債行爲ノ條款ニヨリテ定ムルコト既ニ述ヘタル所ナリ此公債ノ態樣ヲ變更スルコトヲ公債ノ借換ト云フ故ニ廣ク公債ノ借換ト云フトキハ元金額、利率、償還年限等ノ變更ヲ指示スルモノナリサレト普通ニ借換ト云フトキハ極メテ狹義ニ解シ利率ノ變更ノ場合ノミヲ云フ而シテ利率ノ變

更ト云フモ之ヲ高クスルコトハ絶無ナルヲ以テ利率ノ低減ニヨル變更ノ場合ノミヲ云フモノト知ルヘシ
利率ノ變更ハ債務ノ要素ノ變更ト云フヲ得サルヲ以テ嚴格ニ云フトキハ公債ノ借換ハ債務ノ更改ト解スルヲ得スサレト國家カ借換ヲ爲ストキハ舊債ヲ償還シテ新債ヲ負フコトヲ目的トシ債權者ハ元本ノ償還ヲ得ル代リニ新債權ヲ得ルモノニシテ舊公債ハ消滅シ新公債成立スト解スルヲ穩當トナスカ故ニ公債ノ借換ハ法律上更改ニ酷似スルモノト云ハサルヘカラス
借換ニ當リテハ債權者ニ元金ノ償還ト新公債ノ取得トノ選擇ノ自由ヲ與フルコトアリ又此ノ選擇ヲ許サスシテ强制的ニ舊公債ニ代ヘテ新公債ヲ取得セシムルコトアリ前者ヲ任意借換ト云ヒ後者ヲ强制借換ト云フ强制借換ハ大ニ國家ノ信認ヲ害スルモノナルヲ以テ近世ノ國家ハ之レヲ行フコトナシ
國家ハ時トシテ流動公債ヲ確定公債ニ變更スルコトアリ之ヲ公債ノ組換ト云フ故ニ公債ノ組換ハ公債ノ借換ト異リ公債ノ性質種類ノ變更ナリト云ハ

サル可カラス而シテ公債ノ組換モ亦財政ノ安固ヲ期スル目的ヨリ行ハルルモノナリ

## 第七節　公債ノ消滅

公債ノ消滅トハ公債ニ於ケル元本債務ノ消滅ヲ云フ公債ノ借換ニアリテモ元本債務消滅スルモ此場合ニ於テハ更ニ新公債ヲ發生セシムルカ故ニ純然タル公債ノ消滅ト云フ可カラス即チ公債ノ消滅トハ元本債務ヲ消滅セシムルト同時ニ新公債ヲ生セシメサルモノヲ云フ公債ノ消滅ニ二種アリ一ヲ公債ノ取消ト云ヒ他ヲ公債ノ償還ト云フ

### 第一款　公債ノ取消

公債ノ取消トハ國家等カ其公債ノ元本及ヒ利子ニツキ支拂停止ヲ宣言スルヲ云フ而シテ此ノ如キ狀態ヲ稱シテ國家ノ破產ト云フ元來國家ハ權力ノ主體ニシテ萬能ノ力ヲ有スルカ故ニ事實上ノ行動トシテハ如何ナル行爲ヲモ

ナシ得サルモノニアラスサレト苟モ國權ノ發動ヲ規律スヘキ憲法ヲ制定シ法治國タル體面ヲ重ンスル以上ハ國家ト雖モ自己ノ制定セル法規ニ從フテ行動セサルヘカラス故ニ公債ノ取消ノ如キハ其不法ナルコト勿論ニシテ僅カニ革命又ハ長期ノ戰亂ノ爲メニ國家カ危急ニ陷リシ場合ニ於テ之ヲ辯護シ得ヘキノミ

## 第二款　公債ノ償還

公債ノ取消ハ前述ノ如ク國家破產ノ場合ニ於テノミ行ハルルモノナリ故ニ公債ノ消滅ハ通常公債ノ償還ニアリト云フ可シ公債ノ償還トハ公債ノ元本債務ノ辨濟ヲ云フ即チ公債ノ元金ノ支拂ヲ云フ國家タルト公共團體タルトヲ問ハス自己ノ負擔セル債務ヲ辨濟セサルヘカラサルハ多言ヲ要セサルコトニシテ公債償還ハ國家ノ負ヘル一ノ義務ナリト云フ可シ

公債ノ償還方法ハ公債ノ種類法律ノ規定ニヨリテ定マルモノナリ又公債ノ償還ハ大ニ金融市場ニ影響ヲ及ホスモノナルヲ以テ國家ハ此點ニツキ多大

ノ注意ヲナサヽル可カラス

今各種ノ確定公債ニツキ償還期限ノ定メ方異ルヨリシテ生スル其長短得失ヲ略說スヘシ

一、有期一時拂公債

公債政策上最モ不便ナル公債ナリ何トナレハ其期限中ハタトヘ財政ノ餘裕アルモ償却ヲナスヲ得ス又國民經濟ノ進步ニツレテ利子低減スルモ借換ヲ行フヲ得ス而シテ期限到來スレハ財政ノ事情如何ニ拘ハラス償還ヲ爲サヽル可カラサレハ也此種ノ公債カ現時次第ニ其跡ヲ絕ツハ實ニ自然ノコトト云フ可シ

二、有期定額拂公債

年々一定ノ額ヲ支拂フヘク且ツ一時ニ多額ノ償還ヲナサヽルカ故ニ年々ノ豫算ニ編入スルコト容易ナリト雖モ政治上又ハ財政上不慮ノ事變ノ爲メニ經費ノ增加又ハ收入ノ減少ヲ來タセシ場合ニ於テモ尙其定額ノ支拂

ヲナサヽルヘカラサルノ不便アリ且ツ市場ノ好況ニ乘シ低利ニテ借換ヲナシ得ルノ見込アル場合ニ於テモ之ヲ行フヲ得ス故ニ此種ノ公債ハ唯公債ノ額大ナラス又償還期限モ長期ニ至ラサル公債ニ就テノミ採用スヘキモノナリ

三、有期隨時拂公債

毎年必スシモ支拂ヲ要セス財政上ノ便宜ヲ計リ其期限內ニ隨時ニ全額又ハ其一部ヲ辨濟スルヲ得ルモノニシテ而モ最終ノ期限一定セルカ故ニ1償還ニ屈伸アリ2負擔ヲ後世ニ遺サス3市場ノ好況ニ應シテ容易ニ借換ヲナスヲ得是ヲ以テ此公債ハ前二者ニ比スルトキハ非常ニ進步セル公債ト云ハサルヘカラス尤モ理想的ノ公債トシテハ理論上永遠公債(第二節參照)ヲ推サヽルヘカラサレ共此公債ハ文化大ニ進ミ且ツ非常ニ政府ノ信用鞏固ナル場合ニアラサレハ其效用ヲ發揮スル能ハサルモノナルヲ以テ現今ニ於テハ有限隨時拂公債ヲ以テ最モ適當ナルモノト云ハサル可カラス

終リニ償還基金ニツキ一言ス可シ償還基金トハ公債ヲ償還スル爲メニ一定ノ財源ヲ劃シ之ヲ他ニ用ユルコトヲ許サヽル一種ノ基金ヲ云フ而シテ公債ノ償還ニツキ償還基金ヲ設クルノ得失ニ關シテハ從來經濟學者間ニ議論アル所ナリ此制度ヲ辯護スルモノハ主トシテ之レカ爲メニ公債ノ償還ヲ擔保シ以テ國家ノ信認ヲ增進スルヲ得ルノ利益ヲ說キ此制度ニ反對スルモノハ歷史上ノ事實ヨリ立論シテ償還基金ナルモノハ政治上ノ理由ニヨリ大抵他ニ流用セラルヽモノニシテ當初ノ目的ヲ達スルモノニアラス却テ償還基金ヲ設クルカ爲メニ財政ノ伸縮ヲ妨クルモノナリト非難ス思フニ學說トシテハ自由償還制度ヲ可トス可シサレト國家ノ財政政策ハ其時代ニ鑑ミ其國勢ニ考ヘテ適宜ナルモノヲ採用セサル可カラス妄リニ理論ニ走リテ其實益ヲ顧ミサルカ如キハ迂モ亦甚シト云フ可シ償還基金制度ノ可否ノ如キモ其國狀其時勢ヲ標準トシテ論定スルノ外ナキ也

# 第二章　社債券論

## 第一節　社債ノ觀念

株式會社ニ於テハ營業ノ擴張、資本金ノ塡補、債務ノ辨濟等ノ爲メニ往々多額ノ資金ヲ要スルコトアリ固ヨリ資本增加ノ方法ニヨリテ資金ヲ得ルノ途ナキニアラスト雖トモ資本ヲ增加セント欲スレハ定欵ノ變更、新株ノ發行等ノ甚面倒ナル手續ヲ要シ且ツ之レガ爲メニ將來大ニ法律關係ヲ錯綜セシメサルヘカラス又會社ハ法人トシテ權利能力ヲ有スルヲ以テ個人ヨリ金錢ノ融通ヲ受クルコトヲナシ得サルニアラスト雖トモ一時ニ巨額ノ資本ヲ特定ノ個人又ハ少數ノ資本家ニヨリテ仰クコトハ甚タ困難ナルヲ免カレス故ニ法律ハ株式會社カ所要ノ資金ヲ廣ク公衆ニ就キ募集スルコトヲ認ム之ヲ社債ト云フ是ヲ以テ公債ノ意義ヲ廣義ニ解スルトキハ社債ハ公債ノ一種ナリ只債務者タルモノカ國家又ハ公共團體ニアラスシテ私法人タルノ差異アルノ

ミ

社債ハ多數ノ人ヨリ資金ヲ吸收スルニアルヲ以テ恰モ資本ヲ株ニ分割スルト同クシテ社債モ亦多數ノ部分ニ分ツノ必要アリ其部分ヲ醵出スルモノヲ社債權者ト云フ社債權者ハ其醵出シタル金額ニツキ會社ニ對シテ權利ヲ有ス此權利ヲ社債權ト稱ス而シテ權利ヲ證スル爲メニ發行スル證券ヲ社債券(社債トモ稱セラル)ト云フ

社債權ハ債權ナルコト疑ヲ容レス而シテ社債ヨリ生スル法律關係ハ民法ニ云フ所ノ消費貸借ナリヤ否ヤニ就テハ前章ニ於テ公債ヨリ生スル法律關係ニ就テ論セシ處ト異ル處ナシ即チ社債ニ於テハ償還金額ハ債權者ヨリ受領セシ金額ニ異ルヲ通例トスルヲ以テ純然タル消費貸借ト云フヲ得サルモ而モ消費貸借ニ酷似セル一種ノ契約ト云ハサルヘカラス故ニ社債ヨリ生スル法律關係ニ就テハ消費貸借ノ理論ヲ應用スヘキモノナリト解スヘシ是ヲ以テ社債權者ハ純然タル債權者ニシテ株主ノ如ク株主權ヲ取得スルモノニア

ラス即チ議決權ヲ有セサルハ勿論利益配當請求權、殘餘財産ノ分配ニ與カルノ權利ヲ有セス唯會社ノ營業ノ狀態如何ニ關セス一定ノ利息ヲ請求スルヲ得返還期限ニ於テ償還ヲ請求スルコトヲ得ルノミ

社債ノ募集ハ會社ノ營業基金ヲ增加スルモノニシテ決シテ會社ノ資本ノ增加ニアラス資本ノ增加ハ團體組織ニ必ス變動ヲ生ス詳言スレハ資本ノ增加ハ株金額ノ增加若クハ新株ノ發行ニヨルノ外ナシ前者ハ社員ノ地位ヲ重カラシメ後者ハ社員ノ數ヲ增加ス然レトモ社債ハ單ニ團體ノ債務ヲ增加スルニ止マリ敢テ團體ノ組織社員ノ地位ニ影響ヲ及ホスコトナシ是ヲ以テ株式ヨリ成レル資金ハ社債ヨリ成レル資金ノ擔保タリト說明スルモノアリ

## 第二節　社債ノ募集

社債ノ募集ハ會社ノ資本增加ニアラスト雖トモ社債ハ其額大ナルヲ通例トシ會社ノ營業ニ著大ナル關係ヲ有スルヲ以テ我商法ニ於テハ社債ノ募集ハ

株主總會ニ於ケル特別決議ニ依ルヘキコト、セリ(商第一九九條)
社債ノ募集ニ應セントスル者ハ社債申込證二通ニ其引受クヘキ社債ノ數及ヒ住所ヲ記載シ之ニ署名スルコトヲ要ス社債申込證ハ取締役之ヲ作リ左ノ事項ヲ記載スルコトヲ要ス若シ社債募集ノ委託ヲ受ケタル者アルトキハ其者ハ自己ノ名ヲ以テ取締役ノ作成スヘキ申込證ヲ作成スルヲ要ス

一　會社ノ商號
二　社債ノ總額
三　各社債ノ金額
四　社債ノ利率
五　社債償還ノ方法及ヒ期限
六　數回ニ分チテ社債ノ拂込ヲ爲サシムルトキハ其拂込金額及ヒ時期
七　社債發行ノ價格又ハ其最低額
八　會社ノ資本及ヒ拂込ミタル株金ノ總額

九　最終ノ貸借對照表ニ依リ會社ニ現存スル財産ノ額
十　前ニ社債ヲ募集シタルトキハ其償還ヲ了ヘサル總額
社債發行ノ最低價額ヲ定メタル場合ニ於テハ社債應募者ハ右ノ社債申込證ニ應募價額ヲ記載スルコトヲ要ス(商第二〇三條)
然レ共右第二〇三條ノ規定ハ社債ヲ廣ク募集スル場合ニ遵守スヘキ規定ニシテ若シ契約ニ依リテ社債ノ全部ヲ引受クル者アル場合若シクハ社債募集ノ委託ヲ受ケタル者カ自ラ社債ノ一部ヲ引受クル場合ニ於テ其一部ニ付テハ申込證ニ依リテ應募スルコトヲ要セス通常ノ消費貸借ニ關スル規定ニ從フコトヲ得ルモノトス(商第二〇三條ノ二)
社債ノ募集カ完了シタルトキハ取締役又ハ社債募集ノ委託ヲ受ケタル者ハ各社債ニ付其全額又ハ第一回ノ拂込ヲ爲サシムルコトヲ要ス(商第二〇四條第二〇四ノ二)
株式ノ申込ニ付テハ其取消シ得ヘキ場合ニ付テ法律ノ規定ヲ存スルモ社債

ノ申込ニ付テハ斯ル規定ナシ從テ社債ノ申込ノ取消ニ付テハ一般消費貸借ニ關スル規定ニ依リテ取消スノ外道ナカルヘシ

各社債ニ付其全額又ハ第一回ノ拂込アリタルトキハ其日ヨリ二週間内ニ本店及ヒ支店ノ所在地ニ於テ前掲申込證ニ記載スヘキ要件中ノ二乃至五ニ掲ケタル事項及ヒ各社債ニ付キ拂込ミタル金額ヲ登記スルコトヲ要ス外國ニ於テ社債ヲ募集シ其登記スヘキ事項カ外國ニ於テ生シタルトキハ登記ノ期間ニ付テ特別規定アリ(商第二〇四條ノ三非訟第一九一條第一九二條參照)

社債募集時期ハ新株式發行ノ場合ト異ニシテ必スシモ株金全額完納ノ後タルコトヲ要セス又社債ノ發行價格ハ劵面額ト同一ナルカ又ハ之ニ超過スルコトヲ得ルハ勿論ニシテ尙劵面額以下ニテモ發行シ得ル點ニ於テ株式ト異ナレリ蓋シ株式ニアリテハ會社資本ノ構成分子ナルヲ以テ劵面額以下ノ發行ヲ許ストキハ會社債權者ヲ害スルノ恐レアルモ社債ハ會社ノ資本ヲ構成スルモノニアラス從ツテ社債權者ノ擔保タルヘキモノニアラサレハ劵面額

ヲ以テ發行スルモ社債權者ニ對シテ何等ノ影響ナケレハナリ尙ホ商法ハ各社債ニ付キ必スシモ其發行價額ノ均一ヲ强制セス之レ株式均一ノ原則ト異ル所ナリ然レトモ社債ノ募集ニ就テハ法律上左ノ制限アリ

一、各社債ノ金額ハ二十圓ヲ以テ最小額トナス(商第二〇一條)但金額ノ均一ハ法律ノ命セサル處ナリ

二、社債ノ總額ハ拂込ミタル株金額ニ超ユルコトヲ得ス(商第二〇〇條第一項)若シ會社ニ現存スル財産ノ價額カ拂込ミタル株金額ニ及ハサルトキハ現存財産ノ價額ニ超ユルコトヲ得ス而シテ其現存財産ノ價額トハ最終ノ貸借對照表ニ示ス額ヲ云フ(商第二〇〇條第二項)此最終ノ貸借對照表トハ法律ノ規定ニヨリテ作リタル貸借對照表ニシテ株主總會ノ承諾ヲ經タルモノナラサルヘカラス

三、會社カ前ニ社債ヲ募集シタルコトアルトキハ其社債ニ付キ全部ノ拂込ミヲ爲サシメタル後ニアラサレハ更ラニ社債ヲ募集スルコトヲ得ス(商第二

（〇〇條ノ二）

## 第三節　社債券

社債モ株式ト同シク分割拂込ヲ許シタリト云ヘトモ債券ヲ發行スルニハ社債全部ノ拂込ミアリタルコトヲ要ス而シテ社債券ハ記名式ナルコトアリ無記名式ナルコトアリ社債權者ハ何時ニテモ記名式ヲ無記名式ニ叉無記名式ヲ記名式ニ書換ノ請求ヲ爲スコトヲ得（商第二〇七條第一五五條）此點株券ト同一ナリ只株券ハ株金額完納ノ後ニ非ラサレハ無記名ノ發行ヲ許サザルモ社債ニアリテハ社債全額ノ拂込ナケレハ社債券ヲ發行セサル點ニ於テ株券ト異ルコトアルノミ

社債券ニハ會社ノ商號及左ノ事項ヲ記載シ取締役之ニ署名スルコトヲ要ス

一　債券ノ番號

二　社債ノ總額及ヒ各社債ノ金額

三、社債ノ利率

四、社債償還ノ方法及其期限

社債券ノ有價證券ナルコトハ疑ナキ所ナリ而シテ或ハ之ヲ不要因的證券ナリト云フモノアリト雖正當ニアラス會社ハ其債券ノ取得者カ拂込ヲナササルトキハ拂込ヲナサザル理由(原因)トシテ其償還ヲナササルコトヲ得ト云ハサルヘカラス又社債券カ設權證券ニアラサルコトハ株券ト同シ然リト雖トモ株券ハ團體的證券タルニ反シ社債券ハ純然タル債權的證券ナリ故ニ社債券ヲ有スルモ株主總會ニ於テ議決權ヲ有スルモノニアラス又利益配當ノ請求權ヲ有スルモノニアラス唯社債權者ハ會社ニ對シテ債券ニ定メタル一定ノ利息ヲ請求シ得ルノミ

## 第四節　社債ノ讓渡及質入

社債ハ債權ナルヲ以テ之ヲ讓渡スコトヲ得而シテ其讓渡ハ當事者間ニ於テ

ハ意思ノ合致ニヨリテ直ニ效力ヲ生スレトモ之ヲ會社其他ノ第三者ニ對抗スルハ法定ノ手續ヲ要ス即チ記名債券ノ移轉ハ取得者ノ氏名住所ヲ社債原簿ニ記載シ且其氏名ヲ債券ニ記載スルニアラサレハ之ヲ以テ會社其他ノ第三者ニ對抗スルヲ得ス(商第二〇六條)此規定ノ意義ニ就テハ記名株式ノ讓渡ノ場合ト同一ナルヲ以テ茲ニ再說セス(第二篇第四節參照)又無記名社債ハ無記名債權ニシテ民法上動產ト見做サルヽモノナルヲ以テ單ニ債券ノ交付ニヨリテ讓渡ノ效力ヲ生ス(民第八六條、第一七八條)社債權ハ亦質權ノ目的トナスコトヲ得而シテ記名社債權ヲ質權ノ目的トナシタルトキハ前記記名社債ノ讓渡ニ關スル規定ニ從ヒ社債券ニ裏書ヲナシ社債原簿ニ質權ノ設定ヲ記入スルニ非レハ之ヲ以テ會社其他ノ第三者ニ對抗スルコトヲ得ス(民第三六五條)又無記名社債權ハ證券ノ引渡ニヨリテ質權ヲ設定スルコトヲ得(民第八六條、第三五二條)

此ノ如ク社債ノ讓渡及質入ニハ社債券ノ占有ヲ必要トスルモノナルカ故ニ

社債券ノ有價證券ナルコト疑ヲ容レス而シテ無記名社債券ニアリテハ其讓渡及ヒ質入ハ單ニ證券ノ交付ニヨリテナスコトヲ得ルモノナルカ故ニ流通證券ナリ然ルニ記名社債券ニアリテハ上記ノ如ク其讓渡及ヒ質入ニ法定ノ手續ヲ有スルモノナルカ故ニ之ヲ流通證券ト云フヲ得ス茲ニ注意スヘキコトアリ記名株券ハ流通證券ニアラサレ共商慣習ニヨリ名義書換ノ白紙委任狀ヲ添付シテ自由ニ輾轉スルヲ得ルコト既ニ大審院判決ニ於テ認メタル所ナレ共社債券ニ就テハ未タカヽル判決例ナシ故ニ記名社債券ニ添付スルニ名義書換ノ白紙委任狀ヲ以テスルモ法律上社債ノ讓渡又ハ質入ノ效力ヲ生セサルモノト云ハサルヘカラス

## 第五節　社債ノ償還

會社ハ社債ノ償還義務ヲ負フコト固ヨリ云フヲ要セスサレト之ヲ不要因的債務ナリト云フハ誤レリ又社債權者ハ會社破産ノ場合ニ於テモ他ノ債權者

ト同シク破産債權トシテ權利ヲ行使スルヲ得ルモノナルハ明カ也
社債償還ノ方法及時期ハ募集條件ニ於テ之ヲ定ムルモノナリ通例据置年限ヲ定メ償還期間ニ於テ毎年一部ノ償還ヲナシ其年年ニ償還スヘキ金額ハ最小額ヲ定メ會社ハ其以上ノ金額ヲ償還スルコトヲ留保スルモノトス而シテ償還金額ハ社債ノ劵面額ナルヲ普通トス乍併所謂割増金ヲ附スルコト稀ナラス商法ニ於テハ社債權者ニ償還スヘキ金額カ劵面額ニ超ユルコトヲ定メタルトキハ其金額ヲ各社債ニ付キ同一ナルコトヲ要スト規定セリ（商第二〇二條）
尚日本勸業銀行ノ發行スル勸業債劵、日本興業銀行ノ發行スル債劵、農工銀行ノ發行スル農工債劵ニ付テハ當該銀行法ニ特別規定アリテ政府カ特權ヲ賦與セリ

# 第三章　手形論

## 第一節　手形ノ觀念及其作用

我商法ニ於テ手形トハ爲替手形、約束手形及ヒ小切手ノ三種ヲ云フ此以外ニ手形ナルモノナシ小切手ニ就テハ手形ナリヤ否ニ關シ立法例一ニ揆セス我舊商法ニ於テハ之ヲ手形ト見做サヽリシカ現行商法ハ第四三四條ヲ以テ手形ノ種類ヲ限定シ小切手モ亦手形タルコトヲ定メタリ

手形上ノ權利ハ所謂金錢債權ニシテ常ニ一定ノ金額ノ支拂ヲ目的トスルモノナリ此點ニ於テハ爲替手形ナルト約束手形ナルト小切手ナルトニ於テ異ル處ナシ然レ共爲替手形ニアリテハ發行者(振出人)自カラ支拂ヲナスヘキコトヲ記載セス他人ヲシテ之レカ支拂ヲナサシムルコトヲ目的トス反之約束手形ニアリテハ發行者(振出人)自カラ支拂ヲ爲スコトヲ約スルモノナリ又小切手ハ發行者カ其支拂ヲ他人ニ委託スル點ニ於テハ爲替手形ニ異ル所ナキモ其主ナル作用ハ單純ナル支拂證劵トシテ現金代用ノ具ニ供セラルヽモノ

ナルヲ以テ法律ハ小切手ニ就テハ大體ニ於テ爲替手形ニ關スル規定ヲ適用セルモ尙兩者ノ間ニハ著シキ差異ヲ設ケタリ

約束手形ハ約束證券ナルヲ以テ振出人ト受取人トアレハ法律關係決定シ振出人ハ手形ノ發行ト共ニ絕對ノ債務ヲ負擔ス然ルニ爲替手形ハ委託證券ナルヲ以テ少クトモ振出人、受取人、支拂人ノ三人ノ當事者アルコトヲ要ス支拂人トハ手形金額ヲ支拂フヘキコトヲ委託サレタル人ニシテ手形ノ發行ト同時ニ當然其支拂義務ヲ負擔スルモノニアラス支拂人カ手形金額ノ支拂ニツキ絕對ノ債務ヲ負擔スルニハ法律上特定ノ行爲ヲナスコトヲ要ス此行爲ヲ引受ト云フ受取人カ支拂人ニ對シテ引受ヲナサシムルニハ手形ヲ呈示セサルヘカラス之ヲ引受ノ爲メニスル呈示ト云フ引受ハ必ス手形ニ引受人ノ署名ヲナスコトヲ要スルモノニシテ謄本又ハ補箋ニ之ヲナスモ效力ナシ引受ハ之ヲ委任ノ承諾ナリト解スルモノアレトモ不可ナリ振出人ト引受人トノ間ニ於テ實際上委任關係存在スルト否トニ拘ラス引受ハ之ニヨリテ支拂人ヲシテ一定ノ期日一定ノ場所ニ於テ手形金額ヲ支拂フヘキヲ絶對的ニ負擔セシムル一方的行爲ナリト云フヲ正當ナリトス又引受ハ一ノ手形行爲ニシテ其效力ハ法律上當然發生スルモノニシテ他ノ手形行爲トハ全然獨立セルモノナリ而シテ支拂人カ引受ヲナシタルトキハ其支拂人ハ名稱ヲ變シテ引受人トナリ之レニヨリテ爲替手形ニ主タル債務者確定ス若シ支拂人カ引受ヲ爲サヽリシトキハ之ヲ引受ノ拒絶ト云フ此場合ニハ受取人ハ振出人ニ對シテ擔保ヲ供スヘキコトヲ請求スルヲ得此權利ヲ擔保請求ノ權ト云フ引受拒絶ノ事實ハ必ス特定ノ公正證書ニヨリテ之ヲ證スルヲ要スルモノニシテ尙受取人カ擔保請求權ヲ行使セントセハ此公正證書ノ作成ト共ニ擔保請求ノ通知ヲ發セサルヘカラス此場合ノ公正證書ハ引受拒絶證書ト云フ要之約束手形ニアリテハ其發行ト同時ニ振出人ハ主タル債務者タルモノナレトモ爲替手形ニアリテハ手形發行ノ當時ニ於テハ未タ主タル債務者ナク支拂人カ引受ヲナシテ始メテ法律關係確定スト云ハサルヘカラス然レトモ我國ニ

於テハ振出人ノ無擔保發行ノ手形ヲ認メサルヲ以テ爲替手形ノ振出人ハ手形ノ發行ニヨリテ必ス受取人及ヒ被裏書人ノ全員ニ對シテ其手形カ引受アルヘキコト及ヒ正當ニ支拂ハルヘキコトヲ擔保スルモノナリ振出人ノ此擔保義務ハ手形發行行爲ノ直接ノ效果トシテ當然發生スルモノニシテ引受ノ拒絕又ハ支拂ノ拒絕アリタルトキ始メテ成立スルモノニアラス又支拂人ノ引受アリタルカ爲メニ振出人ノ此擔保義務ハ消滅スルモノニアラス手形ニ引受アリタル後ニ於テモ振出人ハ尙其手形ノ支拂ニツキ擔保義務ヲ有スルモノナルヲ以テ引受人カ手形ノ文言ニ從ヒ支拂ヲナスニアラサレハ振出人及ヒ裏書人ハ手形上ノ義務ヲ免カルルコトヲ得サル也

次ニ小切手ニアリテハ其發行ハ爲替手形ト同シク振出人、受取人及ヒ支拂人ヲ要シ又其ノ支拂人ハ手形ノ發行ト共ニ支拂義務ヲ負擔スルモノニアラスサレト小切手ニハ引受ナルモノナシ是レ小切手ハ必ス一覽拂ニ限ルモノニシテ且ツ小切手ハ通常銀行ニ預金ヲ有スルモノカ其ノ銀行ヲ支拂人トシテ振出シ所謂小切手契約ナルモノ存スルヲ以テナリ小切手契約(Check Vertrag)トハ小切手ヲ振出サントスルトキハ先ツ振出人ト支拂人トノ間ニ契約ヲナシ振出人ハ其契約範圍內ニ於テノミ小切手ヲ支拂人ニ宛テテ振出シ又支拂人ハ契約ノ範圍內ニテ所持人ニ支拂ヲナスヘキコトヲ振出人ニ約スルヲ云フ商第五三六條第一號ニ資金ナク又ハ信用ヲ得スシテ小切手ヲ振出シタルトキハ振出人ハ五圓以上千圓以下ノ科料ニ處セラルト規定セルハ此意義ヲ明ニシ其制裁ヲ定メタルモノナリ此小切手契約ノ性質ニ就テハ學者ノ間ニ議論アレトモ是レ當事者間ニ於ケル一種ノ法律關係ニシテ商法一般及ヒ民法ノ規定ニ從フヘク所謂手形上ノ關係ニアラストナスヲ多數學者ノ見解ナリトス

手形金額ノ支拂アルヘキ日ヲ滿期日ト云フ滿期日ハ手形ニ於テハ必ス一定スヘキモノニシテ此期日到來スルトキハ受取人其他ノ所持人ハ支拂ヲ求ムルコトヲ得而シテ此支拂ヲ求ムル爲メニハ爲替手形ノ支拂人(既ニ引受ヲナ

シ居レハ引受人)約束手形ノ振出人ニ對シテ手形ヲ呈示セサルヘカラス此呈示ヲ支拂ヲ求ムル爲メニスル呈示ト稱ス夫レ滿期日ハ我現行商法ニ於テハ支拂ヲ請求スヘキ唯一ノ日ニアラスシテ支拂ヲ請求スルコトヲ得ヘキ最初ノ日ナリ即チ滿期日又ハ其後二日以内ハ有效ニ支拂ヲ請求スルコトヲ得ルモノトス(商第四八七條、第四八五條)手形ノ所持人カ支拂ヲ求ムル爲メニスル呈示ヲナスモ支拂ヲ受ケサルトキハ之ヲ支拂ノ拒絶ト云フ此場合ニハ所持人ハ振出人又ハ裏書人ニ對シテ一定ノ金額ヲ請求スルコトヲ得此權利ヲ償還請求權ト云ヒ其一定ノ金額ハ商第四九一條ノ規定スル所ニシテ之ヲ償還金額ト云フ而シテ償還請求權ヲ行ハントセハ爲替手形及約束手形ニアリテハ支拂拒絶ノ事實ヲ證スル爲メニ法定ノ期間内ニ支拂拒絶證書ノ作成ヲ必要トシ尚償還請求ノ通知ヲ發セサルヘカラス尤モ手形ノ振出人及ヒ裏書人カ支拂拒絶證書作成ノ免除ノ旨ヲ手形ニ記載セルトキハ此記載ハ手形上ノ效力ヲ生ス故ニ此場合ニ於テハ拒絶證書ノ作成ナクシテ償還請求權ヲ行フコトヲ得但其作成ノ免除ハ唯免除者ニ對シテノミ效力ヲ有スルモノナルヲ以テ其他ノ前者ニ對シテ償還請求ヲ爲サントスル場合ニハ拒絶證書ノ作成ヲ必要トス故ニ其作成アリタル場合ニ於テハ免除ヲナシタルモノト雖モ其費用ノ負擔ヲ拒ムコトヲ得サル也(商第四八九條)

小切手ニアリテハ其所持人カ償還ノ請求ヲ爲スニハ支拂拒絶證書ノ作成ヲ要セス支拂人ヲシテ振出ノ日ヨリ十日內ニ支拂拒絶ノ旨及ヒ其年月日ヲ小切手ニ記載セシメ且ツ之レニ署名セシムルヲ以テ足ル(商第五三四條)是レ小切手ハ必ス一覽拂ノモノニシテ其流通期間ハ十日ニ限ラル、支拂證劵ナルヲ以テ一ノ便法ヲ設ケシモノナリ(商第五三二條第五三三條參照)手形交換所ニ於テ呈示期間內即チ振出ノ日ヨリ十日內ニ小切手ノ提出及ヒ支拂拒絶ノ旨ヲ證明シタルトキ又同ジ

手形ハ債權者タルヘキモノヲ定ムル方法ニヨリ記名式、指圖式、無記名式及ヒ指名所持人式ノ四種ニ分ツコトヲ得手形ハ法律上當然ノ指圖證劵ナルヲ以

テ記名式ノモノト雖モ其手形ニ裏書禁止ノ記載ナキ限リハ自由ニ裏書ニヨリテ輾轉スルコトヲ得而シテ手形ノ裏書人ハ振出人ト同一ノ手形上ノ債務ヲ負擔スルモノニシテ又擔保義務ヲ有スルモノナリ即チ爲替手形ノ裏書人ハ引受拒絶及ヒ引受人破産ノ場合ニハ擔保請求ニ應シ又支拂拒絶ノ場合ニハ償還請求ニ應セサルヘカラス約束手形ノ裏書人ハ其振出人カ破産ノ宣告ヲ受ケタル場合ニハ擔保請求ニ應シ又支拂拒絶ノ場合ニハ償還請求ニ應セサルヘカラス小切手ノ裏書人ハ支拂拒絶ノ場合ニ償還請求ニ應セサルヘカラス然レトモ所持人カ擔保請求權又ハ償還請求權(此兩者ヲ遡求權ト稱セラル)ヲ行使セントスルニハ必ス法定ノ手續(手形ノ呈示、拒絶證書ノ作成、請求ノ通知)ヲナスコトヲ要スルモノニシテ若シ此手續ヲ怠ルトキハ前者ニ對スル手形上ノ權利ヲ失フモノナリ尤モ爲替手形ノ引受人、約束手形ノ振出人ハ主タル債務者ナルヲ以テ此場合ニ於テモ尙其義務ヲ免カル、ヲ得サル也(商第四六六條、第四六七條、第四七二條、第四七四條、第四七五條、第四八〇條、第四八六條乃至第四九〇條、第五二九條、第五三四條、第五三七條參照)凡ソ手形ニ多數ノ裏書人アルトキハ法律ハ其行爲ノ順序ニヨリテ前者及ヒ後者ノ名稱ヲ用ユ前者ハ後者ノ債務者ニシテ後者ハ前者ニ對シテ債權者ナリ例ヘハ甲乙丙丁戊ノ相次クノ裏書人アルトキハ甲乙丙丁ハ戊ヨリ云ヘハ前者ナルヲ以テ戊ハ甲乙丙丁ノ各裏書人ニ對シテ擔保請求又ハ償還請求ノ權利ヲ有ス又丙ヨリ云ヘハ甲乙ハ前者ニ對シテ丁戊ハ後者ナルヲ以テ丙ハ甲乙ニ對シテハ手形上ノ權利者ニシテ丁戊ニ對シテハ手形上ノ義務者ナリ然レ共遡求權ノ行使ノ通知ハ其直接ノ前者ニ對シテ爲スコトヲ要ス若シ戊カ最初ニ乙ニ對シテ通知シタルトキハ丙丁ニ對シ之ニ因リテ生シタル損害ヲ辨償セサル可カラス且ツ利息及ヒ費用償還ノ權利ヲ失フモノトス改正前舊規定ニ於テハ通知ヲ償還請求ノ條件トシタルモ改正法ハ之ヲ否認シタリ(商第四八八條ノ二)尙被裏書人カ手形上ノ權利ヲ取得スルニハ各裏書カ法定ノ形式ニ於テ缺クルコトナク又裏書連續ノ原則ニ反セサルコトヲ必要トスルハ第一編第九章第

三節ニ於テ述ヘシ所ナリ
無記名式ノ手形ハ單ニ引渡ニヨリテ流通スルモノナリ我商法ニ於テハ爲替手形及ヒ約束手形ハ金額三十圓以上ノモノニアラサレハ無記名式ノ發行ヲ許サス小切手ハ單ニ支拂證劵ナルヲ以テ此制限ナシ又指名所持人式ノ手形ノ性質ニ就テハ第一編第三章ニ於テ指名所持人證劵トシテ論述セシ所ナレハ茲ニ再説セス唯小切手ニ於テモ指名所持人式ノ發行ヲ認ムルヤ否ヤニ付キ多少議論ナキニアラストモ雖モ其發行ヲ有效トナスコト今日ニ於テハ殆ント疑ナキ所ナリ
次ニ手形ノ複本及ヒ謄本ニツキ一言スヘシ
爲替手形ノ所持人ハ振出人ニ對シテ其ノ爲替手形ノ複本ノ交付ヲ請求スルコトヲ得抑モ複本ハ手形喪失ノ危險ニ備ヘ又權利行使ノ便ヲ計ル爲メニ設ケラレタル制度ニシテ是レ爲替手形ハ常ニ遠隔ノ地ニ送附セラレ殊ニ引受ヲ要スルモノナレハナリ而シテ複本ハ爲替手形ノ所持人カ振出人ニ對シテ

其交付ヲ請求スルコトヲ得ルモノニシテ若シ其所持人カ受取人ニアラサルトキハ順次ニ前者ヲ經由シテ之ヲ請求セサルヘカラス此手續ニヨリテ振出人カ複本ヲ作リタルトキハ各裏書人ハ各通ニ其裏書ヲナササル可カラサル也(商第五一八條)而シテ複本ハ形ノ上ヨリ云ヘハ二箇以上ノ手形ナレトモ其權利關係ニ於テハ全部合セテ單一ノ手形ナリ故ニ其一通ノ支拂アレハ他ノ各通ハ當然效力ヲ失フヘキモノナリサレト複本ハ原手形ト同一ノ活動資格ヲ有スルモノナルカ故ニ爲替手形ノ複本ニ其複本タルコトヲ示ササルトキハ其各通ハ獨立ノ爲替手形トシテ其效力ヲ有ス又複本ヲ各別ニ二人以上ニ裏書セル者及ヒ複本數通ニ引受ヲナシタルモノハ各通ニツキ其責任ヲ負擔セサルヘカラサル也(商第五一九條、第五二〇條、第五二一條)而シテ複本ハ其記載事項ヲ同ウセサルヘカラサルハ勿論ニシテ複本ヲ利用シテ其一通ヲ引受ノ爲メニ送付シタルトキハ他ノ各通ニ其送付先ヲ記載セサルヘカラサル也(商第五二一條)

爲替手形及約束手形ノ謄本モ亦流通ノ便ニ供セラルルモノナレトモ複本トハ全ク其法律上ノ性質ヲ異ニス即チ謄本ハ單ニ原手形ノ謄寫ニ過キスシテ決シテ複本ノ如ク原手形ト同一ノ活動力ヲ有スルモノニアラス故ニ謄本ハ原手形ト相俟テ始メテ其作用ヲナスモノニシテ之ヲ以テ引受又ハ支拂ヲ求ムルヲ得サル也然レトモ手形ノ裏書又ハ保證ハ謄本ニ之ヲ爲スコトヲ得ルモノナルカ故ニ謄本ニ或事項ヲ記載シタルトキハ其事項ト原本ニ記載シタル事項トヲ區別スルコトヲ要ス而シテ手形ノ謄本ハ所持人カ隨意ニ作成スルコトヲ得ルモノナリ(商第五二二條)尚爲替手形ニアリテハ所持人カ引受ヲ求ムル爲メニ其原手形ヲ送付シタル場合ハ其謄本アルトキハ之ニ原手形ノ送付先ヲ記載セサルヘカラス(商第五二三條)

手形ノ信用ヲ鞏固ニシ且ツ引受又ハ支拂ノ拒絶ノ場合ニ於ケル手續ト失費トヲ輕減スル爲メニ爲替手形及ヒ約束手形ニ於テハ振出人又ハ裏書人ハ手形ニ豫備支拂人ヲ記入スルコトヲ得豫備支拂人ノ記載アル場合ニハ所持人

ハ先ツ豫備支拂人ニ對シテ擔保請求又ハ償還請求ヲ求メタル後ニアラサレハ前者ニ對シテ權利ヲ行フヲ得ス又此ノ如ク豫備支拂人カ手形債務ヲ消滅セシムル外ニ豫備支拂人以外ノ者カ手形ニツキ擔保請求又ハ償還請求ノ事情アル場合ニ其債務ヲ引受ケ又ハ償還セシムルコトヲ得ルハ法律ノ規定スル所ナリ此行爲ヲ參加ト云ヒ此ノ如キ人ヲ參加人ト云フ又爲替手形約束手形ニ於テハ手形保證ヲ認ム即チ手形ノ保證人トハ豫備支拂人ニ非ラスシテ手形債務者ノ署名ニ添ヘテ自カラ署名シ手形上ノ債務ヲ負擔スルモノヲ云フ而シテ手形ノ保證ハ形式上ハ從タル債務ナリト雖トモ實質上ハ獨立ノ債務ニシテ且ツ其債務者ト共ニ連帶シテ債務ヲ負フモノナリ小切手ニアリテハ豫備支拂人ナク參加人ナシ又手形上ノ保證ナシ通常「何々銀行保證」ナルモノノ印ヲ押捺シタル所謂保證小切手ナルモノハ之ヲ手形保證ト云フヲ得サルコト明カ也然レトモ其本質ハ支拂人カ支拂ヲナスノ絕對的債務負擔ノ意思表示ト解スルヲ正當トス

## 第二節　手形行爲及ビ手形ノ法律關係

手形ノ法律關係ハ固有ノ手形關係ト手形ニ牽連シテ生スルモ手形ニ固有ナラサル關係トノ二アリ前者ヲ手形關係ト云ヒ後者ヲ非手形關係ト云フ

### 第一、手形關係

手形關係トハ手形ナル證券ト須臾モ離ルヘカラサル法律關係ナリ而シテ手形ヲ取得スルモノハ單ニ權利ノミヲ取得スルモノニシテ義務ヲ負フモノニアラス故ニ手形關係ハ之ヲ權利ノ方面ヨリ觀察シテ手形上ノ權利ト稱セラル

手形上ノ權利ト手形法上ノ權利トハ學者ノ區別スル所ナリ手形上ノ權利ハ手形行爲ノ直接ノ效果トシテ生スル權利ニシテ手形ト共ニ發生シ手形ヲ占有セサルトキハ之ヲ行使スルヲ得サルモノナリ然ルニ手形法上ノ權利ハ手形行爲ニ牽聯シテ生スルモ其直接ノ結果トシテ生シタルモノニア

ラス換言スレハ手形上ノ權利ハ民事訴訟法第四九四條ニ所謂「手形ニ因ル請求」ト同意義ニシテ手形法上ノ權利ハ手形法ノ規定ヨリ生スルモノナレトモ而モ非手形關係ニ屬スルモノナリ

今手形上ノ權利ヲ擧クレハ其主ナルモノ左ノ如シ

一、引受人ニ對スル支拂請求權

二、振出人、支拂人(引受人)及ヒ前者ニ對スル償還請求權

三、擔保請求權

四、保證人ニ對スル權利

五、保證人ノ主タル債務者及ヒ前者ニ對スル權利

六、參加引受人ニ對スル請求權

七、參加支拂人ノ被參加人及ヒ其前者ニ對スル權利

手形上ノ權利ハ手形行爲ノ直接ノ效果トシテ生スルモノナリ然ラハ手形行爲トハ何ソヤ

手形行爲ハ畢竟民法ニ所謂法律行爲ナリサレト其行爲ハ普通ノ法律行爲ト異リ法律上特殊ノ實質ヲ有ス今具體的ニ云フトキハ手形行爲トハ振出、裏書、引受、保證並ニ參加引受ノ五者ナリト云フヲ得ヘシ而シテ手形行爲ハ必ス署名ヲ要シ手形ノ交付ニヨリテ成立ス(第一編第七章參照)而シテ手形行爲ハ必ス手形自體ニナスコトヲ要スルモノアリ又其補箋又ハ謄本ニナスコトヲ得ルモノアリ振出、引受ハ前者ニ屬シ裏書、保證ハ後者ニ屬ス手形行爲ノ特質ハ二アリ一ハ各手形行爲ハ獨立シテ效力ヲ生スルモノナルコトニシテ他ハ所謂外觀的解釋ノ原則ニ從フベキモノナルコト是レナリ

一、手形行爲ハ各獨立シテ效力ヲ生ス故ニ形式上完全ナル手形ニ手形行爲ヲナシタルモノハ他ノ手形行爲ノ法律上無效タル場合ニ於テモ決シテ其成立效力ニ影響ヲ被ラサルナリ是ヲ以テ僞造又ハ變造ノ手形ニ署名シタル者ハ其僞造又ハ變造シタル手形ノ文言ニ從フテ其責任ヲ負ハサ

ルヘカラス又無能力者カ手形ヨリ生シタル債務ヲ取消シタルトキト雖モ他ノ手形上ノ權利義務ニ影響ヲ及ホサス又裏書ノ一カ眞正ナラサルモ振出引受、其他ノ手形行爲ノ效力ヲ傷フコトナシ(商第四三五條、第四三七條、第四三八條參照)

二、手形行爲ハ外觀的解釋ノ原則ニ從フ即チ手形ニ記載シタル事項ハ形式ニ於テ完全ナルヲ必要トスルモノニシテ事實ト符合スルヲ要セス例ヘハ爲替手形ノ振出ニ當リ支拂人又ハ受取人ノ記載ハ缺クヘカラサル要件ナレトモ手形ニ記載シタル支拂人、受取人ノ氏名、商號ハ事實上存在スルコトヲ要セス法律ノ求ムル所ハ支拂人又ハ受取人トシテ氏名又ハ商號ノ記載アレハ足レリ又所持人カ手形上ノ權利者タルニハ裏書連續アルコトヲ必要トスルモ各裏書ニ於ケル被裏書人ト直接相次ク裏書ニ於ケル裏書ノ人ト同一人ナラサルヘカラスト云フハ唯手形ノ形式上ニ於テ之ヲ謂フナリ尙手形行爲ハ法定ノ形式ヲ必要トスルモノナレ共代理人ヲシテ之ヲ爲サシムルコトヲ得而シテ代理人カ本人ノ爲メニ手形行爲ヲナスニハ手形ニ本人ノ爲メニスルコトヲ記載シ代理人自カラ之ニ署名セサルヘカラス(商第四三六條)

第二、非手形關係

非手形關係ニ二アリ一ハ手形法ニ規定アル場合ニ於ケル非手形關係ニシテ他ハ手形法ニ規定ナク一般商法及ヒ民法ノ規定ニ基ク非手形關係ナリ前者ハ之ヲ手形法上ノ非手形關係ト云ヒ後者ハ一般法ヨリ來ル非手形關係ト云フ

甲、手形法上ノ非手形關係

是レ第一ノ處ニ於テ手形法上ノ權利ト稱セシモノト同一ニシテ即チ手形行爲ニ牽聯シテ生スルモ而モ其直接ノ效果ニアラサル法律關係ヲ云フ其主ナル者ハ左ノ如シ

一、爲替手形ノ所持人カ其複本ヲ請求スル權利(商第五一八條)

二、時效又ハ手續ノ欠缺ニ因テ手形上ノ權利ヲ喪失シタル所持人カ振出人又ハ引受人ニ對シテ行フ不當利得ノ償還請求權(商第四四四條)
三、惡意又ハ重大ナル過失ニ因リテ手形ヲ取得シタル者ニ對シテ正當ナル所持人カ其手形ノ返還ヲ請求スル權利(商第四四一條參照)

乙、一般法ヨリ來ル非手形關係

其重ナルモノハ左ノ如シ

一、手形豫約

二、原因關係

三、資金關係

凡ソ手形ハ不要因的證券ニシテ且ツ證券的權利ヲ表スルモノナルヲ以テ手形授受ノ豫約其モノトハ分離シ又其債務ノ成立存在ハ原因ト關係ナク又資金ノ授否ハ毫モ手形行爲ノ效力ニ影響ヲ及ホスモノニアラス要スルニ手形法ニ規定ナキ事項ハタトヘ之ヲ手形ニ記載スルモ手形上ノ效力ヲ

生セサルヲ以テ當時者間ニ於ケル特約ハ單ニ其間ニ於テノミ效力ヲ有スルモノニシテ善意ノ手形所持人ヲ拘束スルモノニアラス

手形行爲及ヒ手形ノ法律關係ハ大要上ノ如シ今手形法上ノ行爲ノ場所及ヒ時效ヲ述ヘ本節ヲ終ルヘシ

一、手形ノ引受又ハ支拂ヲ求ムル爲メニスル呈示、拒絶證書ノ作成其他手形上ノ權利ノ行使又ハ保全ニツキ利害關係人ニ對シテ爲スヘキ行爲ハ其營業所若シ營業所ナキトキハ其住所又ハ居所ニ於テ之ヲ爲スコトヲ要ス但シ其者ノ承諾アルトキハ他ノ場所ニ於テ之ヲ爲スコトヲ妨ケス利害關係人ノ營業所、住所又ハ居所カ知レサルトキハ拒絶證書ヲ作ルヘキ公證人又ハ執達吏、其ノ地ノ官署ニ問合ヲ爲スコトヲ要ス若シ問合セヲナスモ營業所、住地又ハ居所カ知レサルトキハ其役場又ハ官署若クハ公署ニ於テ拒絶證書ヲ作ルコトヲ得(商第四四二條)

二、引受人又ハ約束手形ノ振出人ニ對スル債權ハ滿期日ヨリ三年所持人ノ其前者ニ對スル償還請求權ハ支拂拒絶證書作成ノ日ヨリ一ヶ年裏書人ノ其前者ニ對スル償還請求權ハ償還ヲ爲シタル日ヨリ一ヶ年ヲ經過シタルトキハ時效ニ因リテ消滅ス(商第四四三條)

## 第三節　手形ノ法律上ノ性質

手形ハ金錢證券ナリ而シテ手形上ノ權利ノ發生ハ手形ノ作成ヲ要件トシ其權利ノ移轉行使ニハ手形ノ占有ヲ必要トシ其權利ノ消滅ハ手形ノ占有ノ喪失ヲ本則トスルモノナルヲ以テ所謂絶對的有價證券(完全ナル有價證券ナリ)之レヲ詳述スヘシ

第一、手形ハ設權證券ナリ

手形上ノ法律關係ハ手形ノ作成ニ依ルニアラサレハ發生セス手形ニアリテハ其權利ト證券トノ關係ハ本質的ノモノナリ手形上ノ權利ノ成立ハ手形作成以外ノ事實ヲ以テ主張スルヲ得サル也

第二、手形ハ要式的證券ナリ
手形ニ記載スヘキ事項ハ法律ノ嚴定スル所也(商第四四五條、第五二五條、第五三〇條)法定ノ記載事項ノ一ヲ缺クトキハ其手形ハ無效ナリ而シテ其欠缺ハ手形以外ノ意思表示ヲ以テ補足スルヲ許サス又手形法ニ規定ナキ事項ハタトヘ之ヲ手形ニ記載スルモ手形上ノ效力ヲ生セス(商第四三九條)

第三、手形ハ法律上當然ノ指圖證券也
手形ハ記名式ニテ發行セラレタルトキト雖モ振出人カ裏書ヲ禁スル旨ヲ記載セサル限リハ指圖式ノモノト同シク裏書ニヨリテ移轉スルコトヲ得(商第四五五條、第五二九條第五三七條)

第四、手形ハ不要因的證券ナリ
手形上ノ法律關係ノ成立及ヒ存在ニハ其原因ノ存否又ハ其原因ノ適法ナリヤ否ヤニ關セス即チ手形上ノ債權債務ハ全ク原因ト離レ獨立シテ發生存在ス故ニ何カ故ニ債務ヲ負擔スルニ至リシヤヲ問ハスシテ手形ノ所持

人ハ權利ヲ執行スルコトヲ得換言スレハ眞手形行爲ヲナシタル者ハ絕對的ニ手形上ノ債務ヲ負擔セサルヘカラス

第五、手形ハ呈示證券ナリ

手形上ノ權利ヲ行使セントセハ所持人ハ手形ヲ呈示セサルヘカラス手形カ呈示證券タル性質ヲ有スルヨリシテ次ノ二ツノ效果アリ

一、手形上ノ債務者カ遲滯ノ責ニ任スルハ滿期日ノ到來ニアラスシテ其期日到來後所持人カ手形ヲ呈示シタルトキニ在リ

二、法律ノ定ムル所ニ從ヒテ手形ヲ呈示シタルコトハ所持人カ前者ニ對シテ遡求權ヲ行使スルコトヲ得ル條件ナリ

第六、手形ハ受戾證券ナリ

手形上ノ債務ノ履行ハ手形ト引換ニアラサレハ之ヲ爲スコトヲ要セス（商第四八三條、第五二九條、第五三七條）

第七、手形ハ證券的權利ヲ表スル證券ナリ

手形ニ署名シタル者ハ其手形ノ文言ニ從ヒテ責任ヲ負フモノニシテ手形ニアリテハ債權債務ノ範圍一ニ其記載ノ文言ニ依リテ決定セラレ善意ノ取得者ニ對シテハ之レカ反證ヲ許サヽルナリ(商第四三五條、第四四一條參照)故ニ手形上ノ權利ヲ取得スルニハ惡意又ハ重大ナル過失ナキ限リハ前者カ正當ノ權利者ナルコトヲ要セス又手形債務者ハ原債權者ニ對スル人的抗辯ヲ以テ所持人ニ對抗スルヲ得サルノミナラス手形法ニ規定ナキ事由ヲ以テ所持人ニ對抗スルヲ得サル也但シ當事者間ニ於テ直接ニ對抗スルコトヲ得ヘキ事由ヲ主張シ得ルハ言フヲ要セス(商第四四〇條)

# 第五編　有價證券ノ結合

## 第一章　荷爲替

商人カ運送證券（船荷證券及ヒ貨物引換證）ヲ利用シテ金融ヲ計ル爲メニ發行スル荷爲替ハ從來廣ク商業社會ニ行ハレタルモノナルモ其法律關係ニ到リテハ頗ル明瞭ナラス又荷爲替ハ一ノ商慣習トシテ裁判例之ヲ認メシモ其判決區々トシテ撰一スル所ナカリシカ明治三十六年六月十三日大審院カ下シタル判決ハ稍々荷爲替ノ性質ヲ決定スルニ於テ詳カナリ其判決次ノ如シ

現今我國ニ行ハルル荷爲替ト稱スルモノハ荷主カ隔地者ニ對シ物品ヲ送付スルニ當リ銀行ヨリ代金ノ融通ヲ得ル方法トシテ使用スルモノニシテ荷主ハ物品運送人ノ發シタル證券トシテ其領收ニ要スルモノ（例ヘハ貨物引換證券、船荷證券ノ如シ）竝ニ荷爲替手形カ不拂トナルトキハ銀行ハ物品ヲ處分シ代金ヲ以テ辨濟ヲ受クルコトヲ得ヘキ旨及ヒ其滅失若クハ運送人ノ行爲ニ依リ銀行カ之ヲ處分シテ辨濟ヲ受クルコト能ハサルニ至ル等ノ場合ニ於テハ辨濟ヲナス責ニ任スル旨ヲ特約セル證書ヲ爲替手形ニ添ヘテ銀行ニ交付シ銀行ハ之ニ依リ其相當ト認ムル金圓ヲ貸出スルモノトス

故ニ荷爲替手形ト稱スルモノハ荷主カ荷受人ニ對シ手形受取人タル銀行ノ指圖ニ依リ記載ノ金額ヲ支拂ハシムルコトヲ委託スル爲メニ存シ其手形ニ添付シタル貨物證券及副證券ハ銀行ヲシテ貸出金ノ取立ヲ確實ナラシムル爲メ銀行ニ交付スルコト當事者ノ意思ニシテ荷爲替手形ハ流通證券トシテ發行スルモノニ非ス從テ其荷受人タル銀行カ他ノ銀行ニ裏書ヲ爲スコトアルモ其趣旨タル手形金額ノ取立ヲ委任スルヲ以テ通例トシ權利ノ移轉ヲ目的トスルモノニ非ス(大審院三十六年六月判決)

此判決ハ前半ニ於テハ荷爲替ノ如何ナルモノナルカヲ述ヘ後半ニ於テ其法

律關係ヲ說明セルモノナリ
今此判決ニ基キ荷爲替ノ性質ヲ論スヘシ
荷爲替トハ物品ノ賣主(荷主)カ買主(荷受人)ヲ支拂人トシ銀行ヲ受取人トシテ爲替手形ヲ振出シ(買主ヲ支拂人トセスシテ買主ノ計算ニ於テ他ノ者ヲ支拂人トシ又銀行ヲ受取人トセスシテ荷主自ラ受取人トナリテ銀行ヲ第一ノ裏書人トナスコトモアルヘシ)其手形ノ支拂ヲ擔保スル爲メニ手形ト同時ニ賣買ノ目的物ヲ表示スル運送證券(船荷證券又ハ貨物引換證)ヲ其銀行ニ交付シ尙ホ別ニ其爲替手形カ不渡リト爲ルトキハ銀行ハ物品ヲ處分シテ其代金ヲ以テ辨濟ヲ受クルコトヲ得ヘキ旨及ヒ其辨濟ヲ受クル能ハサル場合ニハ荷主ニ於テ其辨濟ヲ爲ス責ニ任スル旨ヲ明記セル證書(副證)ヲモ銀行ニ交付シ銀行ハ之レニヨリテ其手形ヲ割引シ或ハ相當ト認ムル金圓ヲ貸出スルモノナリ
是ヲ以テ荷爲替トハ運送證券ヲ擔保トシテ爲替手形ヲ發行シ更ニ別個ノ證

書ヲ添付シテ手形不拂ノ場合ニ於ケル法律關係ヲ特約シ以テ金融ヲ計ラントスルモノナリ而シテ爲替手形ヲ發行スルモ單純ナル手形行爲ヲナシタルモノト見ルヲ得ス又運送證劵ヲ交付スルモ單ニ運送品ノ處分ヲ目的トスルモノニアラス唯爲替手形及運送證劵ノ法律上ノ性質ヲ利用シテ當事者ニ金錢融通ノ關係ヲ生セントスルニアリ故ニ荷爲替ハ爲替手形ト運送證劵トノ連結ニヨル物品擔保付ノ金錢貸借上ノ法律關係ト解スヘキモノト信ス此ノ如ク荷爲替ハ爲替手形ト船荷證劵又ハ貨物引換證(荷證劵トモ云フ)トノ組合セニ因リテ生スルモノナリ而シテ此場合ニ於ケル爲替手形ハ通常荷爲替手形ト稱スサレト我商法ニ於テハ特ニ荷爲替手形ナルモノヲ認ムルモノニアラス(商第四三四條參照)荷爲替ニ於ケル爲替手形モ亦純然タル普通ノ爲替手形ニ外ナラサルヲ以テ商法手形法ノ規定ニヨリテ支配セラルヘキモノナリ故ニ其手形ノ效力ハ記載ノ文言ニヨリテ決定セラレ其裏書ニ就テモ普通手形ノ裏書ト同シク若シ銀行カ通常ノ裏書ノ方式ヲ以テ此ノ手形ヲ他人

ニ交付シタルトキハ其裏書ハ善意ノ手形取得者ニ對シテハ讓渡裏書タル效力ヲ生スヘシサレハ上掲ノ判決例ノ後半ニ於テ『荷爲替手形ハ流通證劵トシテ發行スルモノニアラス從テ其荷受人タル銀行カ他ノ銀行ニ裏書ヲ爲スコトアルモ其趣旨タルヤ手形金額ノ取立ヲ委任スルコトヲ以テ通例トシ權利ノ移轉ヲ目的トスルモノニアラス』ト云ヘルハ到底首肯スル能ハサル所ナリ手形ハ如何ナル目的ノ爲メニ利用セラルルモ通常ノ裏書ニヨル善意ノ取得者ハ手形上ノ權利ヲ取得スルコト商第四四一條ノ嚴定スル所ニシテ手形面ニ裏書禁止ノ記載ナキ限リハ手形ハ其性質上流通證劵タルモノナリ此點ヨリシテ上記ノ判決ハ學者ノ間ニ非難ノ聲囂シカリシカ大審院ハ近時ニ至リ其意見ヲ飜スニ至レリ

荷モ爲替手形ノ名稱ヲ以テ發行シタルモノハタトヘ荷爲替ノ方法ニ供セラレタル場合ト雖モ商法上ノ手形ノ法則ニ從ハサルヘカラサルコト儼乎タル商法ノ規定ニ徵シテ明カナリ(四十年三月廿八日大審院判決)

是ニ於テ荷爲替ナルモノハ商慣習ニ基キテ有效ナルモノト認メラレ而シテ荷爲替ニ關スル準據法ハ大體ニ於テ確定セルニ至リタルモノト云フヘシサレト荷爲替ノ取組ニ關スル法律關係ニ就テハ種種學者ノ間ニ議論アリテ未タ其法理全ク明瞭ナラス今大要ヲ述フ可シ

一、手形及運送證券ハ荷爲替ニ供セラレタル場合ニ於テモ嚴ニ商法ノ規定ニ從ハサルヘカラサルモノナルヲ以テ荷爲替ノ取組ニ就テモ此等ノ證券上ニ權利ヲ設定セントセハ商法ニ準據セサルヘカラス而シテ流通證券上ノ權利關係ハ之ヲ其證券自體ニ於テ明確ナラシムルコトヲ要ス然ルニ手形ハ商第四三九條ニヨリ法定ノ要件以外ノ記載ヲナスモ何等手形上ノ效力ヲ生セサルヲ以テ荷爲替ノ取組ハ之ヲ運送證券ニ記載スルノ外ナカルヘシ而シテ運送證券ハ手形ノ如ク嚴格ナル形式證券ニアラサルヲ以テ此ノ如キ記載ハ敢テ運送證券ヲ無效タラシムルモノニアラサルハ勿論之ヲ證券ニ記載スルトキハ第三者ニ對抗スルコトヲ得ルノ效力ヲ生ス然リ而シテ商第三三五條ハ「貨物引換證ニ依リ運送品ヲ受取ルコトヲ得ヘキ者ニ貨物引換證ヲ引渡シタルトキハ其引渡ハ運送品ノ上ニ行使スル權利ノ取得ニ付運送品ノ引渡ト同一ノ效力ヲ生ス」ト規定シ此規定ヲ船荷證券及ヒ倉庫證券ニ準用シタルヲ以テ占有權ノ移轉アルコト明カナルカ故ニ運送證券ノ裏書ニ依リテ貨物上ニ質權ヲ設定シ得ヘク而シテ荷爲替ニ於テ擔保設定ノ根據ヲ說明スルコトヲ得ルニ至リタレ𪜈舊規定ノ下ニ於テハ占有權ノ移轉ヲ否認スルカ故ニ例ヘ質權設定ノ目的ヲ以テ裏書シタル場合ト雖モ被裏書人ハ直チニ貨物上ノ所有權ヲ取得シ所謂死質ヲ生スルノ外ナカリキ然レ共舊規定ノ下ニ於テモ荷爲替ヲ有效ナラシメンカ爲メニ一種ノ說明ヲ與ヘラレタリ即チ此場合ニ於テハ荷爲替ニ於ケル運送證券ノ裏書ハ所謂信託行爲トシテ貨物上ノ擔保設定ノ效力ヲ有スト說明セラルルニ至レリ荷爲替ニ於ケル運送證券ノ裏書ハ表面所有權ノ移轉ニシテ裏面ハ唯擔保權ノ設定ヲ目的トスルモノ即裏面ニ存スル眞ノ目的ニ超過スル

行爲ナリ此種ノ行爲ヲ信托行爲ト云フ此行爲ハ決シテ虛僞ノ行爲ニアラス何トナレハ擔保差入人ハ裏書ヲ爲シ即チ貨物ノ所有權ヲ移轉スルノ意思ナキニ非ラス此意思アルモノニシテ唯全然所有權ヲ移轉スルノ意思ニアラス擔保ノ目的ノ爲メニ之ヲ移轉スルノ意思ナルノ點ニ於テ普通ノ裏書ニ異ルノミナレハナリ從テ法律上ニ於テハ此等ノ場合ニハ銀行ハ表面上完全ナル所有權ヲ得而シテ擔保差入人ノ特約ヲ以テ裏面ニ於テ其所有權ヲ濫用セサルノ債務ヲ負擔スルモノト解釋スヘシ三十七年六月大阪控訴院ハ擔保ノ目的ヲ以テ倉庫證劵ヲ裏書スル場合ハ虛僞ノ行爲トシテ之ヲ無效ナリト判決セルハ

一、信託行爲ト虛僞行爲トヲ混同シ

二、擔保ト云フハ必ス質ナラサルヘカラス質ノ外ニ擔保ノ形式ナシ而シテ所有權移轉ノ方法ヲ以テ擔保ノ形式アルコトヲ知ラサル謬見ナリト云ハサルヘカラス要之荷爲替ニ於ケル擔保ノ差入ハ之ヲ手形ニ記載スルモ何等ノ效力ヲ生セス銀行カ貨物ニ對シテ權利ヲ取得スルニハ運送證劵ノ裏書幷ニ銀行ト擔保差入人間ノ特約ニヨルモノナリ尙無記名式運送證劵ヲ以テ荷爲替ヲ取組ム場合ニ於テハ動產質ノ規定ニ從ヒ證劵ノ交付ヲ以テ直ニ質權ヲ設定スルコトヲ得ルコト疑ナキヲ以テ擔保設定ニ就テハ甚タ簡明ナリト云フヘシ。

二、差入レタル擔保ハ何ニ對スル擔保ナルカ是レ困難ナル問題ナリ此點ニ關シ岡松博士ノ所論次ノ如シ

(一)初メ手形ヲ振出シ銀行ヨリ融通ヲ受クルニ當リテハ此融通ハ一ノ貸借ナル可ク從テ之ニ依リ荷主ハ銀行ニ對シテ債務ヲ負擔ス此債務ハ荷爲替ニヨリ更改セラルルモノニアラサルヘシ換言スレハ擔保付ニテ銀行ヲ受取人トシテ手形ヲ振出スト共ニ前ノ貸借上ノ債務ハ消滅シ只手形上ノ債務ノミト爲リ從テ若シ船荷證劵等ノ代表スル貨物ニシテ滅失セ

ル場合ニハ銀行ハ只振出人ニ對シテ手形上ノ償還請求ヲ爲シ得ルニ過キスシテ基本タル貸借關係ニ基ク債權ヲ主張スル能ハサルモノニ非ルヘシ是レ通常擔保差入ノ證書ノ文言ヨリ見ルモ然ラサルヲ見ルコトヲ得即チ手形ノ發行ニ拘ラス元來ノ貸借上ノ債務ハ尚滅存スル故ニ擔保ハ此債權ノ擔保ナリトモ見ルコトヲ得換言スレハ手形不拂ノ場合ニハ銀行ハ貨物ヲ處分シ以テ貸借上ノ債權ニ充當スヘキ者ト見ルコトヲ得

(二)或ハ擔保ハ手形不拂ノ場合ニ生スヘキ手形償還義務ノ擔保ニシテ即チ手形不拂ノ場合ニハ銀行ハ其貨物ヲ處分シ償還請求ノ債權ニ充當スルヲ得ルモノナリトモ見ルコトヲ得ヘシ而シテ予ハ寧ロ(二)ノ如ク解セントス何トナレハ若シ(一)ノ如ク解セハ銀行ノ擔保ヨリ辨濟ヲ受ケ得べキ金額ハ實際貸シ出シタル金額及其利息ニ限ラレ手形面ノ金額及手形ノ呈示其他ノ費用ノ辨濟ヲ受クル能ハサルニ至レハナリ

斯ノ如ク擔保ハ償還請求義務ノ擔保ナルカ故ニ從テ手形不拂ノ場合ニ

ハ銀行ハ手形上有スル償還請求權ヲ行使セス擔保品ヲ處分シテ辨濟ヲ受ク可キ默示特約ヲ爲セルモノト見サルヘカラス不拂ノ場合ニハ振出人ニ對シテ償還請求ヲ爲スヲ得ス擔保品ヨリ辨濟ヲ受クヘキモノト爲サヽルヘカラス但此特約ハ擔保差入人ト銀行トノ間ノ特約ナルカ故ニ第三者ニ對シテハ何等ノ效力ナク從テ若シ手形カ證劵ト共ニ又ハ之ト離レテ第三者ニ裏書セラレタルトキハ其被裏書人ハ振出人ニ對シテ償還請求等ヲナスコトヲ得由是觀之荷爲替ノ場合ニアリテハ銀行ハ明示ノ特約ヲ以テ尙手形ノ償還請求權ヲ留存セサル以上ハ手形不拂ノ場合ニハ振出人ニ對シテ償還請求ヲ爲スヲ得ス擔保品ヨリ辨濟ヲ受ケサル可カラサルナリ（內外論叢第三卷第六號岡松博士ノ質疑應答參照）

三、荷爲替關係ハ之ヲ他人ニ讓渡スコトヲ得ルヤ否ヤ松波博士ノ說ク所次ノ如シ

荷爲替ハ一ノ現象ナリ現象ハ法律行爲ヲ以テ移轉スルコトヲ得ス唯或

者ハ更ニ他ノ者ト同一ノ現象ヲ現出セシメ得ルノミ然レトモ或一定ノ當事者間ニ爲替手形ト船荷證券ヲ受授シテ生セシメタル現象ヲ他ノ當事者トノ間ニモ生セシムルヲ現象ノ移轉ト言ヒ得ヘクンハ荷爲替モ亦移轉シ得ヘキ現象ナリ荷爲替ノ讓渡トイフハ此意味ニ於テ解セラレ此意味ニ解セサレハ殆ント意味ヲ爲ササルナリ果シテ此意味ノモノトセハ荷爲替ハ明白ニ且容易ニ讓與シ得ルモノナリ要素ノ一タル爲替手形ハ有價證券中最モ容易ニ讓渡シ得ルモノナリ讓渡トイフヲ語弊アリトシ裏書トイフ程ノモノナリ而シテ他ノ要素タル船荷證券ハ有價證券中讓渡ノ容易ナルコト手形ヲ除キテ第一ニ位スルモノナリ即チ凡テノ有價證券中流通力ニ於テ第一位及ヒ第二位ヲ占ムルモノカ合シテ荷爲替ヲナスモノトセハ荷爲替ノ流通力ノ大ナルハ推シテ知ルヘシ要素タル二證券ハ流通シ得トスルモ此二要素ヨリ成ル新物ハ必スシモ流通力アリトイフヲ得サランモ荷爲替ノ場合ニハ此二者ノ合同シタルモノヲ流

通セシメストスル特別ノ理由ヲ生セサルヲ以テ其本性ヲ見テ融通シ得ルモノト解スルナリ爲替手形ノ受取人タル銀行カ自ラ支拂ヲ得ント欲スルコトモアレハ又滿期日ノ到來前ニ金額ヲ得ント欲シテ之ヲ他ノ銀行ニ裏書スルコトモアルヘシ爲替手形ノ性質トシテ受取人ハ何時ニテモ又タ何人ニモ之ヲ裏書スルヲ得ヘク若シ裏書スルヲ得スト記載シアレハ其場合ノミ之ニ從フヘキノミ爲替手形ノ被裏書人ハ其手形ノミヲ讓受ケタルトキハ單純ナル手形ノ裏書ヲ得タルニ止マリテ荷爲替トハ何等ノ關係ヲモ有セサルヘシ然レトモ被裏書人カ亦支拂人ノ支拂能力若クハ支拂ニ關スル德義ヲ疑ヒテ擔保ヲ得ント欲シ手形裏書人ヨリシテ船荷證劵ノ質權ヲ讓受ケタルトキハ讓受人ハ茲ニ爲替手形ト船荷證劵トヲ併有スルコトトナリテ手形ノ振出人タル荷主トノ關係ニ於テ荷爲替ノ現象ヲ生スルコトトナルナリ而シテ其所持人カ再ヒ之ヲ他ノ者ニ讓渡ス場合モ亦同一ニシテ即チ荷爲替ハ輾轉シテ多クノ後者ニ傳來

シ行クナリ

四、荷爲替ニ於ケル爲替手形ハ特種ノ手形ニアラス故ニ苟クモ禁裏書ノ記載ナキトキハ銀行ハ更ニ之ヲ他人ニ裏書スルコトヲ得而シテ此裏書ハ固ヨリ有效ニシテ善意ノ取得者ハ振出人ニ對シテ手形上ノ債權ヲ取得シ若シ手形ノ不拂トナリタルトキハ振出人ニ對シテ償還請求ヲ爲スコトヲ得而シテ此理論ハ荷爲替ニ於ケル爲替手形カ運送證券ト共ニ讓渡サレタル場合タルト爲替手形ノミカ讓渡サレタル場合トニ於テ異ル所ナシ然レトモ元來荷爲替ニ於ケル爲替手形ハ振出人カ銀行ヨリ貨物ノ代金ニ相當スル金額ノ融通ヲ受ケ而シテ銀行ヲシテ手形ノ支拂人ヨリ其代金ヲ受取ラシムル爲メ發行スルモノニシテ振出人ト受取人(銀行)トノ間ニ於テハ默示シテ受取人ハ此手形ヲ更ニ他人ニ裏書セサルノ特約ヲ爲シタルモノト見サル可カラス故ニ銀行カ此特約ニ反シテ手形ヲ第三者ニ裏書シタルトキハ若シ此裏書ノ爲メニ振出人ニ損害ヲ被ラシメタルトキハ其責ニ

任セサルヘカラサルナリ

荷爲替ニ供セラレタル爲替手形カ運送證券ヲ離レテ裏書セラレタル場合ニハ荷爲替關係ハ消滅ス

五、荷爲替ニ於ケル運送證券モ亦流通證券タル性質ニ基キテ銀行ハ之ヲ手形ト併セテ又ハ各別ニ他人ニ裏書スルコトヲ得ルモノナリ運送證券カ手形ヲ離レテ他人ニ裏書セラレタルトキハ荷爲替關係ハ消滅ス而シテ銀行ハ明示又ハ默示ニヨリ擔保差入人(手形ノ振出人)ニ對シテ唯手形不拂ノ場合ニ於テ此運送證券ノ處分ヲナスヘキコトヲ特約セルモノト見ルヘキモノナルカ故ニ此證券ヲ第三者ニ裏書シ之レカ爲メニ差入人ヲ損害シタル場合ニハ其責ニ任スヘキコト勿論ナリ而シテ荷爲替ニ於ケル運送證券ノミヲ裏書ニヨリテ取得シタルモノノ權利如何此事ニ關シテハ其運送證券ニ爲替手形ノ擔保タルコトノ記載アル場合ト之レ無キ場合トヲ區別シテ論セサルヘカラス船荷證券及ヒ貨物引換證ハ法定ノ記載要件以外ノ事項ト雖モ苟モ其證券ノ性質ヲ察セス又法ノ强行的規定ニ反セサル以上ハ之ヲ證券ニ記載スルトキハ第三者ニ對シテモ對抗力ヲ有スルコト上述ノ如シ故ニ荷爲替ニ於ケル運送證券ニ爲替手形ノ擔保タルコトヲ記載スルトキハ此記載ハ證券上ニ效力ヲ生スルヲ以テ此ノ如キ運送證券ヲ取得シタル第三者ハ殆ント實益ナキ權利ヲ取得シタルモノト云ハサルヘカラス何トナレハ擔保權ハ主タル債權ト相俟テ實益アルモノニシテ單ニ擔保權ノミヲ得ルモ殆ント其用ヲ爲サヽレハナリ

反之手形ノ擔保タル記載ナキ運送證券ヲ取得シタル被裏書人ハ證券上ノ貨物ニ就テ完全ナル所有權ヲ取得ス而シテ更ニ此證券ヲ他人ニ裏書スルヲ得ルコト云フヲ俟タサルナリ

## 第二章　荷爲替類似ノ法律關係

荷爲替ハ物權的有價證券タル運送證券（又ハ荷證券ト云フ）ト爲替手形トノ組

合セニヨリテ生スル一種ノ法律關係ナルコト前章ニ述ヘタルカ如シ然ルニ往々實際上ノ商慣習ニ於テハ爲替手形ノ擔保トシテ公債證劵、株劵、社債劵等ノ債權的有價證劵ヲ添付シ銀行ニ於テ其爲替手形ノ割引ヲ求ムルコト行ハルル是レ一見甚タ荷爲替ニ類似スルヲ以テ銀行ニ於テハ通常荷爲替ト同樣ニ取扱フモノノ如シサレト是レ單ニ當事者間ニ於テ手形金額ノ支拂ヲ確實ニスル爲メノ一方法タルニ過キスシテ荷爲替トハ其性質ヲ同シクセサルコト明カナリ

元來手形ニ擔保ヲ附スルコトハ手形金額ノ支拂ヲ條件附タラシムルモノニアラサルカ故ニ法律上敢テ無效ナルモノニアラスサレト是レ非手形關係タルコト多言ヲ要セスシテ明カニシテ手形上ノ效力ヲ發生スルモノニアラス即チ其擔保ノ效力ハ唯當事者間ニ於テノミ成立スルノミ而シテ其擔保ノ性質ニ就テハ其公債證劵、社債劵、株劵等カ無記名式ナルトキハ動產ナルヘク又記名式ナルトキハ權利質ナルヘキヲ以テ各々之レニ關スル民法ノ規定ニ從

ヲ質權設定ノ手續ヲナスコトヲ要スト云ハサルヘカラス（第一編第十二章參照）

有價證券論 終

附録

# 公債ニ關スル法令索引

## 國債　證券


國債ニ關スル制（明治三十九年四月法律第三四號）

國債規則（明治三十九年五月大藏省令第三三號）（明治四十年三月同省令第六號ヲ以テ改正）（明治四十年十一月同省令第四八號ヲ以テ改正）
（明治四十三年八月大藏省令第三九號ヲ以テ改正）

海軍公債證書條例（明治十九年六月勅令第四七號）

整理公債條例（明治十九年十月勅令第六六號）

事業公債條例（明治十九年三月法律第五九號）

舊鐵道會社整理公債發行規程（明治二十九年十二月大藏省令第四九號）

軍事公債條例（明治二十七年八月勅令第一四四號）

臨時事業公債規程（明治三十九年二月大藏省令第八號）

臺灣事業公債法（明治三十二年三月法律第七五號）

國庫債券發行規程（明治三十七年二月大藏省令第四號）

第二回國庫債券發行規程（明治三十七年五月大藏省令第一七號）

第三回國庫債券發行規程（明治三十七年十月大藏省令第四一號）

英米國ニ於テ募集スル公債ニ關スル制（明治三十七年五月勅令第一三八號）（明治三十七年十一月勅令第二二九號）

英米獨佛ニ於テ募集スル公債ニ關スル制（明治三十八年三月勅令第七八號）（明治三十八年七月勅令第一九五號）（明治三十八年十一月勅令第二四一號）（明治四十一年三月勅令第二二號）

國庫債券整理規程（明治四十一年三月大藏省令第一八號）

貯蓄債券法（明治三十七年四月法律第一八號）

大藏省證券條例（明治十七年九月大政官布告第二四號）

朝鮮事業公債法（明治四十四年三月法律第一八號）

以上

明治四十一年十二月二十四日初版發行
大正元年九月十五日訂正再版發行
大正七年二月一日第三版印刷
大正七年二月五日第三版發行

有價證劵論奥付

定價金貳圓



著作者 豐田多賀雄

東京市神田區仲猿樂町一番地
發行者 波多野重太郎

東京市本鄉區眞砂町三十六番地
印刷者 白土幸力

發兌元
東京神田區仲猿樂町
振替東京六五五六番
（電話本局二二五四）
巖松堂書店

關西發賣所
大阪市北區曾根崎上三丁目
振替大阪三一九七二番
巖松堂大阪店

滿鮮發賣所
朝鮮京城本町二丁目
振替京城二四五四番
巖松堂京城店

# 巖松堂書店發兌圖書目錄

| 著者 | 書名 | 冊数 | 定價 | 内地送料 |
|---|---|---|---|---|
| | ●法學通論及法理學之部 | | | |
| 法學博士 中村進午著 | 法學通論 | 全一冊 | 金貳圓參拾錢 | 金拾貳錢 |
| ドクトル ユリース 水口吉藏著 | 法律解釋學 | 全一冊 | 金壹圓 | 金八錢 |
| 法學士 山本晋著 | 法理に關する初學者の疑問 | 全一冊 | 金壹圓貳拾錢 | 金八錢 |
| 法學士 岡村玄治著 | 法之眞髓 | 全一冊 | 金七拾五錢 | 金八錢 |
| | ●憲法及行政法之部 | | | |
| 法學博士 副島義一著 | 日本帝國憲法要論 | 全一冊 | 金六拾錢 | 金六錢 |
| 法學士 島村他三郎著 | 行政法 總論 各論 | 全二冊 | 金壹圓貳拾錢 | 金八錢 |

| | | | | |
|---|---|---|---|---|
| 伊藤正懿著 | 恩給大鑑 | 全一冊 | 金貳圓五拾錢 | 金拾貳錢 |
| 法學士 小濱松次郎著 | 警察行政要義 | 全一冊 | 金貳圓 | 金拾貳錢 |
| 法學士 石井保著 | 警察行政法要論 | 全一冊 | 金六拾錢 | 金六錢 |
| 檢事 谷田勝之助著 | 警察犯處罰令講義 | 全一冊 | 金拾八錢 | 金四錢 |
| 友次壽太郎著 | 違警罪即決例釋義 | 全一冊 | 金貳拾錢 | 金四錢 |
| 安東鶴城著 | 犬の實用的研究 | 全一冊 | 金七拾五錢 | 金八錢 |
| 醫學士 杉江董著 | 精神病者保安須知 | 全一冊 | | |
| 法學博士 小河滋次郎著 | 監獄法講義 | 全一冊 | 金參圓 | 金拾貳錢 |
| 辯護士 杉田百助著 | 鐵道行政汎論 | 全一冊 | 金貳圓 | 金拾貳錢 |
| 法學士 關口健一郎著 | 改正 所得稅法要義 | 全一冊 | 金壹圓貳拾錢 | 金拾貳錢 |
| 副司稅官 安光力著 | 印紙稅法精義 | 全一冊 | 金六拾五錢 | 金八錢 |
| 副司稅官 安光力著 | 間接國稅犯則者處分法要義 | 全一冊 | 金五拾錢 | 金六錢 |
| 法學博士 工藤重義著 | 會計法論 | 全一冊 | 金壹圓拾錢 | 金八錢 |
| 明治大學講師 西川正次著 | 官廳簿記法 | 全一冊 | 金壹圓貳拾錢 | 金八錢 |

## ◉刑法及刑事補助學之部

| 著者 | 書名 | 冊數 | 定價 | 郵稅 |
|---|---|---|---|---|
| 法學博士 大場茂馬著 | 刑法總論 | 全二卷 | 上卷 金壹圓八拾錢 下卷 金四圓五拾錢 | 金拾貳錢 金拾六錢 |
| 法學博士 大場茂馬著 | 刑法各論 | 全二冊 | 上卷 金參圓八拾錢 下卷 金參圓參拾錢 | 各拾六錢 |
| ドクトル ユーリス 岡山萬之助著 | 刑法原理 | 全一冊 | 金參圓貳拾錢 | 金拾六錢 |
| ドクトル ユーリス 岡田庄作著 | 刑法原論 | 全二冊 | 總論 金貳圓五拾錢 各論 金貳圓五拾錢 | 各拾貳錢 |
| 法學博士 勝本勘三郎述 | 刑法講話 | 全一冊 | 金壹圓 | 金八錢 |
| 吉田九一郎著 | 最新刑法問答 | 全一冊 | 金參拾五錢 | 金六錢 |
| 法學士 甘糟勇雄著 | 犯罪論 | 全一冊 | 金壹圓七拾五錢 | 金拾貳錢 |
| ドクトル ユーリス 山岡萬之助著 | 刑事政策學 | 全一冊 | 金參圓 | 金拾六錢 |
| 菊池軍平著 | 刑事政策論綱 | 全一冊 | 金壹圓 | 金八錢 |
| 法學博士 大場茂馬著 | 最近刑事政策根本問題 | 全一冊 | 金壹圓拾錢 | 金拾貳錢 |
| 法學博士 大場茂馬著 | 刑事政策大綱 | 全一冊 | 金壹圓五拾錢 | 金拾貳錢 |

| | | | | |
|---|---|---|---|---|
| 法學博士 大場茂馬譯 | ビルクマイヤー氏 判事の自由裁量論 | 全一冊 | 金壹圓拾錢 | 金拾貳錢 |
| 法學博士 大場茂馬著 | 陪審制度論 | 全一冊 | 金壹圓五拾錢 | 金拾貳錢 |
| 法學博士 大場茂馬著 | 湖南事件と大浦庇護事件 | 全一冊 | 金六拾錢 | 金拾貳錢 |
| 文學士 寺田精一著 | ロンブローゾ 犯罪人論 | 全一冊 | 金壹圓貳拾錢 | 金六錢 |
| 醫學士 杉江董著 | 犯罪と精神病 | 全一冊 | 金壹圓八拾錢 | 金八錢 |
| 文學士 寺田精一著 | 危機に富める青年及兒童期 | 全一冊 | 金壹圓 | 金拾貳錢 |
| 文學士 寺田精一著 | 囚人の心理 | 全一冊 | 金貳圓五拾錢 | 金拾貳錢 |
| 法學博士 大場茂馬著 | 個人識別法 一名指紋法 | 全一冊 | 金壹圓八拾錢 | 金拾貳錢 |

## ◉民法之部

| | | | | |
|---|---|---|---|---|
| 各大家分擔執筆 | 註釋民法全書(全十二卷) | | | |
| 法學博士 松本烝治 | 第一卷 人、法人及物 | 第一冊<br>第二冊<br>第三冊 | 金四拾錢<br>金九拾錢<br>近刊 | 金六錢<br>金八錢 |
| 法學博士 鳩山秀夫 | 第二卷 法律行爲乃至時效 | 合本 | 金參圓貳拾錢 | 金拾六錢 |
| 法學博士 三潴信三 | 第三卷 物權總則及占有權 | 全 | 近刊 | |

| | | | | |
|---|---|---|---|---|
| 法學博士 三潴信三 | 第四卷 所有權乃至地役權 | 第一冊<br>第二冊 | 金七拾錢<br>近刊 | |
| 法學士 末弘嚴太郎 | 第五卷 留置權乃至抵當權 | 全 | 近刊 | |
| 法學博士 乾政彥 | 第六卷 債權總則（上） | 全 | 近刊 | |
| 法學博士 乾政彥 | 第七卷 債權總則（下） | 全 | 近刊 | |
| 法學博士 神戸寅次郎 | 第八卷 契約總則 | 第一冊<br>第二冊 | 金壹圓七拾錢<br>近刊 | 金拾貳錢 |
| 法學士 池田寅二郎 | 第九卷 契約各論 | 全 | 近刊 | |
| 法學士 飯島喬平 | 第十卷 事務管理乃至不法行爲 | 全 | 近刊 | |
| 法學士 島田鐵吉 | 第十一卷 親族編 | 全 | 近刊 | |
| 法學士 島田鐵吉 | 第十二卷 相續編 | 全 | 近刊 | |
| 法學士 飯島喬平著 | 民法要論 | 全一冊 | 金四圓 | 金拾六錢 |
| 法學博士 神戸寅次郎著 | 權利質論 | 全一冊 | 金壹圓參拾錢 | 金八錢 |
| 法學博士 磯谷幸次郎著 | 債權法論（總論） | 全二冊 | 上卷 金參圓<br>下卷 近刊 | 金拾貳錢 |
| 法學士 村上恭一著 | 債權各論 | 全一冊 | 金參圓 | 金拾六錢 |
| 法學士 吾孫子勝著 | 委任契約論 | 全一冊 | 金七拾錢 | 金八錢 |

| | | | | |
|---|---|---|---|---|
| 法學士 清瀬一郎著 | 不當利得論 | 全一冊 | 金五拾錢 | 金八錢 |
| 判事 圓野新之著 | 損害賠償論 | 全一冊 | 金貳圓五拾錢 | 金拾六錢 |
| 法學士 牧野菊之助著 | 日本親族法論 | 全一冊 | 金貳圓參拾錢 | 金拾貳錢 |
| 法學士 牧野菊之助著 | 日本相續法論 | 全一冊 | 金貳圓 | 金拾貳錢 |
| 判事 繁田保吉著 | 改正戸籍法解説 | 全一冊 | 金參圓八拾錢 | 金拾六錢 |
| 檢事 山中靜次著 | 建物保護法釋義 | 全一冊 | 金貳拾錢 | 金四錢 |
| 公證人 長谷川平次郎著 | 公證人法論綱 | 全一冊 | 金貳圓五拾錢 | 金拾貳錢 |

## ●商法之部

| | | | | |
|---|---|---|---|---|
| 法學博士 松本烝治著 | 私法論文集 | 第一卷<br>第二卷 | 金貳圓五拾錢<br>金貳圓五拾錢 | 金拾貳錢<br>金拾貳錢 |
| 法學博士 松本烝治著 | 商法改正法評論 | 全一冊 | 金壹圓貳拾錢 | 金拾貳錢 |
| 巖松堂編輯部編 | 新舊商法對照 | 全一冊 | 金貳拾錢 | 金六錢 |
| 堀田疇治著 | 對譯獨逸商法 | 第一冊 | | |

| | | | | |
|---|---|---|---|---|
| 法學士 柳川勝二著 | 商法論綱 | 全一冊 | 金四圓 | 金拾六錢 |
| 法學士 柳川勝二著 | 法制教育 商法要領 | 全一冊 | 金壹圓五拾錢 | 金拾貳錢 |
| 法學士 片山義勝著 | 商法總則論 | 全一冊 | 金壹圓八拾錢 | 金拾貳錢 |
| 法學博士 松本烝治著 | 會社法講義 | 全一冊 | 金貳圓五拾錢 | 金拾貳錢 |
| 法學士 片山義勝著 | 會社法原論 | 全一冊 | 金參圓 | 金拾貳錢 |
| 法學士 花岡敏夫著 | 英國新會社法論 | 全一冊 | 金參圓 | 金拾六錢 |
| 法學博士 松本烝治著 | 商行爲法 | 全一冊 | 金壹圓八拾五錢 | 金拾貳錢 |
| 法學博士 松本烝治著 | 保險法 | 全一冊 | 金貳圓 | 金拾貳錢 |
| 法學博士 松本烝治著 | 海商法 | 全一冊 | 金壹圓八拾錢 | 金拾貳錢 |
| 法學士 花岡敏夫著 | 貨物運送ト其判決例 | 全一冊 | 金八拾五錢 | 金八錢 |
| 法學博士 粟津清亮著 | 日本保險法論 | 全一冊 | 金壹圓五拾錢 | 金拾貳錢 |
| 法學士 豐田多賀雄著 | 有價證券論 | 全一冊 | 金壹圓八拾錢 | 金拾貳錢 |
| 法學士 須賀喜三郎著 | 手形法論 | 全一冊 | 金六拾錢 | 金六錢 |

## ◉訴訟法登記法之部

| | | | | |
|---|---|---|---|---|
| 刑事訴訟法玄義 | 全二冊 | 上冊金四圓貳拾錢<br>下冊金圓八拾錢 | 各拾六錢 | 法學博士 板倉松太郎著 |
| 刑事訴訟論 | 全一冊 | 金參圓貳拾錢 | 金拾六錢 | 檢事 林頼三郎著 |
| 刑事略式手續法論 | 全一冊 | 金六拾錢 | 金八錢 | 友次壽太郎著 |
| 新譯獨逸刑事訴訟法 | 全一冊 | 金四拾錢 | 金六錢 | 法學士 阿部文二郎譯 |
| 民事訴訟法綱要 | 全一冊 | 金參圓 | 金拾六錢 | 法學博士 板倉松太郎著 |
| 民事訴訟法原論 | 全一冊 | 金四圓五拾錢 | 金拾六錢 | 法學士 岩田一郎著 |
| 民事訴訟法大要 | 全一冊 | 金壹圓 | 金八錢 | 法學士 岩田一郎著 |
| 强制執行法義海 | 全一冊 | 金五圓 | 金拾六錢 | 法學博士 板倉松太郎著 |
| 特別民事訴訟論 | 全一冊 | 金貳圓五拾錢 | 金拾貳錢 | 法學博士 松岡義正著 |
| 人事訴訟手續法論 | 全一冊 | 金六拾錢 | 金六錢 | 法學士 柳川勝二著 |
| 破産法講義 | 全一冊 | 金貳圓八拾錢 | 金拾貳錢 | 法學博士 加藤正治著 |
| 破産法研究 | 第一卷<br>第二卷 | 金壹圓六拾錢<br>金貳圓 | 金拾貳錢<br>金拾貳錢 | 法學博士 加藤正治著 |

| | | | | |
|---|---|---|---|---|
| 法學士　關谷善一著 | 不動産競賣手續便覽 | 全一冊 | 金壹圓 | 金八錢 |
| 法學士　板垣不二男著 | 不動産登記法正義 | 全一冊 | 金貳圓五拾錢 | 金拾貳錢 |
| 判事　横手嘉一著 | 産業組合登記關係法規講話 | 全一冊 | 金八拾五錢 | 金八錢 |

## ◉國際法之部

| | | | | |
|---|---|---|---|---|
| 法學博士　千賀鶴太郎著 | 國際公法要義 | 全一冊 | 金參圓拾錢 | 金拾六錢 |
| 法學博士　立作太郎著 | 戰時國際法 | 全一冊 | 金參圓 | 金拾貳錢 |
| 法學士　篠田治策著 | 日露戰役國際公法 | 全一冊 | 金參圓 | 金拾六錢 |
| 法學博士　山口弘一著 | 日本國際私法論 | 第一冊 | 金壹圓貳拾錢 | 金拾貳錢 |

## ◉工業鑛業及特許法之部

| | | | | |
|---|---|---|---|---|
| 工場監督官　塚本明籌著 | 工場法精義 | 全一冊 | 金貳圓五拾錢 | 金拾貳錢 |
| 法學士　鹽田環著 | 鑛業法通論 | 全一冊 | 金壹圓五拾錢 | 金拾貳錢 |
| 鑛務署屬　中村喜之編 | 參考法條插入　鑛業法令集 | 全一冊 | 金壹圓參拾錢 | 金八錢 |

| | | | | |
|---|---|---|---|---|
| 法學士 清瀨一郎著 | 工業所有權概論 | 全一冊 | 金壹圓六拾錢 | 金拾貳錢 |
| 辯護士 松本靜史著 | 改正特許法要論 | 全一冊 | 金壹圓貳拾錢 | 金拾貳錢 |
| 法學士 小西眞雄譯 | コーラー博士 特許法原論 | 全一冊 | 金貳圓 | 金拾貳錢 |
| 法學士 田中鐵二郎著 | 商標法要論 | 全一冊 | 金壹圓參拾錢 | 金拾貳錢 |
| 東京特許代理局編 | 特許、意匠 商標、新案 四法正解 | 全一冊 | 金壹圓七拾錢 | 金拾貳錢 |

## ◎判決例及先例之部

| | | | | |
|---|---|---|---|---|
| 巖松堂編輯部編 | 民法判決實例 | 全一冊 | 金參圓 | 金拾貳錢 |
| 巖松堂編輯部編 | 商法判決實例 | 全一冊 | 金貳圓 | 金八錢 |
| 巖松堂編輯部編 | 刑法判決實例 | 全一冊 | 金貳圓 | 金八錢 |
| 巖松堂編輯部編 | 民事訴訟法判決實例 | 全一冊 | 金參圓 | 金拾貳錢 |
| 中央大學發行 | 大審院民事判例要旨類集 | 全一冊 | 金參圓 | 金拾六錢 |
| 中央大學發行 | 大審院刑事判例要旨類集 | 全一冊 | 金參圓 | 金拾六錢 |

| | | | | |
|---|---|---|---|---|
| 法學士 小疇傳著 | 大審院新刑法判例要旨 | 全一冊 | 金貳圓貳拾錢 | 金拾貳錢 |

## ◎受驗參考書之部

| | | | | |
|---|---|---|---|---|
| 巖松堂編輯部編 | 外交官高等官 判檢事辯護士 各官私立大學 試驗問題集 | 全一冊 | 金六拾五錢 | 金八錢 |
| 巖松堂編輯部編 | 法律經濟論題輯覽 | 全一冊 | 金壹圓五拾錢 | 金八錢 |
| 法典質疑會編 | 法典質疑錄 | 全三冊 | 各金五拾錢 | 各金六錢 |
| 法典質疑會編 | 續法典質疑錄 | 全一冊 | 金七拾五錢 | 金八錢 |
| 巖松堂編輯部編 | 高等文官外交官 判事檢事辯護士 受驗提要 | 全一冊 | 金四拾五錢 | 金四錢 |
| 巖松堂編輯部編 | 普通文官及 裁判所書記 受驗提要 | 全一冊 | 金參拾錢 | 金四錢 |
| 辯護士 山崎有信編 | 判檢事辨護士試驗及第術 | 全一冊 | 金七拾錢 | 金八錢 |
| 辯護士 山崎有信編 | 判檢事辯護士試驗答案集 | 全一冊 | 金八拾錢 | 金八錢 |
| 法學士 中村明士著 | 警察官 司獄官 考試模範答案集 | 全一冊 | 金六拾錢 | 金六錢 |
| 巖松堂編輯部編 | 受驗 敎俺 法制要義 | 全一冊 | 金參拾錢 | 金四錢 |

## ◉經濟學財政學之部

| | | | | |
|---|---|---|---|---|
| セリグマン氏 經濟原論 | マスター、オブ、アーツ 石川義昌譯 | 全一冊 | 金參圓八拾錢 | 金拾六錢 |
| 經濟學評論 | 法學博士 小林丑三郎著 | 全一冊 | 金參圓 | 金拾六錢 |
| 經濟學問題解說 | 法學士 吉田舜天丸著 | 全一冊 | 金七拾五錢 | 金八錢 |
| アダム・スミスの帝國主義觀 | 法學士 關口健一郎譯 | 全一冊 | 金壹圓參拾錢 | 金拾貳錢 |
| 財政學提要 | 法學博士 小林丑三郎著 | 全一冊 | 金貳圓五拾錢 | 金拾貳錢 |
| 殖民地財政論 | 法學博士 小林丑三郎著 | 全一冊 | 金壹圓六拾錢 | 金拾貳錢 |
| 地方財政學 | 法學博士 小林丑三郎著 | 全一冊 | 金參圓 | 金拾六錢 |
| 財政整理論 | 法學博士 小林丑三郎著 | 全一冊 | 金壹圓貳拾錢 | 金八錢 |
| スプレーグ氏 北米合衆國經濟事情 | 法學士 青木得三譯 | 全一冊 | 金壹圓 | 金拾貳錢 |

## ◉統計及殖民論之部

| | | | | |
|---|---|---|---|---|
| 社會統計論綱 | 法學博士 財部靜治著 | 全一冊 | 金貳圓 | 金拾貳錢 |
| 植民原論 | 早稲田大學教授 永井柳太郎著 | 全一冊 | 金六拾錢 | 金六錢 |
| 獨逸殖民新論 | 法學士 廣中佐兵衛著 | 全一冊 | 金壹圓 | 金拾貳錢 |
| 支那に於ける獨逸の經營 | マスター、オブ、アーツ 山本美越乃著 | 全一冊 | 金八拾錢 | 金八錢 |

## ◉銀行貨幣及金融論之部

| | | | | |
|---|---|---|---|---|
| 中央銀行と金融市場 | 法學博士 堀江歸一著 | 全一冊 | 金貳圓 | 金拾貳錢 |
| 不動産銀行論 | 法學博士 矢作榮藏著 | 全一冊 | 金七拾五錢 | 金八錢 |
| 銀行法論 | 法學士 青木得三著 | 全一冊 | 金壹圓拾錢 | 金八錢 |
| 改正銀行簿記 | 畠山豊吉著 | 全一冊 | 金貳圓五拾錢 | 金拾貳錢 |
| 貨幣論 | 法學士 青木得三著 | 全一冊 | 金壹圓五拾錢 | 金拾貳錢 |
| 無盡と貯蓄銀行 | 法律新聞社編 | 全一冊 | 金壹圓 | 金八錢 |
| 庶民金融談 | 法學博士 小林丑三郎著 | 全一冊 | 金壹圓參拾錢 | 金八錢 |

| | | | | |
|---|---|---|---|---|
| 法學士 深萱宗助著 | 信用及擔保貸付論 | 全一冊 | 金壹圓貳拾錢 | 金拾貳錢 |

## ◉一般商業學之部

| | | | | |
|---|---|---|---|---|
| 早稻田大學教授 服部文四郎著 | 高等商業教育論 | 全一冊 | 金壹圓參拾五錢 | 金拾貳錢 |
| 岡崎孝一 山村善輔 著 | 商業の理論及實務 | 全一冊 | 金壹圓參拾錢 | 金拾貳錢 |
| 商學士 松崎壽著 | 最新商業算術 | 全二冊 | 上卷 金七拾錢 下卷 金七拾錢 | 各金八錢 |
| 經理學校教官 三段崎景之著 | 重要商品學講義 | 全一冊 | 金壹圓七拾錢 | 金拾六錢 |

## ◉稅關倉庫及交通之部

| | | | | |
|---|---|---|---|---|
| 商學士 松崎壽著 | フイクス氏商業政策 | 全一冊 | 金壹圓 | 金拾貳錢 |
| 商學士 小林行昌著 | 倉庫及稅關 | 全一冊 | 金參圓 | 金拾貳錢 |
| 商學士 小林行昌著 | 倉庫論 | 全一冊 | 金貳圓五拾錢 | 金拾貳錢 |
| 早稻田大學教授 伊藤重治郎著 | 海運論 | 全二冊 | 上卷 金貳圓 下卷 近刊 | 金拾貳錢 |

## ◉保險學之部

| | | | | |
|---|---|---|---|---|
| 法學博士 粟津清亮著 | 保險綱要 | 全一册 | 金貳圓五拾錢 | 金拾六錢 |
| 保險事務官補 中島好太郎著 | 保險總說 | 全一册 | 金壹圓六拾錢 | 金拾六錢 |
| 惣崎貞夫著 | 生命保險通解 | 全一册 | 金壹圓參拾錢 | 金拾貳錢 |
| 恩田長藏 半名龜次著 | 火災保險業より見たる東京市 | 全一册 | 金貳圓五拾錢 | 金拾貳錢 |
| 角田總夫著 | 火災保險 | 全一册 | 金壹圓參拾錢 | 金拾貳錢 |

## ◉會社及取引所論之部

| | | | | |
|---|---|---|---|---|
| 商學士 小林百合松著 | 會社論 | 全一册 | 金貳圓 | 金拾貳錢 |
| 商學士 橋本良平著 | 株式會社財政論 | 全一册 | 金壹圓貳拾錢 | 金拾貳錢 |
| 商學士 清水吉松著 | 米穀投機論 | 全一册 | 金貳圓 | 金拾貳錢 |

## ◉社會學及社會政策之部

| | | | | |
|---|---|---|---|---|
| マスター、オブ、アーツ 藤森達三譯 | ワオードの社會學 | 全一冊 | 金壹圓五拾錢 | 金拾貳錢 |
| 文學士 今井政吉著 | 社會本位と個人本位 | 全一冊 | 金壹圓五拾錢 | 金拾貳錢 |
| 法學博士 上杉愼吉著 | 婦人問題 | 全一冊 | 金壹圓 | 金八錢 |
| 市場學而郎著 | 賣笑婦研究 | 全一冊 | 金四拾錢 | 金六錢 |
| マスター、オブ、アーツ 山本美越乃著 | 勞働問題 | 全一冊 | 金六拾錢 | 金八錢 |
| 神明萬里著 | 蜑婦勞働問題の研究 | 全一冊 | 金八拾錢 | 金八錢 |
| 田中太郎著 | 歐米感化救濟事業 | 全一冊 | 金壹圓 | 金拾貳錢 |
| 脇田良吉著 | 低能兒教育の實際的研究 | 全一冊 | 金貳圓五拾錢 | 金拾六錢 |
| 堀川美哉著 | 社會保險論 | 全一冊 | 金六拾錢 | 金六錢 |

## ◉朝鮮關係書之部

| | | | | |
|---|---|---|---|---|
| 朝鮮總督府編纂 | 朝鮮法令輯覽 | 全一冊 | 金拾貳圓 | 金廿四錢 |
| 巖松堂編輯部編 | 朝鮮六法全書 | 全一冊 | 金壹圓八拾錢 | 金八錢 |

| 書名 | 著者 | 冊数 | 定価 | 送料 |
|---|---|---|---|---|
| 朝鮮行政法要論 | 法學士 永野清 田口春二郎著 | 全二冊 | 總論 金壹圓 各論 金壹圓 | 金八錢 金八錢 |
| 朝鮮警察行政要義 | 法學士 永野清著 | 全一冊 | 金貳圓 | 金拾貳錢 |
| 朝鮮巡査受驗準備書 | 田口春二郎著 | 全一冊 | 金六拾錢 | 金六錢 |
| 土地調査と地主 | 田中定平著 | 全一冊 | 日文 金五拾錢 鮮文 金五拾錢 | 金四錢 金四錢 |
| 朝鮮之研究(最近朝鮮事情) | 山口豊正著 | 全一冊 | 金貳圓參拾錢 | 金拾貳錢 |
| 朝鮮語學捷徑 | 佐藤碌堂著 | 全一冊 | 金五拾錢 | 金四錢 |
| 朝鮮產業地圖 | 大場兼治著 | 折本 軸製 | 金壹圓八拾錢 金貳圓五拾錢 | 金八錢 (貨物便) |
| 朝鮮の旅 | 法學士 原象一郎著 | 全一冊 | 金壹圓五拾錢 | 金八錢 |

## ◉三五判叢書之部

| 書名 | 著者 | 冊数 | 定価 | 送料 |
|---|---|---|---|---|
| 法學通論 | 法學士 金森德次郎著 | 全一冊 | 金六拾錢 | 金六錢 |
| 帝國憲法要論 | 法學博士 副島義一著 | 全一冊 | 金六拾錢 | 金六錢 |
| 行政法總論 | 法學士 島村他三郎著 | 全一冊 | 金六拾錢 | 金六錢 |

| | | | | |
|---|---|---|---|---|
| 法學士　島村他三郎著 | 行政法各論 | 全一册 | 金六拾錢 | 金六錢 |
| 法學士　石井　保著 | 警察行政法要論 | 全一册 | 金六拾錢 | 金六錢 |
| 法學士　鳩山一郎著 | 民法總論 | 全二册 | 各金六拾錢 | 各金六錢 |
| 法學士　嘉山幹一著 | 民法總論 | 全二册 | 各金六拾錢 | 各金六錢 |
| 法學博士　横田秀雄著 | 物權法論 | 全二册 | 各金六拾錢 | 各金六錢 |
| 法學士　霜山精一著 | 物權法要論 | 全二册 | 各金六拾錢 | 各金六錢 |
| 法學博士　横田秀雄著 | 債權法總論 | 全二册 | 各金六拾錢 | 各金六錢 |
| 法學士　清瀨一郎著 | 債權各論 | 全二册 | 各金六拾錢 | 各金六錢 |
| 法學士　村上恭一著 | 債權各論 | 全二册 | 各金六拾錢 | 各金六錢 |
| 法學士　牧野菊之助著 | 親族法要論 | 全二册 | 各金六拾錢 | 各金六錢 |
| 法學士　柳川勝二著 | 相續法要論 | 全二册 | 各金六拾錢 | 各金六錢 |
| 法學博士　志田鉀太郎著 | 商法總論 | 全一册 | 金六拾錢 | 金六錢 |
| 法學士　青山衆司著 | 商法總論 | 全一册 | 金六拾錢 | 金六錢 |

| | | | | |
|---|---|---|---|---|
| 法學博士 粟津清亮著 | 保險法論 | 全一冊 | 金六拾錢 | 金六錢 |
| 法學士 大森洪太著 | 保險法 | 全一冊 | 金六拾錢 | 金六錢 |
| 法學士 須賀喜三郎著 | 手形法論 | 全一冊 | 金六拾錢 | 金六錢 |
| ドクトルユーリス 水口吉藏著 | 手形法要論 | 全一冊 | 金六拾錢 | 金六錢 |
| 法學博士 市村富久著 | 海商法論 | 全二冊 | 各金六拾錢 | 各金六錢 |
| 法學博士 板倉松太郎著 | 民事訴訟法論 | 全七冊 | 各金六拾錢 | 各金六錢 |
| 法學士 岩田一郎著 | 民事訴訟法要論 | 全五冊 | 各金六拾錢 | 各金六錢 |
| 法學博士 松岡義正著 | 特別民事訴訟論 | 全二冊 | 各金六拾錢 | 各金六錢 |
| 法學士 柳川勝二著 | 人事訴訟手續法論 | 全一冊 | 金六拾錢 | 金六錢 |
| 商學士 太田哲三著 | 會計學綱要 | 全一冊 | 金六拾錢 | 金六錢 |
| 商學士 兒林百合松著 | 簿記學原論 | 全一冊 | 金六拾錢 | 金六錢 |
| 永井柳太郎著 | 植民原論 | 全一冊 | 金六拾錢 | 金六錢 |
| 堀川美哉著 | 社會保險論 | 全一冊 | 金六拾錢 | 金六錢 |

# 最新刊圖書目錄

有價證券論　　別巻 1235

2019(令和元)年 8 月20日　　復刻版第 1 刷発行

著　者　豐田多賀雄

発行者　今井　貴
　　　　渡辺左近

発行所　信山社出版
〒113-0033 東京都文京区本郷 6-2-9-102
モンテベルデ第 2 東大正門前
電　話　03 (3818) 1019
F A X　03 (3818) 0344
郵便振替　00140-2-367777(信山社販売)

Printed in Japan.

制作／(株)信山社，印刷・製本／松澤印刷・日進堂

ISBN 978-4-7972-7354-0 C3332

| 巻数 | 書　名 | 編・著者 | ISBN | 本体価格 |
|---|---|---|---|---|
| 950 | 実地応用町村制質疑録 | 野田藤吉郎、國吉拓郎 | ISBN978-4-7972-6656-6 | 22,000 円 |
| 951 | 市町村議員必携 | 川瀬周次、田中迪三 | ISBN978-4-7972-6657-3 | 40,000 円 |
| 952 | 増補 町村制執務備考 全 | 増澤鐵、飯島篤雄 | ISBN978-4-7972-6658-0 | 46,000 円 |
| 953 | 郡区町村編制法 府県会規則 地方税規則 三法綱論 | 小笠原美治 | ISBN978-4-7972-6659-7 | 28,000 円 |
| 954 | 郡区町村編制 府県会規則 地方税規則 新法例纂 追加地方諸要則 | 柳澤武運三 | ISBN978-4-7972-6660-3 | 21,000 円 |
| 955 | 地方革新講話 | 西内天行 | ISBN978-4-7972-6921-5 | 40,000 円 |
| 956 | 市町村名辞典 | 杉野耕三郎 | ISBN978-4-7972-6922-2 | 38,000 円 |
| 957 | 市町村吏員提要〔第三版〕 | 田邊好一 | ISBN978-4-7972-6923-9 | 60,000 円 |
| 958 | 帝国市町村便覧 | 大西林五郎 | ISBN978-4-7972-6924-6 | 57,000 円 |
| 959 | 最近検定 市町村名鑑 附 官国幣社 及 諸学校所在地一覧 | 藤澤衛彦、伊東順彦、増田穆、関惣右衛門 | ISBN978-4-7972-6925-3 | 64,000 円 |
| 960 | 鼇頭対照 市町村制解釈 附 理由書 及 参考諸布達 | 伊藤寿 | ISBN978-4-7972-6926-0 | 40,000 円 |
| 961 | 市町村制釈義 完　附 市町村制理由 | 水越成章 | ISBN978-4-7972-6927-7 | 36,000 円 |
| 962 | 府県郡市町村 模範治績　附 耕地整理法 産業組合法 附属法令 | 荻野千之助 | ISBN978-4-7972-6928-4 | 74,000 円 |
| 963 | 市町村大字読方名彙〔大正十四年度版〕 | 小川琢治 | ISBN978-4-7972-6929-1 | 60,000 円 |
| 964 | 町村会議員選挙要覧 | 津田東璋 | ISBN978-4-7972-6930-7 | 34,000 円 |
| 965 | 市制町村制 及 府県制　附 普通選挙法 | 法律研究会 | ISBN978-4-7972-6931-4 | 30,000 円 |
| 966 | 市制町村制註釈 完　附 市制町村制理由〔明治21年初版〕 | 角田真平、山田正賢 | ISBN978-4-7972-6932-1 | 46,000 円 |
| 967 | 市町村制詳解 全　附 市町村制理由 | 元田肇、加藤政之助、日鼻豊作 | ISBN978-4-7972-6933-8 | 47,000 円 |
| 968 | 区町村会議要覧 全 | 阪田辨之助 | ISBN978-4-7972-6934-5 | 28,000 円 |
| 969 | 実用 町村制市制事務提要 | 河邨貞山、島村文耕 | ISBN978-4-7972-6935-2 | 46,000 円 |
| 970 | 新旧対照 市制町村制正文〔第三版〕 | 自治館編輯局 | ISBN978-4-7972-6936-9 | 28,000 円 |
| 971 | 細密調査 市町村便覧(三府 四十三県 北海道 樺太 台湾 朝鮮 関東州)　附 分類官公衙公私学校銀行所在地一覧表 | 白山榮一郎、森田公美 | ISBN978-4-7972-6937-6 | 88,000 円 |
| 972 | 正文 市制町村制 並 附属法規 | 法曹閣 | ISBN978-4-7972-6938-3 | 21,000 円 |
| 973 | 台湾朝鮮関東州 全国市町村便覧 各学校所在地〔第一分冊〕 | 長谷川好太郎 | ISBN978-4-7972-6939-0 | 58,000 円 |
| 974 | 台湾朝鮮関東州 全国市町村便覧 各学校所在地〔第二分冊〕 | 長谷川好太郎 | ISBN978-4-7972-6940-6 | 58,000 円 |
| 975 | 合巻 佛蘭西邑法・和蘭邑法・皇国郡区町村編成法 | 箕作麟祥、大井憲太郎、神田孝平 | ISBN978-4-7972-6941-3 | 28,000 円 |
| 976 | 自治之模範 | 江木翼 | ISBN978-4-7972-6942-0 | 60,000 円 |
| 977 | 地方制度実例総覧〔明治36年初版〕 | 金田謙 | ISBN978-4-7972-6943-7 | 48,000 円 |
| 978 | 市町村民 自治読本 | 武藤榮治郎 | ISBN978-4-7972-6944-4 | 22,000 円 |
| 979 | 町村制詳解　附 市制及町村制理由 | 相澤富蔵 | ISBN978-4-7972-6945-1 | 28,000 円 |
| 980 | 改正 市町村制 並 附属法規 | 楠綾雄 | ISBN978-4-7972-6946-8 | 28,000 円 |
| 981 | 改正 市制 及 町村制〔訂正10版〕 | 山野金蔵 | ISBN978-4-7972-6947-5 | 28,000 円 |